2021

CHRISTIANO **CASSETTARI**
COORDENADOR

JOÃO PEDRO **LAMANA PAIVA**
PÉRCIO BRASIL **ALVARES**
AUTORES

REGISTRO CIVIL DE PESSOAS JURÍDICAS

QUARTA EDIÇÃO

Editora FOCO

2021 © Editora Foco
Coordenador: Christiano Cassettari
Autores: João Pedro Lamana Paiva e Pércio Brasil Alvares
Diretor Acadêmico: Leonardo Pereira
Editor: Roberta Densa
Assistente Editorial: Paula Morishita
Revisora Sênior: Georgia Renata Dias
Capa Criação: Leonardo Hermano
Diagramação: Ladislau Lima
Impressão miolo e capa: GRAFNORTE

Dados Internacionais de Catalogação na Publicação (CIP) (Câmara Brasileira do Livro, SP, Brasil)

P149r Paiva, João Pedro Lamana
Registro civil de pessoas jurídicas / João Pedro Lamana Paiva, Pércio Brasil Alvares ; coordenado por Christiano Cassettari. - 4. ed. - Indaiatuba, SP : Editora Foco, 2021.

196 p. ; 17cm x 24cm.

Inclui índice e bibliografia.

ISBN 978-65-5515-189-3

1. Direito. 2. Direito civil. 3. Registro civil. 4. Pessoas jurídicas. I. Alvares, Pércio Brasil. II. Cassettari, Christiano. III. Título.

2020-3095   CDD 347   CDU 347

Elaborado por Vagner Rodolfo da Silva - CRB-8/9410
Índices para Catálogo Sistemático:

1. Direito civil 347   2. Direito civil 347

DIREITOS AUTORAIS: É proibida a reprodução parcial ou total desta publicação, por qualquer forma ou meio, sem a prévia autorização da Editora FOCO, com exceção do teor das questões de concursos públicos que, por serem atos oficiais, não são protegidas como Direitos Autorais, na forma do Artigo 8º, IV, da Lei 9.610/1998. Referida vedação se estende às características gráficas da obra e sua editoração. A punição para a violação dos Direitos Autorais é crime previsto no Artigo 184 do Código Penal e as sanções civis às violações dos Direitos Autorais estão previstas nos Artigos 101 a 110 da Lei 9.610/1998. Os comentários das questões são de responsabilidade dos autores.

NOTAS DA EDITORA:

Atualizações e erratas: A presente obra é vendida como está, atualizada até a data do seu fechamento, informação que consta na página II do livro. Havendo a publicação de legislação de suma relevância, a editora, de forma discricionária, se empenhará em disponibilizar atualização futura.

Erratas: A Editora se compromete a disponibilizar no site www.editorafoco.com.br, na seção Atualizações, eventuais erratas por razões de erros técnicos ou de conteúdo. Solicitamos, outrossim, que o leitor faça a gentileza de colaborar com a perfeição da obra, comunicando eventual erro encontrado por meio de mensagem para contato@editorafoco.com.br. O acesso será disponibilizado durante a vigência da edição da obra.

Impresso no Brasil (12.2020) – Data de Fechamento (12.2020)

2021
Todos os direitos reservados à
Editora Foco Jurídico Ltda.

Rua Nove de Julho, 1779 – Vila Areal
CEP 13333-070 – Indaiatuba – SP

E-mail: contato@editorafoco.com.br
www.editorafoco.com.br

"Para que existe o registro
a não ser para dar segurança aos direitos?"

Afrânio de Carvalho

Ao Professor Christiano Cassettari,
nosso cordial agradecimento pelo honroso
convite para ajudarmos a construir essa importante
coleção dedicada a temas básicos
do Direito Registral brasileiro.

Os autores

Abreviaturas

AgR – Agravo Regimental

AI – Agravo de Instrumento

AIRR – Agravo de Instrumento em Recurso de Revista

CC – Código Civil (Lei n. 10.406/2002)

CCB – Cédula de Crédito Bancário

CCC – Cédula de Crédito Comercial

CCI – Cédula de Crédito Industrial

C.Cív. – Câmara Cível

CEJCJF – Centro de Estudos Judiciários do Conselho da Justiça Federal

CLT – Consolidação das Leis do Trabalho

CNJ – Conselho Nacional de Justiça

CNNRCGJRS – Consolidação Normativa Notarial e Registral da Corregedoria Geral de Justiça do Estado do Rio Grande do Sul

CNPJ – Cadastro Nacional de Pessoas Jurídicas do Ministério da Fazenda

CRV – Certificado de Registro de Veículo

CTPS – Carteira de Trabalho e Previdência Social

CVM – Comissão de Valores Mobiliários

Des. – Desembargador(a)

DJ – Diário da Justiça

DJe – Diário da Justiça eletrônico

DOE – Diário Oficial do Estado

DOU – Diário Oficial da União

FGTS – Fundo de Garantia do Tempo de Serviço

FIP – Fundo de Investimento em Participações

FIP-IE – Fundo de Investimento em Infraestrutura

FIP-PD&I – Fundo de investimento em produção econômica intensiva em pesquisa, desenvolvimento e inovação

IRTDPJBRASIL – Instituto de Registro de Títulos e Documentos e de Pessoas Jurídicas do Brasil

LRP – Lei dos Registros Públicos (Lei n. 6.015/73)

MI – Mandado de Injunção
Min. – Ministro(a)
NCC – Novo Código Civil (Código Civil de 2002)
R. – Região
RCPJ – Registro Civil de Pessoas Jurídicas
RE – Recurso Extraordinário
Rel. – Relator(a)
REsp – Recurso Especial
RO – Recurso Ordinário
RR – Recurso de Revista
RTD – Registro de Títulos e Documentos
STF – Supremo Tribunal Federal
STJ – Superior Tribunal de Justiça
T. – Turma
TD – Títulos e Documentos
TED – Títulos e Documentos
TJ – Tribunal de Justiça
TRT – Tribunal Regional do Trabalho
TST – Tribunal Superior do Trabalho

Sumário

APRESENTAÇÃO XV

1. INTRODUÇÃO 1

2. NOÇÃO HISTÓRICA 3

    2.1 Introdução 3

        2.1.1 Os registros na Antiguidade 3

        2.1.2 Os registros sob o medievo e a modernidade 4

    2.2 Noção histórica dos registros públicos no Brasil 5

    2.3 Noção histórica do registro de pessoas jurídicas e títulos e documentos 7

3. PRINCÍPIOS REGISTRAIS PROEMINENTES NO RCPJ 9

    3.1 Princípio da legalidade 9

    3.2 Princípio da fé pública 9

    3.3 Princípio da rogação 10

    3.4 Princípio da publicidade 10

    3.5 Princípio da qualificação 11

    3.6 Princípio da continuidade 11

    3.7 Princípio da concentração 12

    3.8 Princípio da presunção absoluta de validade 12

4. PESSOA JURÍDICA – UMA NOÇÃO FUNDAMENTAL 13

    4.1 Introdução 13

    4.2 O fenômeno da personificação 15

    4.3 Um conceito generalista de pessoa jurídica 16

    4.4 A desconsideração da personalidade jurídica 17

5. AS PESSOAS JURÍDICAS NO DIREITO BRASILEIRO 21

    5.1 Introdução 21

    5.2 As pessoas jurídicas reconhecidas pelo direito brasileiro 21

5.3	As pessoas jurídicas de direito público externo			24
5.4	As pessoas jurídicas de direito privado			24
	5.4.1	Associações		29
		5.4.1.1	A diversidade finalística das associações	32
		5.4.1.2	Direito de associação versus vedação à discriminação	46
		5.4.1.3	Características especiais do estatuto das associações	48
		5.4.1.4	Incorporação, transformação, fusão ou cisão de associações	52
	5.4.2	Fundações		54
		5.4.2.1	Natureza jurídica das fundações instituídas pelo poder público	58
	5.4.3	Organizações religiosas		59
	5.4.4	Partidos políticos		61
	5.4.5	Sociedades		67
		5.4.5.1	Introdução	68
		5.4.5.2	Distinção entre sociedades simples e empresárias	70
		5.4.5.3	Sociedade simples	73
		5.4.5.4	Sociedade cooperativa	75
			5.4.5.4.1 Caracterização	75
			5.4.5.4.2 Classificação	76
			5.4.5.4.3 Constituição	77
			5.4.5.4.4 Autorização	78
			5.4.5.4.5 Registro	79
		5.4.5.5	Sociedades empresárias	79
			5.4.5.5.1 Tipos da sociedade empresária	79
			5.4.5.5.2 Sociedade em nome coletivo	80
			5.4.5.5.3 Sociedade em comandita simples	81
			5.4.5.5.4 Sociedade limitada	81
			5.4.5.5.5 Sociedade anônima	83
			5.4.5.5.6 Sociedade em comandita por ações	85
		5.4.5.6	O ecletismo das sociedades	86
		5.4.5.7	*Holding* – conceituação e noções	87
		5.4.5.8	Empresa Individual de Responsabilidade Limitada (EIRELI)	89
		5.4.5.9	Sociedades de advogados	92
	5.4.6	Situações especiais relativas a pessoas jurídicas		94
		5.4.6.1	OSCIP	94
		5.4.6.2	Serviços sociais autônomos	98

		5.4.6.3	Entidades de previdência complementar	99
		5.4.6.4	Entidades esportivas	102
		5.4.6.5	Ordens e conselhos profissionais	104
		5.4.6.6	Microempresa (ME) e Empresa de Pequeno Porte (EPP)	105
		5.4.6.7	Condomínios	109
		5.4.6.8	Serviços Notariais e Registrais	110
		5.4.6.9	Pessoas jurídicas eclesiásticas	111
		5.4.6.10	Organizações estrangeiras	112
			5.4.6.10.1 Organizações sem fins econômicos	112
			5.4.6.10.2 Organizações de fins econômico-lucrativos	115
		5.4.6.11	Sociedade de propósito específico (SPE)	117
		5.4.6.12	Empresa simples de crédito (ESC)	118
		5.4.6.13	"Startups" ou empresas de inovação	120
		5.4.6.14	Organizações da sociedade civil	121
	5.4.7	As pessoas jurídicas e o princípio da continuidade		122

6. CONCEITO, ORGANIZAÇÃO E ATRIBUIÇÕES DO RCPJ ... 127

6.1	Conceito		127
6.2	Organização		127
6.3	Atribuições		129
6.4	O advento do registro eletrônico		131
	6.4.1	As Centrais Eletrônicas de Registros Públicos no Brasil	131
	6.4.2	A Central de Registro de Títulos e Documentos e de Pessoas Jurídicas	132

7. PROCEDIMENTOS REGISTRAIS NO RCPJ ... 135

7.1	Procedimentos relativos à sociedade simples típica			138
	7.1.1	Registro ou inscrição		138
	7.1.2	Alterações contratuais		139
	7.1.3	Inscrição de filial		140
	7.1.4	Transferência de sede		140
	7.1.5	Transformação, incorporação, fusão ou cisão		142
	7.1.6	Cancelamento de registro		143
	7.1.7	Transformação de formas societárias (simples e empresárias)		144
		7.1.7.1	Transformação de sociedade empresária em sociedade simples	144
		7.1.7.2	Transformação de sociedade simples em sociedade empresária	145

7.2 Procedimentos relativos às sociedades simples que adotam o tipo da Sociedade Limitada 145
    7.2.1 Registro ou inscrição 145
    7.2.2 Alterações contratuais 147
    7.2.3 Inscrição de filial 147
    7.2.4 Transferência de sede 147
    7.2.5 Transformação, incorporação, fusão ou cisão 147
    7.2.6 Cancelamento de registro 148
    7.2.7 Transformação de formas societárias (simples e empresárias) ... 148
7.3 Procedimentos relativos às Sociedades Cooperativas 148
    7.3.1 Registro ou inscrição 148
7.4 Procedimentos relativos às Associações 150
    7.4.1 Registro ou inscrição 150
    7.4.2 Alterações estatutárias e registro de atas 151
    7.4.3 Inscrição de filial 152
    7.4.4 Transferência de sede 153
    7.4.5 Cancelamento de registro 154
    7.4.6 Incorporação, fusão ou cisão 154
7.5 Procedimentos relativos a fundações 155
    7.5.1 Registro ou inscrição 155
    7.5.2 Alterações estatutárias 156
    7.5.3 Registro de atas 157
    7.5.4 Cancelamento de inscrição 158
7.6 Procedimentos relativos a sindicatos 159
    7.6.1 Registro ou inscrição 159
        7.6.1.1 De sindicato sem inscrição no Ministério do Trabalho e Emprego 159
        7.6.1.2 De sindicato com inscrição no Ministério do Trabalho e Emprego 160
    7.6.2 Alterações estatutárias e registro de atas 161
    7.6.3 Cancelamento de registro 162
7.7 Procedimentos relativos a partidos políticos 162
    7.7.1 Registro 162
7.8 Procedimentos relativos a EIRELI "Simples" 163
    7.8.1 Inscrição ou registro 164

	7.8.2	Demais procedimentos	165
7.9		Procedimentos relativos à matrícula de meios de comunicação	165
	7.9.1	Matrícula de jornais e outros periódicos	165
	7.9.2	Matrícula de oficinas impressoras	166
	7.9.3	Matrícula de empresas de radiodifusão	167
	7.9.4	Matrícula de empresas ou agências noticiosas	167
7.10 Outros procedimentos			168
	7.10.1	Declaração para enquadramento da sociedade simples como ME ou EPP	168
	7.10.2	Modelo de declaração de receita bruta anual	169

8. PRÁTICA DE ATOS REGISTRAIS NO RCPJ 171

8.1 Os livros do RCPJ 171

    8.1.1 Livro de protocolo 171

        8.1.1.1 Apontamento dos documentos 171

        8.1.1.2 Encerramento diário 172

        8.1.1.3 Exemplo de apontamentos no livro de protocolo ... 172

    8.1.2 Livro "A" 173

        8.1.2.1 Exemplos de registro (ou inscrição) e averbação no Livro "A" 174

    8.1.3 Livro "B" 175

        8.1.3.1 Exemplos de matrícula e averbação no Livro "B" ... 175

8.2 Arquivamento de documentos e organização de índices para buscas 176

REFERÊNCIAS 177

Apresentação

A Coleção Cartórios foi criada com o objetivo de permitir aos estudantes, tabeliães, registradores, escreventes, juízes, promotores e profissionais do Direito acesso a estudo completo, profundo, atual e didático de todas as matérias que compõem o Direito Notarial e Registral.

A obra sobre o Registro de Imóveis contém: a parte geral do registro imobiliário, os atos ordinários e os procedimentos especiais que tramitam no ofício imobiliário. No livro de Tabelionato de Notas trata da teoria geral do Direito Notarial e dos atos praticados neste cartório, como as escrituras, os reconhecimentos de firma e a autenticação dos documentos. Já o de Registro Civil divide-se em duas obras: um volume sobre o Registro Civil das Pessoas Naturais, que contém a parte geral do registro civil das pessoas naturais, o registro de nascimento, a habilitação e o registro de casamento, o óbito e o Livro "E"; já o outro volume se refere ao Registro Civil de Pessoas Jurídicas, que trata dos atos em que se registram as pessoas jurídicas que não são de competência das juntas comerciais estaduais.

Em Tabelionato de Protestos encontram-se todas as questões referentes ao protesto de títulos e documentos da dívida, estabelecidas nas leis extravagantes, dentre elas a de protesto. No livro sobre Registro de Títulos e Documentos, estão reunidas todas as atribuições desse importante cartório e, ainda, análises de outros pontos importantes para serem estudados.

Há, ainda, um volume dedicado a quem se prepara para a 2ª fase do Concurso de Cartório, contendo os modelos dos atos praticados em todas as especialidades, de maneira comentada.

A coleção terá um volume sobre Teoria Geral do Direito Notarial e Registral, que está sendo preparado, e que pretende abordar os aspectos da Lei dos Notários e Registradores (Lei n. 8.935/94).

Reconhecidos no cenário jurídico nacional, os autores possuem vasta experiência e vivência na área cartorial aliando teoria e prática, por isso esperamos que esta Coleção possa ser referência a todos que necessitam estudar os temas nela abordados. Preocupamo-nos em manter uma linguagem simples e acessível, para permitir a compreensão daqueles que nunca tiveram contato com esse ramo do Direito, reproduzindo todo o conteúdo exigido nos concursos públicos e cursos de especialização em Direito Notarial e Registral, além de exemplificar os assuntos sob a ótica das leis federais e com as posições dominantes das diversas Corregedorias-Gerais de Justiça dos Estados e dos Tribunais Superiores.

Minhas homenagens aos autores dos livros desta Coleção, que se empenharam ao máximo para que seus livros trouxessem o que de mais novo e importante existe no Direito Notarial e Registral, pela dedicação na divulgação da Coleção em suas aulas, palestras, sites, mídias sociais, blogues, jornais e diversas entidades que congregam, o que permitiu que ela se tornasse um sucesso absoluto em todo o país, logo em suas primeiras edições. Gostaria de registrar os meus mais sinceros agradecimentos a todas as instituições que nos ajudaram de alguma forma, especialmente a ANOREG BR, ENNOR, ARPEN BR, COLÉGIO NOTARIAL DO BRASIL, IRIB, IEPTB e IRTDPJ, na figura de seus presidentes e diretores, pelo apoio irrestrito que nos deram, para que esta Coleção pudesse se tornar um grande sucesso. Qualquer crítica ou sugestão será bem-vinda e pode ser enviada para o meu e-mail pessoal: contato@professorchristiano.com.br.

Salvador, fevereiro de 2020.

Christiano Cassettari
www.professorchristiano.com.br
Instagram: @profcassettari

1
Introdução

Este livro é o resultado de alguns anos de atuação do Registro Civil de Pessoas Jurídicas (indicado, em muitas oportunidades, no texto, como "RCPJ"). De grande importância para a vida econômica do país, esse órgão registral, entretanto, parece estar sempre relegado a segundo plano em termos de estudo de suas matérias peculiares, investimento em tecnologia e produção de obras específicas acerca das atividades registrais que lhe incumbem. Além disso, a dificuldade e aridez de muitos de seus temas parecem ser outro fator que não atrai a atenção de muitos que entram em contato com seus postulados básicos.

Em razão disso, está o nosso esforço em tentar produzir um texto que ajude a superar essas dificuldades iniciais e colabore na motivação para seu estudo através de uma visão mais sistematizada e atraente acerca dos temas peculiares ao estudo da importante atividade que é o registro de pessoas jurídicas no Brasil.

A abordagem do tema inicia-se pela exploração dos aspectos históricos, por meio do capítulo intitulado NOÇÃO HISTÓRICA. Nele, procurou-se traçar um panorama relativo aos registros públicos, desde a Antiguidade até os nossos dias, passando por uma análise evolutiva dos registros públicos no direito brasileiro, finalizando-se, a seguir, com os aspectos específicos relativos à evolução histórica do registro de pessoas jurídicas e de títulos e documentos no país.

A seguir, passamos a um amplo exame dos princípios registrais aplicáveis a esse ramo da atividade registral no capítulo que denominamos PRINCÍPIOS REGISTRAIS PROEMINENTES NO RCPJ, sendo o momento da obra em que apresentamos os aspectos principiológicos provindos dos registros públicos como atividade jurídica, imprimindo-lhes um enfoque analítico centrado naquilo em que interferem e trazem peculiaridades muito especiais quando aplicados à atividade específica do Registro Civil de Pessoas Jurídicas.

No capítulo PESSOA JURÍDICA – UMA NOÇÃO FUNDAMENTAL, procuramos apresentar, principalmente, as noções elementares sobre o fenômeno exclusivamente jurídico que é a personificação enquanto instituição de direito, ao mesmo tempo em que procuramos traçar um conceito de pessoa jurídica totalmente atualizado, em consonância com as últimas inovações trazidas ao direito brasileiro.

O extenso capítulo AS PESSOAS JURÍDICAS NO DIREITO BRASILEIRO é dedicado a uma ampla abordagem acerca da caracterização da significativa variedade de espécies de pessoas jurídicas presentes na realidade do direito brasileiro e de aspectos ligados à problemática da realização de seu registro nos órgãos competentes. Esse é um capítulo fundamental no contexto da abordagem geral dada ao tema do registro de pessoas jurídicas.

Na abordagem intitulada CONCEITO, ORGANIZAÇÃO E ATRIBUIÇÕES DO RCPJ, passamos à conceituação do que é o Registro Civil de Pessoas Jurídicas, à explicação de como ele está organizado no país e de quais as atribuições que lhe são reservadas no âmbito do extenso setor que tem a seu cargo a realização do registro de pessoas jurídicas no país.

Nos PROCEDIMENTOS REGISTRAIS NO RCPJ, a partir do esclarecimento de que a expressão "procedimentos registrais" designa o conjunto de providências e de documentos cuja apresentação, perante o Registro Civil de Pessoas Jurídicas, faz-se necessária para que o interessado possa obter a realização do *ato registral* pretendido e aufira os efeitos jurídicos dele decorrentes, é apresentada uma extensa e detalhada abordagem desse tema de fundamental importância a tantos quantos atuam na realização concreta da atividade, independentemente do nível de complexidade do órgão registral.

O capítulo que trata da PRÁTICA DE ATOS REGISTRAIS NO RCPJ apresenta aspectos elementares da realização dos atos de registro, acompanhados de modelos que podem servir de base para que, a partir deles, os registradores e seus prepostos possam desenvolver o aperfeiçoamento de suas rotinas na atividade diuturna dos Registros Civis de Pessoas Jurídicas, de acordo com suas características locais e regionais.

Apesar de termos corrido o risco de que alguns pontos da obra viessem a ser considerados repetitivos na abordagem contextual, asseveramos tranquilamente que isso foi proposital, visando a reforçar os aspectos em relação aos quais a fixação da matéria é fundamental, mormente em razão do caráter propedêutico da abordagem, visando à iniciação dos neófitos que, por interesse ou necessidade, venham a lançar-se ao enfrentamento dos temas inerentes ao Registro Civil de Pessoas Jurídicas.

A todos, portanto, nossa gratidão por terem prestigiado a obra, sendo, desde já, convocados a colaborarem para o seu aperfeiçoamento, com suas indispensáveis e enriquecedoras críticas e sugestões.

OS AUTORES

2
Noção Histórica

2.1 INTRODUÇÃO

Registrar, desde os primórdios da humanidade, significou *consignar por escrito*. Está na essência desse vocábulo um sentido de deixar alguma coisa inscrita, simbolicamente, para a posteridade.

Foi a *escrita*, portanto, que passou a possibilitar a realização dos registros, reduzindo a escrito os fatos de interesse humano, como os compromissos, negociações e tudo quanto diga respeito à preservação de sua memória.

O surgimento da escrita, além disso, foi uma das maiores revoluções tecnológicas experimentadas pelo homem, introduzindo profundas modificações nos hábitos e no modo de vida das pessoas como instrumento capaz de conservar, para o futuro, todas as informações valiosas para a humanidade.

Os *escreventes*, como encargo de caráter público, surgiram para resolver o problema da *confiabilidade dos escritos*, passando a realizar-se por pessoas especialmente incumbidas pelo governo de *escreverem autenticamente* o que a população perante eles declarasse ou firmasse compromisso.

Cada civilização, assim, de acordo com sua tradição cultural, conferiu a seus "funcionários" um modo peculiar de realizar aquilo que fosse de seu interesse *registrar*, de maneira que fossem conservados os escritos e resgatados na sua inteireza e autenticidade.

Assim, além da tradição de escrever, passou-se a utilizar, também, grandes festas ou eventos comemorativos às alianças, negócios, tratados que, mais que uma celebração, tinham a importante função de difundir amplamente o conhecimento sobre a existência e os limites das tratativas realizadas.

2.1.1 Os registros na Antiguidade

Na Babilônia, sob o Código de Hamurabi, o *koudourrou* era a pedra sobre a qual se fazia a descrição dos limites da propriedade imóvel, perenemente e sob a proteção divina. Esse marco de pedra era colocado sobre a terra adquirida, de modo a ser facilmente visto e identificado. Uma cópia do original era depositada no templo, sendo que a retirada indevida do marco de pedra de seu lugar sobre a terra acarretava maldição divina.[1]

---

1. BATALHA, Wilson de Souza Campos. *Comentários à lei dos registros públicos*. 2. ed. Rio de Janeiro: Forense, 1979, v. I, p. 13.

Na origem histórica egípcia tinham-se a *escritura*, o *registro* e a *siza* ou imposto. Além disso, havia o *cadastro* ou *cartório*, porque não bastava que os contratos fossem registrados, exigindo a lei que também fossem transcritos no cartório do tribunal ou juízo e que fossem depositados no cartório do conservador dos contratos.

Na tradição hebraica, tornou-se muito conhecida a classe dos *escribas,* que se caracterizava pela rapidez com que realizava a lavratura de suas escrituras.[2]

Na Grécia, durante o período aristotélico, eram conhecidos os *mnemons* (notários), os *epístates* (secretários) e os *hieromnemons* (arquivistas). Os negócios pertinentes à propriedade imóvel observavam formalidades rigorosas com o objetivo precípuo de conferir-lhes ampla publicidade.

Em Roma, os antigos jurisconsultos distinguiam as *res mancipi* e as *res nec mancipi*. *Mancipi* eram as coisas mais importantes para os romanos: a terra, a casa, os animais domésticos e os servos. Tais coisas só se podiam alienar pelo ato solene da *mancipatio*, na presença obrigatória de cinco testemunhas, que representavam a comunidade. Era ato *extrajudicial* de aquisição da propriedade. Já a *in jure cessio* operava-se perante o magistrado, constituindo processo com a publicidade peculiar das formas processuais típicas, conforme refere o jurisconsulto Gaio nas *Institutas*.

Os romanos conheceram os *notarii*, que não exerciam funções públicas, limitando-se a redigir os atos jurídicos mediante notas. Mais tarde, no Baixo Império, surgiram os *tabelliones*, que redigiam inicialmente em tabuletas (*tabulae*) e depois em protocolos. No último estágio da legislação romana, os atos dos *tabelliones* se completavam com a *insinuatio*, que consistia em depositar, nas mãos do *magister census*, em Roma e Constantinopla, e dos magistrados municipais, nas províncias, os seus escritos, que só passavam a constituir *scripturae publicae* depois desse depósito nos edifícios públicos.

No direito germânico antigo, como característica marcante, nunca foi suficiente um simples contrato ou uma imissão de posse para a realização da transmissão imobiliária entre vivos. Assim, nos primeiros tempos, havia um ato de investidura no próprio imóvel perante a comunidade. Depois, passou a ser suficiente uma tradição simbólica perante o tribunal do local onde estava situado o imóvel.[3]

2.1.2 Os registros sob o medievo e a modernidade

Sob o feudalismo, após a queda do Império Romano do Ocidente, a organização social e política passou a fundamentar-se na propriedade imobiliária instituída como *feudo* de grande extensão territorial. Nesse período, ganham relevo os *pactos de fidelidade* entre vassalo e suserano, por meio do qual, paralelamente à concessão da terra, estabelecia-se uma vinculação de reciprocidade pessoal de natureza ética, política e jurídica. A *publicidade* desses negócios jurídicos tornou-se de fundamental importância para a manutenção do regime. Dessa forma, além dos atos formais e solenes, de acordo com as *Feudorum Consuetudines*, a celebração dessas alianças era marcada por grandes

---

2. BATALHA, Wilson de Souza Campos. *Comentários à lei dos registros públicos*, p. 15.
3. BATALHA, Wilson de Souza Campos. *Comentários à lei dos registros públicos*, p. 24.

festividades, que envolviam desde os representantes da nobreza até os servos de gleba, com um efeito publicitário muito amplo.

A partir do século XVI, passou a ser rejeitada, entre os povos germânicos, a tradição romana de aquisição da propriedade, voltando-se ao direito germânico antigo, baseado na exigência de uma certificação oficial para a realização das operações imobiliárias. No século XVIII, passaram a ser admitidas duas formas de registro imobiliário: ou se fazia pelo conjunto de propriedades lançadas numa *matrícula*, ou pelo nome do proprietário. A partir de 1872, esse sistema foi aperfeiçoado, admitindo-se a inscrição concomitante tanto dos bens (*Realfolien*) como pelo nome do proprietário (*Personalfolien*), passando ao Código Civil de 1896.

No direito francês, desde a promulgação do Código Civil de Napoleão I, havia um registro público para a venda de terras e para as hipotecas. Já sob o Código Civil de 1804, os registradores deviam inscrever, diariamente e pela ordem, as entregas de atos de mutação imobiliária a serem transcritos, certificando aos interessados. Também receberam disciplina por esse Código os atos relativos ao registro das pessoas naturais.

2.2 NOÇÃO HISTÓRICA DOS REGISTROS PÚBLICOS NO BRASIL

As Ordenações do Reino vigoraram durante o período em que o Brasil era **colônia** de Portugal. Essas disposições régias davam relevo especial à atividade dos *Tabeliães*, nomeados exclusivamente pela Coroa Portuguesa para atuarem em todo o Reino. Essas ordenações regulavam a prática dos atos a cargo desses funcionários (Livro I, títulos LXXVII e LXXX; Livro II, título XLV), dispondo sobre como seriam lavradas as escrituras negociais (contratos) e testamentos.

Durante o **Império**, que teve início em 1822 com a declaração de independência, houve ênfase, em matéria de registros públicos, relativamente à tutela das pessoas e da propriedade imobiliária. A atividade de realização desses registros (de pessoas naturais e da propriedade imobiliária) ficou principalmente a cargo da Igreja Católica, refletindo a situação social tremendamente deficitária do país e a debilidade da estrutura administrativa governamental.

Para que se possa ter uma ideia da situação então vivida, de acordo com o primeiro recenseamento demográfico, feito no país em 1872, apenas 18% da população era alfabetizada.

Sob tais condições, o governo imperial enfrentaria grandes dificuldades se tivesse de organizar os serviços de registros públicos, o que naturalmente o levou a fazer essa "parceria" com as autoridades eclesiásticas para a realização dos serviços registrais (o registro de batismo comprovava o nascimento; o casamento católico era comprovado pelo assento lavrado pelo pároco, assim como em relação aos óbitos, porque a administração dos cemitérios tradicionalmente era feita pelas paróquias). Quanto ao aspecto político, esse sistema reforçava os laços seculares do Estado com a Igreja no Brasil. Houve uma tentativa frustrada de institucionalizar o registro civil, em 1851, por meio do Decreto

n. 798. Entretanto, essa institucionalização, assim como a laicização do casamento no país, só ocorreria definitivamente com o advento da República.

Relativamente à questão registral da posse de terras no país, teve relevo, durante o Império, o surgimento do denominado *registro do vigário*, decorrente da Lei n. 601, de 18 de setembro de 1850 (denominada Lei de Terras), e instituído pela respectiva regulamentação por meio do Decreto n. 1.318, de 30 de janeiro de 1854. Afrânio de Carvalho reconhece esses diplomas legislativos como a base primordial da atividade registral no país: "o registro das posses era feito pelos vigários das freguesias do Império, definindo-se, portanto, a competência dos registradores, desde os primórdios registrais, pela *situação do imóvel*".[4]

Sérgio Jacomino, entretanto, diverge do grande mestre, afirmando conclusivamente, após substanciosa argumentação, que "o chamado *registro do vigário* tinha uma característica francamente notarial – não registral. O tabelião-vigário tinha incumbências precisas e os dados, por ele coletados, comporiam um livro de registro que seria posteriormente encaminhado para uma Diretoria-Geral das Terras Públicas para a constituição do registro geral das terras possuídas do Império".[5] A partir daí, afirma que o Registro de Imóveis não pode ser considerado um herdeiro histórico do chamado *registro do vigário*, porque este tinha a destinação precípua de *legitimar a aquisição pela posse*, formalizando títulos a partir de declarações unilaterais dos posseiros, e que os antecedentes do moderno sistema registral pátrio seriam estabelecidos somente a partir do Decreto n. 482, de 17 de novembro de 1846, que criou o registro hipotecário brasileiro.

Proclamada a **República**, iniciou-se uma verdadeira revolução no âmbito dos Registros Públicos, que passaram a ter total controle e gerenciamento a cargo do Estado.

Os governos republicanos passaram a revisar a antiga legislação e a reorganizar a estrutura administrativa do país, sendo editadas muitas normas de atualização, até que, em 1916, ocorreu a aprovação de um novo Código Civil, que foi uma consolidação legislativa que inaugurou uma nova fase do direito privado brasileiro, porque oferecia disciplina legal a inúmeros temas até então não regulados em lei.

A seguir, no governo Arthur Bernardes, foi editado o Decreto n. 4.827, de 7 de fevereiro de 1924, estabelecendo uma reorganização geral dos registros públicos em decorrência do advento de nosso então novíssimo Código Civil.

No governo Washington Luís, por meio do Decreto n. 18.542, de 24 de dezembro de 1928, foi estabelecida uma disciplina unificada para a realização dos registros públicos em todo o país, a qual veio a ser atualizada, posteriormente, já sob o regime do Estado Novo instituído por Getúlio Vargas, quando da edição do Decreto n. 4.857, de 9 de novembro de 1939.

---

4. CARVALHO, Afrânio de. *Registro de imóveis*. 4. ed. Rio de Janeiro: Forense, 1997, p. 2.
5. JACOMINO, Sérgio. *Cadastro, registro e algumas confusões históricas*. São Paulo: IRIB, 2006, p. 21. Disponível em: <http://www.educartorio.com.br/documentos.htm>. Acesso em: 22 maio 2011.

Em 1969, quando o país estava sob o governo de uma junta militar, toda a matéria de registros públicos recebeu nova disciplina por força das disposições do Decreto-lei n. 1.000, de 21 de outubro de 1969. Entretanto, após várias prorrogações quanto ao início de sua vigência, nunca chegou a entrar em vigor, pois terminou sendo revogado pela atual Lei dos Registros Públicos, Lei n. 6.015, de 31 de dezembro de 1973, que teve uma *vacatio legis* bastante longa, só passando a vigorar a partir de 31 de dezembro de 1976, em substituição ao Decreto n. 4.857/39.

2.3 NOÇÃO HISTÓRICA DO REGISTRO DE PESSOAS JURÍDICAS E TÍTULOS E DOCUMENTOS

O Registro de Pessoas Jurídicas, bem como o registro de títulos e documentos, foi instituído no país somente no período republicano, por meio da Lei n. 973, de 2 de janeiro de 1903, ao criar o registro facultativo de títulos, documentos e outros papéis, na Capital Federal, atribuindo-o a um oficial privativo e retirando essa atribuição dos Tabeliães de Notas, que até então a exerciam. Logo, é da tradição histórica brasileira esse caráter *cumulativo* de atribuir-se, ao mesmo órgão incumbido do registro de pessoas jurídicas, o registro dos títulos e documentos.

Nesse mesmo ano, de acordo com o que estabeleceu o Decreto n. 4.893, a esse oficial privativo foi atribuído o registro das sociedades de direito civil (religiosas, científicas, artísticas, políticas, recreativas e outras), que era realizado até então pelos oficiais do registro hipotecário. Foi também em razão das disposições ditadas por essas normas fundadoras que se atribuiu a esse órgão o caráter *residual* da competência registral que o caracteriza até os nossos dias, tal seja, a de realizar quaisquer registros não atribuídos privativamente a outros órgãos registrais.

A Lei n. 973/1903 foi regulamentada pelo Decreto n. 4.775, de 16 de fevereiro de 1903, que denominou o órgão registral criado pela referida lei de *"Ofício do Registro Especial"*, expressão que se tornou tão tradicional que prosseguiu sendo utilizada na vigência da Lei n. 6.015/73 para designação, sob uma só expressão, da dupla atribuição registral que lhe era cometida.

Esses grandes traços característicos imprimidos pelas disposições legislativas originárias do registro de títulos, documentos e pessoas jurídicas, no país, mantiveram-se, em sua maioria, ao longo do tempo, por meio da legislação posteriormente editada em matéria de registros públicos, tendo, seus principais institutos, chegado à atualidade, mantendo as linhas gerais das primeiras concepções de sua disciplina jurídica no país.

Assim, depois desse momento fundador vivido em 1903, somente em 1924 foi realizada uma grande alteração na legislação nacional, com a edição do Decreto n. 4.827, que promoveu a unificação dos registros públicos civis previstos pelo Código Civil de 1916. Quinze anos depois, já sob a Constituição de 1937, em pleno Estado Novo, foi editado o Decreto n. 4.857, de 9 de novembro de 1939, renovando a disciplina de execução dos serviços concernentes aos registros públicos, o qual se manteve até a vigência da atual Lei dos Registros Públicos, em 1976.

De qualquer forma, através dos tempos, apesar das mudanças constantes no *suporte utilizado* para a concretização do registro (pedra, madeira, pele de animais, tecidos, papiro, papel e até virtualmente, nos dias atuais), sob o impulso do evoluir tecnológico, sempre houve a característica fundamental de *consignar por escrito*, deixando sob a guarda de um terceiro, independente e dotado de fé pública, a consignação dos fatos, atos e negócios jurídicos, de modo a proporcionar, principalmente, sua conservação, publicidade, autenticidade e efeitos de oponibilidade em relação a terceiros.

3
Princípios Registrais Proeminentes no RCPJ

3.1 PRINCÍPIO DA LEGALIDADE

Tenha-se bem presente que as atividades relativas a *registros públicos*, nas suas diversas espécies, como a própria denominação sugere, são de índole pública, apesar de, no Brasil, sua *gestão administrativa* ser desenvolvida privadamente (*caput* do art. 236 da Constituição), o que não subtrai o predomínio do interesse estatal na regulação de sua atividade-fim, deixando no âmbito privado apenas o que decorre de sua atividade-meio.

Apesar de os agentes registrais não serem formalmente integrantes nem da Administração Direta, nem da Administração Indireta, não deixam de pertencer, todavia, à Administração Pública no seu sentido mais amplo. Os delegatários de serviços públicos notariais e registrais são particulares (pessoas naturais) aos quais o Poder Público, mediante prévio concurso de provas e títulos, outorgou *fé pública* para, como profissionais do Direito, organizarem tecnicamente a atividade e conferirem *autenticidade*, *segurança* e *eficácia* aos atos jurídicos, na forma preconizada pela lei civil.

Dessa forma, quanto à realização dos atos registrais e à aplicação da legislação que lhes é peculiar, induvidosamente incide o princípio constitucional da *legalidade*, referido no *caput* do art. 37 da Constituição da República, como grande princípio orientador da Administração Pública brasileira, já que, em relação aos particulares em geral, aos quais os atos registrais são dirigidos, também é assegurado esse princípio, enquanto direito fundamental (inciso II do art. 5º da Constituição).

Concluindo a lógica desse sistema, a disposição do art. 198 da LRP, relativa ao procedimento de dúvida registral, também aplicável ao registro de pessoas jurídicas (art. 115, parágrafo único, da Lei n. 6.015/73 e art. 30, XIII, da Lei n. 8.935/94), estabelece que qualquer exigência feita pelo registrador em sua impugnação escrita deve estar de acordo com a lei, revelando a preponderância do princípio da *legalidade* no âmbito dessa atividade registral, o que não poderia ser de outra forma, já que, se é garantido a todos os cidadãos somente fazer ou deixar de fazer alguma coisa senão em virtude de lei, há que se fixarem limites à ação do Estado e seus agentes, perante a cidadania, também no âmbito dos registros públicos.

3.2 PRINCÍPIO DA FÉ PÚBLICA

O princípio da fé pública consiste na atribuição de *certeza* e *veracidade* aos atos registrais praticados pelo registrador de pessoas jurídicas, cuja representação se faz pelas certidões por ele emitidas, gerado a autenticidade, a segurança e a eficácia jurídica deles esperadas.

Tal princípio está consagrado, na legislação de regência, por meio das disposições do art. 3º da Lei n. 8.935/94.

3.3 PRINCÍPIO DA ROGAÇÃO

Também denominado *princípio da instância*, estabelece que o registrador só poderá agir, na prática de seus misteres, mediante *provocação* do interessado ou de outro legitimado, na forma da lei. São verdadeiramente excepcionais as situações autorizadas em lei nas quais o registrador, nas diversas áreas de atuação, vai praticar atos registrais por sua própria iniciativa. Esse princípio é consagrado por meio das disposições do art. 13 da Lei n. 6.015/73. Em matéria de registro de pessoas jurídicas, o princípio é refletido através das disposições do art. 121 da já citada lei, que indica como legitimado, basicamente, o interessado no registro. Excepcionalmente, a iniciativa do registro poderá realizar-se mediante ordem judicial, como na hipótese apresentada pelo art. 49 do Código Civil.

Não há que confundir com quebra do princípio da rogação ou da instância a norma trazida pelo parágrafo único do art. 115 da LRP, já que essa disposição não trata da realização de ato registral *ex officio*, mas de *negativa* à realização de um ato pretendido pelo administrado, ensejando a suscitação de *dúvida* pelo registrador, a pedido do interessado, perante a autoridade judicial investida de poderes aptos a solvê-la, em razão do que dispõe o art. 296 da LRP.

3.4 PRINCÍPIO DA PUBLICIDADE

O princípio da publicidade diz com a ideia de conhecimento da prática do ato registral por todas as pessoas, uma vez que esse conhecimento socialmente amplo não resulta somente de uma ficção jurídica, porque presume, também, a potencialidade de que o ato venha a ser conhecido, procurando-se a informação em lugar único e adequado à sua obtenção – o órgão registral competente.

Quanto ao ato registral de uma pessoa jurídica, não é diferente, porque, uma vez praticado pelo órgão registral competente, está gerada a ficção de seu amplo conhecimento, diferentemente do que ocorre com os atos notariais e até mesmo com as decisões judiciais ou administrativas que, ainda que estejam acessíveis, não são oponíveis por si, exigindo veiculação por meio de um órgão específico de publicidade.

A publicidade relativa ao ato de registro de uma pessoa jurídica é *constitutiva de direito*, pois esta só adquire sua personalidade jurídica e passa ao exercício dos respectivos direitos e obrigações decorrentes dessa personificação a partir da publicização de que o registro *existe* e foi *regularmente realizado*, o que é demonstrado pela competente *certidão* dos atos registrados (arts. 16 a 21 da Lei n. 6.015/73 e art. 1º da Lei n. 8.935/94). Nessa hipótese, o *registro* integra o próprio suporte fático, sem o qual não haverá a necessária subsunção do fato à norma jurídica instituída no art. 45 do Código Civil.

A realização do ato de registro da pessoa jurídica de direito privado também garante oponibilidade *erga omnes* dos direitos originados, em razão da eficácia constitutiva que lhe é conferida posteriormente ao ingresso nos anais do órgão registral competente.

Como se vê, o RCPJ é instrumento eminentemente constitutivo da personalidade jurídica, pois esta só se constitui com o registro.

3.5 PRINCÍPIO DA QUALIFICAÇÃO

A função registradora, no Brasil, não se limita simplesmente a *arquivar* o título apresentado, como ocorre em outros países de tradição registral diversa.

Na nossa tradição, o registrador é independente para realizar a qualificação dos documentos que lhe sejam submetidos, realizando uma prévia verificação de sua legalidade e legitimidade para, só posteriormente, realizar o registro. Não estando o título apto à realização do ato registral, o registrador devolve-o ao apresentante ou interessado no registro, fundamentando seus motivos por escrito. Não se conformando, o apresentante ou interessado, com as exigências ou alegações, poderá o caso ser submetido ao *"procedimento de dúvida"*, no qual o juiz competente solucionará juridicamente a dúvida suscitada.

Cabe frisar, por oportuno, que o art. 156 da LRP impõe ao registrador o dever de recusar registro a títulos e a documentos que não revistam as formalidades legais, e que nem mesmo os *títulos judiciais* (ver inciso IV do art. 221 da LRP) estão imunes à qualificação registrária, conforme já consagrado em doutrina,[1] jurisprudência[2] e normas administrativas específicas.[3]

No âmbito do registro de pessoas jurídicas, a aplicação do princípio não é diferente. Sua previsão legal vem expressa por meio do art. 198, combinado com o art. 296 da Lei n. 6.015/73.[4]

3.6 PRINCÍPIO DA CONTINUIDADE

Também denominado princípio do trato sucessivo, tem uma proeminência toda especial no contexto do Registro Civil de Pessoas Jurídicas, exigindo que todas as alterações por que passar o ato constitutivo da pessoa jurídica devem observar uma rigorosa *sucessividade* dos respectivos atos ao longo do tempo, sem solução de continuidade, desde

---

1. LOUREIRO, Luiz Guilherme. *Registros Públicos; teoria e prática*. 9. ed. Salvador: Juspodivm, 2018, p. 652-653.
2. CONSELHO SUPERIOR DA MAGISTRATURA DE SÃO PAULO, Apelações Cíveis n. 22.417-0/4 (Piracaia) e n. 44.307-0/3 (Campinas), e SUPREMO TRIBUNAL FEDERAL, *Habeas Corpus* 85.911-9/RJ, j. 25-10-2005, *DJ* 2-12-2005.
3. As Normas de Serviço da Corregedoria-Geral da Justiça do Estado de São Paulo dispõem: "Incumbe ao oficial impedir o registro de título que não satisfaça os requisitos exigidos pela lei, quer o sejam consubstanciados em instrumento público ou particular, quer em atos judiciais" (item 117 do Capítulo XX, Tomo II, atualizado em 15.10.2020).
4. LAMANA PAIVA, João Pedro. *Procedimento de dúvida no registro de imóveis*. 2. ed. São Paulo: Saraiva, 2010, p. 45.

sua regular inscrição (pelo ato de registro) até a mais próxima atualidade (por meio dos atos de averbação). O princípio decorre da previsão contida no art. 45 do Código Civil.

3.7 PRINCÍPIO DA CONCENTRAÇÃO

O princípio da concentração diz com que devem ser *averbadas* junto ao *registro* do ato constitutivo que conferiu existência legal à pessoa jurídica todas as alterações por que passar seu ato constitutivo, assim como todas aquelas alterações que digam respeito à responsabilidade por sua direção e gestão administrativa ao longo do tempo. O princípio da concentração é um consectário do princípio da continuidade, que procura delimitar o *quantum* de informação deve ser agregado ao registro da pessoa jurídica, além daquele obrigatório por lei (art. 46 do Código Civil e art. 120 da Lei n. 6.015/73).

3.8 PRINCÍPIO DA PRESUNÇÃO ABSOLUTA DE VALIDADE

O registro da pessoa jurídica de direito privado adquire eficácia jurídica e validade perante terceiros, com presunção absoluta de verdade (*juris et de jure*), impossibilitando que seja atacado, decorridos três anos de sua inscrição, quando estará saneado, inclusive, qualquer eventual defeito do ato constitutivo após a fluência desse prazo, de acordo com o que estabelece o parágrafo único do art. 45 do Código Civil.

4
Pessoa Jurídica – Uma Noção Fundamental

4.1 INTRODUÇÃO

A Constituição brasileira instituiu, na categoria dos direitos fundamentais, o direito à livre associação, como forma instrumental, posta à disposição da sociedade, para que fosse possível às pessoas, categorias e grupos sociais o mais pleno exercício da cidadania, por meio do fortalecimento de seus interesses comuns no contexto de um Estado Democrático de Direito.

Assim, a Lei Fundamental do país, promulgada em 1988, por intermédio das disposições dos incisos XVII a XXI de seu art. 5º, estabeleceu regras básicas para o exercício do amplo direito de associação, traçando de forma preambular os lineamentos básicos segundo os quais o Estado brasileiro reconhece a prerrogativa e delimita sua extensão:

XVII – é plena a liberdade de associação para fins lícitos, vedada a de caráter paramilitar;

XVIII – a criação de associações e, na forma da lei, a de cooperativas independem de autorização, sendo vedada a interferência estatal em seu funcionamento;

XIX – as associações só poderão ser compulsoriamente dissolvidas ou ter suas atividades suspensas por decisão judicial, exigindo-se, no primeiro caso, o trânsito em julgado;

XX – ninguém poderá ser compelido a associar-se ou a permanecer associado;

XXI – as entidades associativas, quando expressamente autorizadas, têm legitimidade para representar seus filiados judicial ou extrajudicialmente;

Um exame, ainda que superficial, dessas disposições possibilita concluir que existiu uma preocupação toda especial de nossa Constituição em resgatar muitos dos dispositivos instituídos desde a carta democrática de 1946, já que foram muitos os problemas enfrentados, na prática, para o pleno exercício do direito de associação no contexto político que antecedeu à Assembleia Constituinte de 1987, especialmente em razão de um longo período político de sucessivos governos autoritários, em que, devido à repressão à pregação ideológica, de modo a evitar a propagação de doutrinas políticas não admitidas pelo regime estabelecido, muitos mecanismos de cerceamento à liberdade de associação foram praticados pelo regime que se instaurou no país após 1964 e que só foi experimentar o declínio a partir de 1985.

Durante o período autoritário vivido nessas duas décadas, surgiram disposições legais e regulamentares tendentes a estabelecer limitações ao exercício do direito de livre associação, bem como tentando colocar na clandestinidade organizações que não interessavam politicamente ao regime instituído.

Dessa forma, a nova Constituição preocupou-se em assegurar aquela garantia ampla aos cidadãos de poderem organizar-se livremente por meio de entidades representativas para a defesa dos mais diversos interesses supraindividuais. Tal realidade deriva da ideia fundamental de que um Estado Democrático e de Direito, respeitador da cidadania, não pode impor limites à livre constituição das formas coletivas de organização, uma vez que isso constitui garantia da mais plena realização pessoal dos indivíduos na vida em sociedade.

Nesse aspecto, a disciplina legal do Registro Civil de Pessoas Jurídicas é muito importante, porque constitui o conjunto de normas que *instrumentaliza* e *orienta* a criação de diversas espécies jurídicas passíveis de personificação, de acordo com o direito privado.

A Lei dos Registros Públicos (Lei n. 6.015/73), nesse particular, ainda que a codificação do direito civil brasileiro tenha sido profundamente renovada, permaneceu praticamente inalterada em matéria de Registro Civil de Pessoas Jurídicas.

Uma das grandes marcas do novo Código Civil de 2002 foi a de ter estabelecido uma verdadeira *unificação* do direito privado no país, quebrando aquela secular tradição de nossa escola jurídica que separava o *direito civil* do *direito comercial* e, consequentemente, separava as pessoas jurídicas de direito privado em duas categorias: pessoas jurídicas de direito civil (ou sociedades civis em sentido amplo) e pessoas jurídicas de direito comercial (ou sociedades mercantis). A distinção entre elas, logicamente, estava baseada na teoria dos chamados "atos de comércio", sendo que tais atos só podiam ser praticados pela segunda das categorias referidas. A *teoria dos atos de comércio*, na nova legislação codificada, foi sucedida pela *teoria da empresa*, provinda do direito italiano e introduzida por influência de Miguel Reale.[1]

Entretanto, não houve uma *unificação do direito registral* consequente a essa mudança sensível da unificação do direito privado.

A Lei n. 6.015/73, desde sua concepção original, tratou da disciplina dos registros públicos a que se refere a legislação civil, deixando à margem de suas disposições a disciplina dos registros comerciais. O advento do novo Código Civil, em 2002, entretanto, baseado no projeto supervisionado por Miguel Reale e encaminhado originalmente ao Congresso Nacional em 1975, não alterou substancialmente essa situação, nele tendo sido mantida, como já observara Campos Batalha,[2] ao comentar o projeto, "a dicotomia registrária, não mais entre Registros Públicos disciplinados pelo Código Civil e Registro do Comércio, mas entre o Registro das Empresas e os demais registros civis".

Assim, o art. 1.150 do novel Código Civil, ao referir-se ao *registro*, quando dispõe acerca do direito de empresa, terminou por estabelecer o seguinte:

> Art. 1.150. O empresário e a sociedade empresária vinculam-se ao Registro Público de Empresas Mercantis a cargo das Juntas Comerciais, e a sociedade simples ao Registro Civil das Pessoas Jurídicas, o qual deverá obedecer às normas fixadas para aquele registro, se a sociedade simples adotar um dos tipos de sociedade empresária.

---

1. RIZZARDO, Arnaldo. *Direito de empresa*. Rio de Janeiro: Forense, 2007, p. 98.
2. BATALHA, Wilson de Souza Campos. *Comentários à lei dos registros públicos*, p. 42.

Assim, o registro de pessoas jurídicas de direito privado continuou dicotômico, como injustificável herança do antigo sistema codificado, sugerindo, até mesmo, que a denominação "Registro Civil de Pessoas Jurídicas" tenha um sentido equívoco àqueles que não conhecem com maior profundidade a matéria, já que esse órgão registral não é abrangente da totalidade dos registros de pessoas jurídicas de direito privado, como sugere, uma vez que o registro das denominadas *sociedades empresárias*, no país, é realizado por outro órgão registral – o Registro Público de Empresas Mercantis –, a cargo das Juntas Comerciais, nos termos da Lei n. 8.934, de 18 de novembro de 1994.

4.2 O FENÔMENO DA PERSONIFICAÇÃO

A *personificação*, enquanto fenômeno eminentemente jurídico, consiste em atribuir *personalidade* a um ser.

Entretanto, esse fenômeno ocorre por meio de diferentes processos, dependendo da *natureza do ser* ao qual essa *personalidade* venha a ser atribuída pelo Direito.

Assim, a *personificação* da *pessoa natural* (também dita pessoa singular, simples ou física) e a *personificação da pessoa jurídica* (também dita pessoa coletiva, complexa, fictícia ou moral), apesar de ambos os processos de formação serem tão somente jurídicos, atendem a requisitos distintos para a atribuição dessa *personalidade*.

A *personificação* de uma *pessoa natural* dá-se pela atribuição, a ela, de *personalidade* em razão da simples ocorrência de um *fato natural*, que é o seu *nascimento* com vida (art. 2º do Código Civil). A *pessoa*, aqui, decorre da atribuição de *personalidade* a um ser humano que nasceu vivo. A personalidade que lhe é atribuída é denominada *personalidade civil*, a qual consiste na *aptidão*, conferida pela lei, à pessoa natural, para que possa ser titular de direitos e deveres no âmbito jurídico (ver, a esse propósito, o que dispõe o art. 1º do Código Civil).

A personificação de uma *pessoa jurídica de direito público interno* dá-se pela atribuição, a ela, *de personalidade* em razão da ocorrência de um *ato político*, que é a autodeterminação da República Federativa do Brasil, como país soberano, no contexto da ordem política internacional, de acordo com as normas que definiu em sua Constituição. Assim, a Lei Maior de nosso país confere *personalidade jurídica* a todos os elementos integrativos do Estado brasileiro, formado pela união indissolúvel dos seguintes entes federados: União, Estados, Distrito Federal e Municípios. Essas pessoas jurídicas, assim, passaram a possuir aptidão para exercerem a titularidade de direitos e deveres no plano jurídico interno do país.

A *personificação* de uma *pessoa jurídica de direito público externo*, no caso dos Estados estrangeiros, decorre de sua estruturação, no plano político interno, por meio de uma Constituição e, no plano externo, do reconhecimento, pelo governo brasileiro, da afirmação da soberania dessa nação, no contexto da ordem política internacional. Quando se tratar de uma organização internacional, sua personificação vai-se operar por meio de um tratado ou convenção internacional que crie essa organização, por consenso entre os signatários desse ato de criação.

A *personificação* de uma *pessoa jurídica de direito privado* decorre da necessidade de atribuir-se *personalidade* a um ser que não tem existência material ou corpórea, o qual constitui essencialmente uma *ficção jurídica* que autoriza a *criação de uma pessoa*, enquanto ente jurídico que possa "incorporar" essa *personalidade – autônoma e independente –* a partir da manifesta *vontade* da pessoa ou das pessoas que a querem criar (art. 45 do Código Civil). A *pessoa*, aqui, decorre da atribuição de *personalidade*, por meio de um ato de *registro* junto ao órgão registral competente.

A *personalidade jurídica*, assim como a *personalidade civil* da pessoa natural, consiste numa *aptidão*, conferida pela lei às *pessoas* (sejam elas jurídicas ou naturais), para que possam ser titulares de direitos e deveres no âmbito jurídico.

O traço característico da personificação das *pessoas jurídicas de direito privado*, em comparação às *pessoas jurídicas de direito público* (interno ou externo), é exatamente a necessidade de que as primeiras sejam constituídas por meio de um REGISTRO, junto ao órgão registral competente, na forma prescrita em lei.

4.3 UM CONCEITO GENERALISTA DE PESSOA JURÍDICA

Sobre o conceito de *pessoa jurídica*, na atualidade, não há mais como limitá-lo, como normalmente ocorre nas abordagens doutrinárias tradicionais do direito brasileiro, à ideia de que a *pessoa jurídica* é a forma representativa de uma *pluralidade de pessoas naturais* ou de uma *universalidade patrimonial*, destinadas à consecução de certos e determinados fins, a qual é reconhecida como sujeito de direito apto a exercer direitos e obrigações na ordem jurídica.

Esse é um conceito que pode ser considerado superado na atualidade do direito brasileiro, que, muito recentemente, admitiu a possibilidade de que uma só pessoa natural, destinando um patrimônio mínimo a certa atividade e sob determinadas condições legais, pode formar essa unicidade constitutiva de uma pessoa jurídica. Foi a introdução, no direito pátrio, da ideia de *sociedade unipessoal*, manifestada inicialmente como uma das espécies de pessoa jurídica de direito privado a que se refere o art. 44 do Código Civil, por força do que dispôs a Lei n. 12.441/2011, denominando-a "*empresa individual de responsabilidade limitada*" ou, simplesmente, "EIRELI" e, posteriormente, com a *sociedade unipessoal de advocacia* instituída pela Lei n. 13.247/2016, assim como a possibilidade de constituição da *sociedade limitada de sócio único*, contemplada pela Lei n. 13.874/2019 quando acrescentou os parágrafos 1º e 2º ao art. 1.052 do Código Civil.

Além disso, há muito já está consolidada a ideia de que a unidade consubstanciada juridicamente como *pessoa jurídica* também pode ser representativa não só da individualidade da pessoa natural ou da sua pluralidade, mas, também, de uma pluralidade de pessoas jurídicas ou, ainda, de uma pluralidade de umas e outras, voltada à realização de certa finalidade em razão da qual venha a ser instituída.

Dessa forma, o alcance do que vem a ser uma *pessoa jurídica*, num aspecto conceitual generalista, deverá abranger todas essas já referidas dimensões, podendo-se enunciá-la como o *ente jurídico unitário que pode ser representativo tanto de uma pluralidade de pessoas naturais como de uma pluralidade de pessoas jurídicas ou, a um só tempo, destas e daquelas, bem como de uma universalidade patrimonial e, em condições muito especiais, de uma só pessoa natural, dotado de personalidade distinta daquela das pessoas que o integram, destinando-se à consecução de certos e determinados fins, o qual é reconhecido como sujeito de direito apto a exercer, com autonomia, a titularidade de direitos e deveres no âmbito da ordem jurídica.*

De outra banda, convém lembrar que por trás do fenômeno da personificação desses entes jurídicos vamos encontrar, como substrato básico e indispensável a operá-lo, sob quaisquer das maneiras já indicadas, a manifestação concreta e objetiva, em última análise, de uma *vontade humana* em relação à qual o Direito está atento, reconhecendo-lhe um valor importante e fundamental para a vida das coletividades humanas.

Assim, no momento em que se constitui juridicamente uma sociedade (de pessoas ou de capital), uma associação, uma fundação, um partido político, um Estado politicamente independente e toda a sua organização governamental, seja por meio da lei ou do registro, por detrás de tudo isso estará presente, como pano de fundo, necessariamente, a expressão de uma *vontade humana* (individual ou coletiva) a *possibilitar* a personificação às pessoas jurídicas, o que, por sua vez, *pressupõe* a personificação de direito atribuída às pessoas naturais.

4.4 A DESCONSIDERAÇÃO DA PERSONALIDADE JURÍDICA

A pessoa jurídica dispõe, como visto, de personalidade jurídica própria, independente e autônoma em relação àquela de seus instituidores. Dessa ficção jurídica fundamental que possibilita a existência das ditas pessoas morais decorre sua capacidade de direitos e deveres na ordem civil. Sua vontade é independente daquela possuída pelas pessoas naturais que a integram.

A regra geral vigente nesse âmbito é a de que as pessoas naturais que integram a pessoa jurídica somente respondem por débitos por ela contraídos dentro dos limites do capital social, ficando a salvo o patrimônio individual, de acordo com o tipo societário que venha a ser contratualmente adotado.[3]

Nesse sentido, a responsabilidade dos sócios será sempre subsidiária em relação às dívidas sociais e desde que o tipo societário adotado permita que os bens particulares dos sócios venham a ser excutidos.

Entretanto, devido ao mau uso desse instituto por sócios e administradores de pessoas jurídicas, de modo que possam vir a praticar fraudes e desvios de finalidade lesivos a terceiros, surgiu a teoria da *desconsideração da personalidade jurídica*, visando a que possam ser alcançadas as pessoas e bens que se ocultem, para fins ilícitos, sob o manto protetor proporcionado pela pessoa jurídica.

---

3. TARTUCE, Flávio. *Manual de direito civil*. 3ª ed. São Paulo: Método, 2013, p. 149.

A finalidade precípua dessa teoria (*disregard doctrine*) é permitir que os bens particulares dos sócios ou administradores da pessoa jurídica possam responder pelos danos causados a terceiros.

No Direito brasileiro essa teoria já constitui matéria albergada pela legislação vigente. Dessa forma, tanto o art. 50 do Código Civil, assim como o art. 28 do Código de Defesa do Consumidor e o art. 4º da Lei nº 9.605/1998 (Lei dos Crimes Ambientais), acolhem a possibilidade de desconsiderar a personalidade jurídica como forma de impedir a consumação de fraudes e abusos danosos a terceiros, praticados por sócios e administradores de pessoas jurídicas, valendo-se das autonomias subjetiva e patrimonial por elas oportunizada.

O art. 50 do Código Civil corresponde à chamada *teoria maior* enquanto que o art. 28 do Código de Defesa do Consumidor e o art. 4º da Lei nº 9.605/1998 correspondem à adoção da chamada *teoria menor* da desconsideração da personalidade jurídica. Para a primeira teoria, são exigidos dois requisitos: a) o abuso da personalidade jurídica e b) o prejuízo ao credor. Já para a segunda teoria é exigida apenas a comprovação do prejuízo ao credor.

Nos últimos tempos pode-se verificar que tem crescido a preocupação em proporcionar maior segurança jurídica na aplicação do instituto da desconsideração da personalidade jurídica. Primeiramente foi através de disposições trazidas pelo Código de Processo Civil (art. 133 a 137), que se estabeleceram regras relativas ao rito procedimental aplicável, inexistente até então:

> Art. 133. O incidente de desconsideração da personalidade jurídica será instaurado a pedido da parte ou do Ministério Público, quando lhe couber intervir no processo.
>
> § 1º O pedido de desconsideração da personalidade jurídica observará os pressupostos previstos em lei.
>
> § 2º Aplica-se o disposto neste Capítulo à hipótese de desconsideração inversa da personalidade jurídica.
>
> Art. 134. O incidente de desconsideração é cabível em todas as fases do processo de conhecimento, no cumprimento de sentença e na execução fundada em título executivo extrajudicial.
>
> § 1º A instauração do incidente será imediatamente comunicada ao distribuidor para as anotações devidas.
>
> § 2º Dispensa-se a instauração do incidente se a desconsideração da personalidade jurídica for requerida na petição inicial, hipótese em que será citado o sócio ou a pessoa jurídica.
>
> § 3º A instauração do incidente suspenderá o processo, salvo na hipótese do § 2º.
>
> § 4º O requerimento deve demonstrar o preenchimento dos pressupostos legais específicos para desconsideração da personalidade jurídica.
>
> Art. 135. Instaurado o incidente, o sócio ou a pessoa jurídica será citado para manifestar-se e requerer as provas cabíveis no prazo de 15 (quinze) dias.
>
> Art. 136. Concluída a instrução, se necessária, o incidente será resolvido por decisão interlocutória.
>
> Parágrafo único. Se a decisão for proferida pelo relator, cabe agravo interno.
>
> Art. 137. Acolhido o pedido de desconsideração, a alienação ou a oneração de bens, havida em fraude de execução, será ineficaz em relação ao requerente.

Mais recentemente a Lei nº 13.874/2019 (Lei da Liberdade Econômica) aperfeiçoou a redação do art. 50 do Código Civil, de modo a conferir maior segurança e objetividade na aplicação do instituto da desconsideração da personalidade jurídica, mormente por fixar os conceitos de *desvio de finalidade* (§ 1º) e de *confusão patrimonial* (§ 2º), ao mesmo tempo em que consagrou a *desconsideração inversa* da personalidade jurídica (§ 3º), nos termos seguintes:

> Art. 50. Em caso de abuso da personalidade jurídica, caracterizado pelo desvio de finalidade ou pela confusão patrimonial, pode o juiz, a requerimento da parte, ou do Ministério Público quando lhe couber intervir no processo, desconsiderá-la para que os efeitos de certas e determinadas relações de obrigações sejam estendidos aos bens particulares de administradores ou de sócios da pessoa jurídica beneficiados direta ou indiretamente pelo abuso.
>
> § 1º Para os fins do disposto neste artigo, desvio de finalidade é a utilização da pessoa jurídica com o propósito de lesar credores e para a prática de atos ilícitos de qualquer natureza.
>
> § 2º Entende-se por confusão patrimonial a ausência de separação de fato entre os patrimônios, caracterizada por:
>
> I - cumprimento repetitivo pela sociedade de obrigações do sócio ou do administrador ou vice-versa;
>
> II - transferência de ativos ou de passivos sem efetivas contraprestações, exceto os de valor proporcionalmente insignificante; e
>
> III - outros atos de descumprimento da autonomia patrimonial.
>
> § 3º O disposto no caput e nos §§ 1º e 2º deste artigo também se aplica à extensão das obrigações de sócios ou de administradores à pessoa jurídica.
>
> § 4º A mera existência de grupo econômico sem a presença dos requisitos de que trata o caput deste artigo não autoriza a desconsideração da personalidade da pessoa jurídica.
>
> § 5º Não constitui desvio de finalidade a mera expansão ou a alteração da finalidade original da atividade econômica específica da pessoa jurídica.

A denominada *desconsideração inversa da personalidade jurídica* é caracterizada pelo afastamento da autonomia patrimonial da sociedade, visando a, contrariamente ao que ocorre na desconsideração da personalidade jurídica propriamente dita, atingir o ente jurídico com personalidade autônoma e seu patrimônio social, de forma a obter a responsabilização da pessoa jurídica por obrigações contraídas pelo sócio, ou para obter a satisfação de obrigações oriundas de condenações por ele sofridas.

O instituto está fundado na possibilidade de que o sócio se utilize de uma pessoa jurídica para *ocultar* seu patrimônio pessoal aos credores, transferindo-o ao acervo patrimonial da pessoa jurídica e impedindo o acesso dos credores aos seus bens pessoais. Assim, usada direta ou inversamente, a finalidade da *desconsideração* é a mesma: evitar o mau uso da pessoa jurídica.

5
As Pessoas Jurídicas no Direito Brasileiro

5.1 INTRODUÇÃO

Este capítulo destina-se a dar uma noção de quais são e de como se formam as diversas pessoas jurídicas reconhecidas pelo ordenamento jurídico brasileiro.

Essa noção é fundamental porque, a partir dela, poder-se-á especificar a caracterização das diversas espécies de pessoas jurídicas de direito privado e, dentre essas, distinguir as que são constituídas por meio da competente inscrição de seus atos constitutivos no Registro Civil de Pessoas Jurídicas (RCPJ). Esse tema constitui um domínio de ordem prática no trabalho diuturno desses órgãos registrais em todo o país.

Logo, é importante salientar que no Brasil não há um "registro geral" de pessoas jurídicas de direito privado. No nosso país, o registro é fragmentário, havendo vários órgãos registrais passíveis de provê-lo. Entretanto, de acordo com a lei, não há mais de um órgão registral com atribuições para registrar os atos constitutivos de uma mesma espécie de pessoa jurídica. Cada órgão possui atribuições exclusivas para as espécies registrais a que pode conferir personalidade jurídica por meio do registro.

As pessoas jurídicas são, regra geral, passíveis de constituição por força de *lei* (o que dá origem às pessoas jurídicas de direito público), em razão de *tratados ou convenções internacionais* (o que dá origem a pessoas jurídicas de direito internacional) ou por força do *registro* perante o órgão competente (o que dá origem às pessoas jurídicas de direito privado), pois, de acordo com a apropriada expressão utilizada por Maria Bernadete Miranda,[1] seguindo na esteira do pensamento de Hans Kelsen, "a pessoa jurídica somente tem existência quando o Direito lhe imprime o sopro vital".

5.2 AS PESSOAS JURÍDICAS RECONHECIDAS PELO DIREITO BRASILEIRO

Há três categorias de pessoas jurídicas reconhecidas no âmbito do direito brasileiro, de acordo com o que dispõe o art. 40 do Código Civil (Lei n. 10.406/2002):

a) as pessoas jurídicas de direito público interno;

b) as pessoas jurídicas de direito público externo;

c) as pessoas jurídicas de direito privado.

A distinção básica entre essas pessoas jurídicas se faz pela forma como são constituídas, ou seja, pela forma com que passam a ser reconhecidas pelo Direito. As pessoas

---

1. MIRANDA, Maria Bernadete. *Pessoa jurídica de direito privado como sujeito de direitos e obrigações*. Disponível em: <http://www.direitobrasil.adv.br/arquivospdf/artigos/pj.pdf>. Acesso em: 6 jun. 2011.

jurídicas de direito público interno devem ser instituídas por meio de lei, ou seja, a *lei* é seu elemento essencial e traço distintivo de constituição como entes jurídicos. Claro que o termo "lei", aqui, é usado em sentido amplo, abrangendo, também, a Constituição, enquanto lei fundamental e norma suprema do ordenamento jurídico nacional.

Dessa forma, a União, os Estados, o Distrito Federal e os Municípios estão nessa categoria de pessoas jurídicas de direito público interno a que a Constituição confere personalidade jurídica. Possibilitam a estruturação da organização político-administrativa da República Federativa do Brasil, a partir do momento em que, por força de sua autodeterminação e soberania, a Nação brasileira, por seus representantes eleitos, reunidos em assembleia nacional constituinte, proclamou a forma pela qual se iria estruturar politicamente o Estado brasileiro, nos termos do art. 18 da Constituição:

> A organização político-administrativa da República Federativa do Brasil compreende a União, os Estados, o Distrito Federal e os Municípios, todos autônomos, nos termos desta Constituição.

Aliás, nesse particular, surge uma questão interessante, relativamente ao disposto no inciso IV do art. 41 do Código Civil. Nesse dispositivo, a lei inclui, na categoria das pessoas jurídicas de direito público (ao lado dos Estados e do Distrito Federal), também os *Territórios,* diferentemente do que dispunha o art. 14 do revogado Código Civil de 1916, que os não incluía. Então, cabe a pergunta: os Territórios, ainda que inexistentes na atual organização político-administrativa brasileira, são pessoas jurídicas de direito público interno?

Os Territórios Federais, apesar de não constituírem *Unidades da Federação* (porque não dotados de autonomia político-administrativa), são pessoas jurídicas de direito público interno, constituindo apenas uma descentralização administrativa e territorial da União, nos termos do que estabelece o § 2º do já referido art. 18 da Constituição. O Território, na prática, tem sido a forma embrionária de formação de novos Estados em nossa organização federativa.

Além dos entes políticos listados no art. 41 do Código Civil (União, Estados, Distrito Federal e Municípios), para complementar a estruturação político-administrativa básica do Estado brasileiro, podem, ainda, esses entes políticos que integram a Federação criar, por lei, outras pessoas jurídicas de direito público interno, de acordo com as peculiaridades organizacionais do sistema de Administração Pública que cada uma das esferas independentes de governo (federal, estadual e municipal) resolve adotar, de acordo com a autonomia política e administrativa que lhes foi outorgada pela Constituição.

Surgem assim, também, nessa categoria das *pessoas jurídicas de direito público*, outras organizações de caráter público, dotadas de personalidade jurídica, instituídas por lei, tais sejam: as autarquias, as associações públicas ou consórcios públicos (quando constituídos na forma do inciso I do art. 6º da Lei n. 11.107, de 6-4-2005) e as fundações puramente de direito público.

As *empresas públicas* e *sociedades de economia mista*, apesar de seu caráter publicístico como integrantes da Administração Indireta, nos termos do Decreto-lei n. 200/1967, têm personalidade jurídica de direito privado (Constituição, art. 173, § 1º, II). Necessitam autorização legal específica para serem instituídas, dispondo a lei sobre seu estatuto jurídico, que, entretanto, necessita de *registro* para sua regular constituição como pessoas jurídicas. As primeiras são dotadas de patrimônio próprio e capital exclusivamente pertencente ao Poder Público, empreendendo *atividade econômica* a que o Governo seja levado a desenvolver por força de contingência ou de conveniência administrativa, podendo revestir-se de qualquer das formas admitidas em direito (inciso II do art. 5º do Decreto-lei n. 200/1967 com redação dada pelo Decreto-lei n. 900/1969). As segundas, também criadas para desenvolvimento de atividade econômica de mercado em setores de interesse público, são constituídas sob a forma de *sociedades anônimas,* cujo capital votante pertence majoritariamente ao Poder Público.[2]

Recentemente foi editada a Lei nº 13.303, de 30.6.2016, dispondo sobre o estatuto jurídico da empresa pública, da sociedade de economia mista e de suas subsidiárias, no âmbito da União, dos Estados, do Distrito Federal e dos Municípios, de que trata o § 1º do art. 173 da Constituição. Prevê o seu art. 3º que a *empresa pública* é a entidade dotada de personalidade jurídica de direito privado, com criação autorizada por lei e com patrimônio próprio, cujo capital social é integralmente detido pela União, pelos Estados, pelo Distrito Federal ou pelos Municípios. Em seu art. 4º, estabelece que a *sociedade de economia mista* é a entidade dotada de personalidade jurídica de direito privado, com criação autorizada por lei, sob a forma de *sociedade anônima,* cujas ações com direito a voto pertençam em sua maioria à União, aos Estados, ao Distrito Federal, aos Municípios ou a entidade da administração indireta. Prevê, também, que a criação de *subsidiárias,* tanto de empresas públicas como de sociedades de economia mista, depende igualmente de autorização legislativa.

Estabelece, ainda, o parágrafo único do art. 41 do Código Civil que, não havendo disposição em contrário, as pessoas jurídicas de direito público a que tivesse sido dada estrutura de direito privado (na vigência do Código anterior) seriam regidas, no que coubesse, quanto a seu funcionamento, pelas normas estabelecidas no Código Civil (Lei n. 10.406/2002). O referido dispositivo gerava dificuldade interpretativa no sentido de saber-se a que situações precisamente seria passível de aplicação, até que, por ocasião da III Jornada de Direito Civil do Centro de Estudos Judiciários do Conselho da Justiça Federal (CEJ-CJF),[3] foi editado o Enunciado n. 141, dispondo que essa remissão do parágrafo único do art. 41 do Código Civil, relativa às "pessoas jurídicas de direito público, a que se tenha dado estrutura de direito privado", diz respeito às *fundações públicas* e aos *entes de fiscalização do exercício profissional.*

Dessa forma e atendendo a uma tradição do direito administrativo brasileiro, pode-se dizer que existem duas formas de *fundações públicas* (destinadas a desenvolver atividades cujas finalidades são de interesse público), as quais podem ser instituídas como fundações de direito público e como fundações de direito privado. As primeiras são totalmente criadas e reguladas por meio de lei, independendo de registro (sendo

---

2. RIZZARDO, Arnaldo. *Parte geral do Código Civil.* 3. ed. Rio de Janeiro: Forense, 2005, p. 262.
3. O Centro de Estudos Judiciários (CEJ) é órgão instituído nos termos da Lei n. 11.798, de 29 de outubro de 2008, que dispôs sobre a composição e a competência do Conselho da Justiça Federal.

designadas, por alguns doutrinadores, como *autarquias fundacionais* ou *fundações-autárquicas*); as segundas têm sua *criação autorizada por lei*, sendo instituídas como pessoas jurídicas de direito privado, por meio de *registro* perante o Registro Civil de Pessoas Jurídicas, como ocorre com as demais *fundações privadas* previstas no Código Civil.

5.3 AS PESSOAS JURÍDICAS DE DIREITO PÚBLICO EXTERNO

Como refere o art. 42 do Código Civil, as *pessoas jurídicas de direito público externo* (ou pessoas de direito internacional) são os Estados estrangeiros (inclusive a Santa Sé) e as demais pessoas regidas pelo direito internacional público.

Santa Sé é a denominação dada à pessoa internacional representativa da *Igreja Católica*, sediada territorialmente no Vaticano, um espaço de 44 hectares na cidade de Roma, na Itália, constituindo, pois, uma forma atípica de Estado,[4] de formação diferenciada dentre os diversos entes políticos pertencentes à categoria das pessoas jurídicas de direito internacional. A República Federativa do Brasil, por meio de acordo internacional celebrado com a Santa Sé, denominado "Estatuto Jurídico da Igreja Católica no Brasil", firmado na Cidade do Vaticano, em 13 de novembro de 2008, reconheceu a personalidade jurídica da Igreja Católica, assim como de suas instituições eclesiais que se estabeleçam no território nacional.

Assim, as "demais pessoas regidas pelo direito internacional público", referidas em nossa codificação civil, constituem pessoas internacionais surgidas a partir de um consenso, no plano internacional, entre um grande número de Estados soberanos (países), para a formação de grandes organismos internacionais, tais como a Organização das Nações Unidas (ONU), a Organização dos Estados Americanos (OEA), o Fundo Monetário Internacional (FMI), a Organização das Nações Unidas para a Educação, a Ciência e a Cultura (UNESCO), a Área de Livre Comércio das Américas (ALCA), o Mercado Comum do Sul (MERCOSUL), a Organização do Tratado do Atlântico Norte (OTAN) e tantas outras, resultando, pois, de um ato internacional multilateral (geralmente um tratado internacional). Podem, também, resultar de um ato bilateral entre Estados, citando-se, como exemplo, o caso de ITAIPU BINACIONAL, criada mediante um tratado celebrado entre o Brasil e o Paraguai, num esforço conjunto entre esses dois países para a construção da maior hidrelétrica do mundo.

5.4 AS PESSOAS JURÍDICAS DE DIREITO PRIVADO

De acordo com o que dispõe o art. 44 do Código Civil (Lei n. 10.406/2002), incisos I a VI, são as seguintes as pessoas jurídicas de direito privado:

- as associações;
- as sociedades;

---

4. MELLO, Celso D. de Albuquerque. *Curso de direito internacional público.* 8. ed. Rio de Janeiro: Freitas Bastos, 1986, v. 1, p. 408.

- as fundações;
- as organizações religiosas;
- os partidos políticos;
- a empresa individual de responsabilidade limitada.

Como dito anteriormente, somente as pessoas jurídicas de direito privado são passíveis de serem originadas em razão do *registro* em um órgão específico para que tenham existência jurídica. Convém salientar, entretanto, que a lista de espécies personificadas trazida pelo art. 44 do Código Civil brasileiro *não é exaustiva*, tal seja, não enumera todas as hipóteses possíveis, limitando-se a *exemplificar* algumas, o que veio a ser ratificado pelo Enunciado n. 144 do Centro de Estudos Judiciários do Conselho da Justiça Federal (CEJ-CJF), aprovado por ocasião de sua III Jornada de Direito Civil, assim dispondo relativamente à interpretação do referido dispositivo legal: "A relação das pessoas jurídicas de Direito Privado, constante do art. 44, incisos I a V, do Código Civil, não é exaustiva".

O *registro* de qualquer pessoa jurídica de direito privado, nos termos do que dispõe o art. 46 do Código Civil de 2002 (apesar de apresentar alguns requisitos distintos, mas não conflitantes com o art. 120 da LRP),[5] deve consignar as *declarações* feitas perante o Oficial acerca:

a) da denominação, dos fins, da sede, do tempo de duração e do fundo social, quando houver (inciso I do art. 46 do CC e inciso I do art. 120 da LRP);

b) do nome e da individualização dos fundadores ou instituidores, e dos diretores (inciso II do art. 46 do CC e inciso VI do art. 120 da LRP);

c) do modo por que se administra e representa, ativa e passivamente, judicial e extrajudicialmente (inciso III do art. 46 do CC e inciso II do art. 120 da LRP);

d) de ser, o ato constitutivo, reformável no tocante à administração, e de que modo (inciso IV do art. 46 do CC e inciso III do art. 120 da LRP);

e) de os membros responderem, ou não, subsidiariamente, pelas obrigações sociais (inciso V do art. 46 do CC e inciso IV do art. 120 da LRP);

f) das condições de extinção da pessoa jurídica e do destino do seu patrimônio, nesse caso (inciso VI do art. 46 do CC e inciso V do art. 120 da LRP).

A *denominação* da pessoa jurídica consiste no *nome* que lhe será legalmente atribuído. Nesse particular, vige o princípio de que um nome (ou denominação) não deve ser coincidente com outro já existente. Refere o Código Civil, em seu art. 1.163, que o *nome empresarial* deve-se distinguir de qualquer outro inscrito no mesmo registro, ao mesmo tempo em que, com base no parágrafo único do art. 1.155, estende às sociedades simples, associações e fundações a mesma proteção que confere ao nome empresarial, tendo-se consagrado, tanto no registro civil quanto no registro empresarial de pessoas jurídicas de direito privado, a prática de acrescentar designações aos nomes coincidentes, de modo a torná-los diferentes, viabilizando sua inscrição. Outro aspecto interessante desse tema é

---

5. CENEVIVA, Walter. *Lei dos registros públicos comentada*. 19. ed. São Paulo: Saraiva, 2009, p. 281.

o de que, em algumas *sociedades*, há regras impositivas quanto a designações que devem compor obrigatoriamente seu nome empresarial (que pode ser *firma* ou *denominação*), como verifica-se, por exemplo, nos arts. 1.157 a 1.161 do Código Civil. Em alguns casos, até mesmo as *similitudes* passíveis de *confundir* diferentes pessoas jurídicas devem ser evitadas, havendo limitações legais (art. 54, V, da Lei n. 8.934/1994) e em algumas normas regulamentares que fundamentam a possibilidade de negativa ao pedido de registro (art. 311 da CNNR-CGJ-RS, aprovada pelo Provimento n. 01/2020, e art. 22 da Instrução Normativa DREI n. 81/2020, por exemplo). Nas normas regulamentares estaduais, a exemplo do que ocorre no Código de Normas da CGJ de Minas Gerais, tem aumentado o rigor no controle do uso de certas palavras ou expressões que possam vir a ser usadas na composição de *denominações* atribuídas a pessoas jurídicas de direito privado de modo a não propiciar que venham a ser confundidas com organizações e entes de natureza pública ou internacional. Assim, a norma regulamentar mineira estabelece vedação aos oficiais registradores civis de pessoas jurídicas de que realizem registros ou alterações de atos constitutivos de pessoas jurídicas cuja nomenclatura apresente as palavras "*tribunal*", "*cartório*", "*registro*", "*notário*", "*tabelionato*" ou "*ofício*", suas derivações ou quaisquer outras que possam induzir a coletividade a erro quanto ao exercício das atividades desenvolvidas por entidades privadas, confundindo-as com órgãos judiciais, serviços notariais e de registro ou entidades representativas dessas classes. Também há vedação para a realização de registros de atos relativos a *pessoas jurídicas privadas* que incluam ou reproduzam siglas ou denominações de órgãos públicos, da administração pública direta ou indireta, bem como de organismos internacionais e aquelas consagradas em leis e atos regulamentares emanados do Poder Público (incisos IV e V do art. 487 do Código de Normas da Corregedoria-Geral de Justiça do Estado de Minas Gerais, aprovado pelo Provimento Conjunto n. 93/2020).

Os *fins* ou as finalidades a que se destinam as pessoas jurídicas de direito privado, além de claramente enunciados, devem atender às restrições estabelecidas pelo art. 115 da LRP, não podendo destinar-se a atividades ilícitas, ou contrárias, nocivas ou perigosas ao bem público, à segurança do Estado e da coletividade, à ordem pública ou social, à moral e aos bons costumes. Restrições dessa mesma natureza são estabelecidas para a constituição de sociedades empresariais, como é o caso das sociedades limitadas, cujo objeto social não poderá ser ilícito, impossível, indeterminado ou indeterminável, ou contrário aos bons costumes, à ordem pública ou à moral (item n. 4.4 do Manual de Registro de Sociedade Limitada, Anexo IV da Instrução Normativa DREI n. 81/2020).

A especificação de onde se localizará a *sede* da pessoa jurídica é de grande importância para a prática registral, pois, via de regra, definirá o órgão registral competente para a realização do registro de seu ato constitutivo, assim como dos demais atos que lhe sucederem. Essa *sede* será o lugar onde a pessoa jurídica tiver estabelecido seu *domicílio*, nos termos do art. 75, IV, do Código Civil, que é aquele no qual funciona sua *administração* ou *direção*, ou aquele especialmente designado em seu ato constitutivo. Se tiver vários estabelecimentos, cada lugar de sua localização será considerado sede ou domicílio, em relação aos atos que a pessoa jurídica, por meio de seu estabelecimento local, nele praticar.

O *tempo de duração* da pessoa jurídica pode ser estabelecido, nos termos do ato constitutivo, como *limitado* ou *ilimitado*. Marca a pretensão existencial conferida à pessoa jurídica. Se a duração da pessoa jurídica for limitada no tempo, sua extinção ou dissolução estarão prefixadas no seu ato constitutivo. Entretanto, a regra predominante é a da pretensão de seus fundadores ou instituidores de que tenha, a pessoa jurídica em formação, duração ilimitada no tempo, depois de validamente constituída.

O *fundo social* é a importância em dinheiro destinada a dar o impulso inicial às atividades da pessoa jurídica, a qual também pode ser designada como *capital social* (especialmente nas sociedades de fins econômico-lucrativos). Muitas vezes, esse fundo é representado por um *conjunto de bens patrimoniais*, avaliável em dinheiro, destinado a propiciar a realização do objeto pelo qual a pessoa jurídica foi criada – característica essa própria das fundações. Frequentemente, as associações são criadas sem a existência prévia de um fundo social, mas ele termina por ser formado ao longo do tempo, a partir das atividades desenvolvidas pela entidade na consecução de seus objetivos.

Deve o registro, também, consignar o *nome e a individualização dos fundadores ou instituidores e dos diretores* da pessoa jurídica. Os *fundadores* são aqueles que se consorciaram na iniciativa de criar a organização dotada de personalidade jurídica própria, distinguindo-se dos *instituidores* pela peculiaridade de assim serem denominados os criadores de uma fundação. Os fundadores e instituidores podem ser, na maior parte dos casos de criação de pessoas jurídicas de direito privado, tanto *pessoas naturais* como *pessoas jurídicas*, ou ambas ao mesmo tempo, ficando por conta das excepcionalidades os casos em que só pessoas naturais são admitidas, por exemplo, na *sociedade em nome coletivo* (art. 1.039 do Código Civil). Assevera Walter Ceneviva que *individualização* é termo mais amplo que *qualificação*, porque, além de abrangê-lo, impõe a referência da participação do fundador ou instituidor na criação e direção da organização criada.[6] Tal distinção parece-nos um preciosismo, já que o importante nessa questão é que os documentos produzidos na oportunidade, seja a ata de fundação, a escritura pública ou mesmo o ato constitutivo, consignem esses dados elementares de plena identificação pessoal e de registro do processo histórico formador da participação dos consorciados na idealização organizacional. Os *diretores* são aqueles, dentre os fundadores, eleitos ou escolhidos para dirigirem os destinos da entidade nos primeiros tempos de sua existência, podendo ter, o exercício desses cargos diretivos, caráter provisório ou definitivo na realização do primeiro período de gestão administrativa. A *administração* da pessoa jurídica é de fundamental importância, tanto assim que, nos termos do art. 49 do Código Civil, se ela vier a faltar, o juiz, a requerimento de qualquer interessado, nomear-lhe-á administrador provisório.

A forma pela qual se irá *administrar* a nascente pessoa jurídica deverá ficar esclarecida por seu ato constitutivo, tendo em vista que isso confere *poder* para tomada de decisões e ao mesmo tempo define a *responsabilidade* por essas decisões, podendo conferir maior ou menor liberdade a quem administra, em razão das normas estabelecidas, conforme nelas predominem critérios de maior discrição ou maior vinculação

---

6. CENEVIVA, Walter. *Lei dos registros públicos comentada*, p. 281.

na prática dos atos. Também deverá ficar previamente assentada a possibilidade de que o ato constitutivo venha a ser *reformável* quanto à administração e de que modo isso poderá ocorrer. Conveniente lembrar, entretanto, que o ato constitutivo tem sua ampla autonomia reguladora enquanto se conformar com a legislação vigente. Surgindo *lei posterior impositiva* conflitante com o ato constitutivo, terá ele de ver-se reformado para readquirir sua plena autoridade dentro da ordem legal.

Particularmente nas fundações, o instituidor tem amplo poder para, antes mesmo do registro, já quando da escritura de instituição, estabelecer a forma pela qual deverá a entidade ser administrada, se as normas estabelecidas são passíveis de reforma e de que modo serão reformáveis, vinculando, assim, não só a ação dos futuros administradores, mas até mesmo a do órgão do Ministério Público incumbido de sua curadoria.

A *representação* ativa, passiva, judicial e extrajudicial da pessoa jurídica é de extrema importância no aspecto *externo* de sua vida institucional, pois significa a legitimação de alguém para o exercício de tomar compromissos ou reivindicar em seu nome, responder, calar, concordar, discordar e manifestar-se, em juízo ou fora dele, de modo unitário, em relação a todos os assuntos de interesse da coletividade presente na agremiação. Daí a importância fundamental de o registro declarar quem é o titular dessa condição.

Há uma responsabilidade direta e ilimitada da pessoa jurídica em relação às obrigações que autonomamente vier a contrair. Torna-se necessário, portanto, que de seu registro conste uma prévia regra de direito a definir se as *pessoas* (naturais ou jurídicas) que a integram e, afinal, conferem-lhe o necessário substrato de personalidade jurídica têm ou não *responsabilidade subsidiária* em relação àquelas obrigações, respondendo com seu patrimônio pessoal para a sua satisfação, caso não adimplidas.

Por fim, as últimas declarações a serem prestadas pelos responsáveis pela criação da pessoa jurídica, viabilizando, dessa forma, o registro junto ao órgão competente, consistem no esclarecimento das condições para que se dê sua *extinção* ou *dissolução* e, ocorrendo esse evento, qual a *destinação* a ser dada ao *acervo patrimonial* construído ao longo da existência da instituição ou, pelo menos, ao que remanescer desse patrimônio após a satisfação de todas as obrigações sociais pendentes. Claro que a disposição se destina, especialmente, à situação em que a extinção ocorrer *voluntariamente*, de acordo com as disposições do ato constitutivo, já que pode haver situações em que a extinção decorra de atos *compulsórios*, tais como a dissolução por decisão judicial, a falência e a insolvência civil, baseadas, entretanto, na aplicação de um regime legal diferenciado. Essa extinção por ato voluntário dos membros da entidade poderá decorrer de várias situações, tais como o pleno atingimento dos fins a que se destinava, pelo implemento do tempo fixado previamente para sua existência, pelo esgotamento dos meios de que dispunha para a realização do objeto social, por inviabilidade financeira ou, ainda, por outra qualquer causa, prevista ou não estatutariamente, desde que haja o necessário consenso estabelecido pela normatividade de seu ato constitutivo. Esclarece o art. 51 do Código Civil que, ocorrendo a *dissolução* da pessoa jurídica ou *cassada a autorização* para seu funcionamento (situações de evidente compulsoriedade), a pessoa jurídica subsistirá tão somente para fins de *liquidação*, até que esta seja concluída.

Nos termos do art. 47 do Código Civil, os *atos dos administradores* obrigam a pessoa jurídica, salvo se praticados em contravenção ao ato constitutivo, decaindo em três anos o direito de anular as decisões que violem a lei ou o estatuto social ou que forem praticadas mediante erro, dolo, simulação ou fraude (parágrafo único do art. 48 do CC).

De acordo com o art. 50 do Código Civil, ocorrendo abuso da personalidade jurídica, caracterizado pelo desvio de finalidade ou pela confusão patrimonial, o juiz estará autorizado a aplicar a teoria da *desconsideração da personalidade jurídica*, decidindo, a requerimento da parte, ou do Ministério Público, quando lhe couber intervir no processo, que os efeitos de certas e determinadas relações de obrigações sejam estendidos aos bens particulares dos administradores ou sócios da pessoa jurídica. Sobre esse tema foram editados enunciados, respectivamente, nas I e III Jornadas de Direito Civil do CEJ-CJF – ressalvado expressamente que um não prejudica o outro –, com o seguinte teor:

> **"Enunciado n. 7** – Só se aplica a desconsideração da personalidade jurídica quando houver a prática de ato irregular e, limitadamente, aos administradores ou sócios que nela hajam incorrido".

> **"Enunciado n. 146** – Nas relações civis, interpretam-se restritivamente os parâmetros de desconsideração da personalidade jurídica previstos no art. 50 (desvio de finalidade social ou confusão patrimonial)".

Como atos finais relativos à existência da pessoa jurídica, resta a realização, junto ao registro competente, da *averbação* de sua *dissolução* (§ 1º do art. 51 do Código Civil) e, encerrada a liquidação, do *cancelamento* de sua inscrição – popularmente denominada "baixa" da entidade ou empresa –, de acordo com o § 3º do mencionado artigo, comprovada a destinação dada ao remanescente patrimonial. Na *liquidação* das pessoas jurídicas de direito privado, aplicam-se as disposições previstas para a liquidação das sociedades (§ 2º do art. 51 do Código Civil).

Assim, por meio das normas que regem o *registro, inscrição*, ou *assento registral* perante o órgão competente, podemos ter uma ideia básica da incidência da normatividade que disciplina o "*nascimento, vida e morte*" das pessoas jurídicas de direito privado.

5.4.1 Associações

A liberdade de criação de *associações*, independentemente de autorização e de interferência estatal em seu funcionamento (Constituição, art. 5º, XVIII), constitui uma das marcas do Estado Democrático e de Direito (Constituição da República, art. 1º), já que essencial ao pleno exercício da cidadania.

São poucas as vedações expressas quanto à criação de associações, exigindo, a Constituição, que seus fins não sejam ilícitos e que não tenham caráter paramilitar (art. 5º, XVII).

Somente por decisão judicial poderão as associações ser compulsoriamente dissolvidas ou ter suas atividades suspensas, exigindo-se, no primeiro caso, o trânsito em julgado (Constituição, art. 5º, XIX).

O art. 53 do Código Civil apresenta a principal característica das associações, quando declara que se organizam sob essa forma as pessoas que se unem para o desenvolvimento de *fins não econômicos*, podendo dedicar-se às mais diversas atividades, desde que compatíveis com os fins pelos quais a organização foi instituída.

Veja-se bem: os fins *não econômicos* referidos pelo Código Civil de 2002 correspondem ao mesmo sentido que lhes dava o Código Civil de 1916 denominando as associações como sendo entidades *não lucrativas*, já que o *"lucro"* era atributo exclusivo das *sociedades comerciais*.

Podem, então, as associações terem atividades "econômicas", no sentido de auferirem resultados financeiros positivos? Evidentemente que sim.

Tanto é assim que a VI Jornada de Direito Civil do CEJ-CNJ editou enunciado destinado a esclarecer esse aspecto:

> "**Enunciado n. 534** – As associações podem desenvolver atividade econômica, desde que não haja finalidade lucrativa."

Entretanto, esse resultado econômico deve ser empregado tão somente no desenvolvimento das atividades institucionais da agremiação. Aliás, não poderia ser de outra forma, porque essas instituições necessitam de recursos para sobreviver, tendo, evidentemente, que produzir e reproduzir meios financeiros para sua sustentabilidade. Quer dizer a lei que as associações não se destinam à acumulação e divisão de lucro, privadamente, entre seus associados, à semelhança do que ocorre, por exemplo, com os sócios nas sociedades empresárias. Toda a renda que auferirem as associações, portanto, deverá reverter às finalidades para as quais foram constituídas e estatutariamente organizadas e disciplinadas.

No regime legal do revogado Código Civil de 1916, as *sociedades civis* eram divididas entre aquelas que tinham fins lucrativos e aquelas que tinham fins não lucrativos, sendo que essas últimas passaram a ser comumente denominadas *associações*. O Código Civil de 2002, por seu turno, estabeleceu uma distinção completa entre as *associações* e as *sociedades* dando, às primeiras, um tratamento legal mais amplo.[7]

O novel estatuto civilista, tomando as associações como talvez a forma mais básica de estruturação de uma pessoa jurídica de direito privado, mandou, até mesmo, aplicar subsidiariamente às *sociedades* (simples e empresárias) que constituem objeto do Livro II de sua Parte Especial (que disciplina o Direito de Empresa a partir do art. 966) as disposições relativas às associações (por força do antigo parágrafo único do art. 44, transformado, posteriormente, em § 2º pela Lei n. 10.825/2003). Note-se que essa aplicação deve ser *subsidiária*, tal seja, deve-se fazer tão somente na *ausência* de norma específica aplicável àquelas formas societárias. A respeito desse tema, por ocasião da IV Jornada de Direito Civil do CEJ-CJF, foi editado o seguinte enunciado:

> "**Enunciado n. 280** – Por força do art. 44, § 2º, consideram-se aplicáveis às sociedades reguladas pelo Livro II da Parte Especial, exceto às limitadas, os artigos 57 e 60, nos seguintes termos: a) Em havendo previsão contratual, é possível aos sócios deliberar a exclusão de sócio por justa causa, pela via extrajudicial, cabendo ao contrato disciplinar o procedimento de exclusão, assegurado o direito de defesa,

---

7. RIZZARDO, Arnaldo. *Parte geral do Código Civil*, p. 271.

por aplicação analógica do art. 1.085; b) As deliberações sociais poderão ser convocadas pela iniciativa de sócios que representem 1/5 (um quinto) do capital social, na omissão do contrato. A mesma regra aplica-se na hipótese de criação, pelo contrato, de outros órgãos de deliberação colegiada".

As associações, por suas características específicas, destinam-se, majoritariamente, a fins altruísticos. Nelas haverá a formação de um *fundo social*, destinado à mantença e custeio de suas atividades, não pertencendo individualmente aos associados e que, de regra, não vem a ser entre eles distribuído, nem mesmo por ocasião de sua dissolução.[8]

Nas associações, também não há direitos e obrigações recíprocos entre os associados, como ocorre, por exemplo, nas sociedades empresárias, entre os respectivos sócios, por força de lei ou do contrato de sociedade. O vínculo de direitos e obrigações existente é entre os associados e a associação, já que a *voluntariedade* no estabelecimento e na submissão a esse vínculo é outra de suas características fundamentais, pois o princípio aplicável é o de que ninguém é obrigado a associar-se ou a permanecer associado (Constituição, art. 5º, XX).

Veja-se, também, que a disposição legal do art. 53 coloca a associação como uma *união de pessoas*. Mas, afinal, que *pessoas* são essas? Está-se referindo, a lei, somente às *pessoas naturais* ou contempla também as *pessoas jurídicas*?

É claro que tanto as pessoas naturais como as jurídicas podem organizar-se em associações. Dessa afirmação resultam, pois, as seguintes possibilidades quanto à formação de uma associação:

a) Pode ser integrada somente por pessoas naturais;

b) Pode ser integrada por pessoas naturais e pessoas jurídicas;

c) Pode ser integrada somente por pessoas jurídicas.

Até o advento da Lei n. 10.825, de 22 de dezembro de 2003, as *organizações religiosas* eram consideradas um tipo característico de associação de fins não econômicos, destinadas ao desenvolvimento de atividades de propagação de certa doutrina religiosa e da fé nessa crença, situação que não perdurou em razão de alteração promovida pela referida lei, no texto do Código Civil, sendo tratadas, a partir de então, como *mais uma das espécies* de pessoas jurídicas de direito privado admitidas pelo direito brasileiro, a qual receberá tratamento específico por meio de abordagem adiante apresentada.

Também por meio da já referida lei, os *partidos políticos* foram definidos como espécie autônoma de pessoa jurídica de direito privado, acerca da qual se tratará oportunamente.

Quanto aos *sindicatos*, permaneceram eles com sua tradicional estruturação organizacional de associações de pessoas (naturais ou jurídicas) voltadas à defesa de interesses comuns, guardadas as peculiaridades que lhes são reservadas enquanto entidades de representação classista, tanto patronal como de empregados, com assento constitucional (art. 8º da Constituição da República). Devido às peculiaridades dos sindicatos, entretanto, será feita uma abordagem específica a seu respeito no decorrer desta obra.

---

8. BATALHA, Wilson de Souza Campos. *Comentários à lei dos registros públicos*, p. 391.

Ao ensejo das alterações legislativas ocorridas em relação às disposições originais do art. 44 do Código Civil vigente, foi editado, na III Jornada de Direito Civil do CEJ-CJF, nesse particular, o Enunciado n. 142, que assim dispõe sobre a natureza associativa dos partidos políticos, sindicatos e organizações religiosas, não afastando a aplicação, a eles, do vigente Código Civil:

> **Enunciado n. 142** – Os partidos políticos, os sindicatos e as associações religiosas possuem natureza associativa, aplicando-se-lhes o Código Civil".

Decorre desse enunciado, portanto, que as disposições estabelecidas pela lei civil quanto à existência das pessoas jurídicas de direito privado, por meio do respectivo registro dos atos constitutivos (especialmente pelo que decorre dos arts. 45 e 46 do Código Civil) perante o Registro Civil de Pessoas Jurídicas (art. 114 da Lei de Registros Públicos), são aplicáveis, indistintamente, também a essas entidades de natureza associativa.

5.4.1.1 A diversidade finalística das associações

A associação é a espécie de pessoa jurídica de direito privado representativa da forma mais ampla do exercício do direito de associação garantido pela Constituição. Daí o porquê da ampla variabilidade finalística de sua destinação institucional. A possibilidade de estruturação é particularmente flexível nas associações, amoldando-se às mais diversas atividades originadas da convivência social. Até mesmo aqueles fins previstos especificadamente para as fundações, por meio do parágrafo único do art. 62 do Código Civil, podem constituir fins atribuídos às associações, já que não constituem exclusividade daquelas.

Nesse particular relativo ao ecletismo das associações e para ilustrar tal afirmação, podemos tomar como referência obra editada pelo IRTDPJ-BRASIL,[9] ainda sob a vigência do revogado Código Civil de 1916, que nos apresenta uma listagem de diversos "tipos" de associações em razão das características específicas derivadas de seu objeto e suas finalidades: culturais, profissionais, assistenciais, religiosas, morais, caritativas, educacionais, de lazer, literárias, históricas, de pesquisa, de difusão, editoriais, teatrais, musicais, artísticas, esportivas, jurídicas, comunitárias, escolares, filosóficas, filantrópicas, de culto a personalidades, de incentivo, apoio ou fomento, assim como podem ter, ainda, essas e outras atividades, de forma combinada, ou não, para atuarem em benefício de determinado segmento social, profissão, classe, raça, etnia, nacionalidade etc.

A seguir, são apresentados alguns exemplos relativos às possibilidades de constituição de associações ou, pelo menos, de pessoas jurídicas de direito privado com estrutura muito assemelhada a elas.

a) Associações condominiais

São entidades muito comuns na criação dos "clubes de campo" (condomínios horizontais), proporcionando a "aquisição" de *títulos* dos referidos clubes.[10] Os condomínios

---
9. IRTDPJ-BRASIL.. *Manual prático do registrador de TD & PJ*. São Paulo, 1999, p. 34-40.
10. IRTDPJ-BRASIL.. *Manual prático do registrador de TD & PJ*, p. 34.

horizontais fundamentam-se no art. 8º da Lei n. 4.591/1964 e art. 3º do Decreto-lei n. 271/1967, sendo que o Código Civil de 2002 infelizmente não trouxe a previsão dos condomínios horizontais.[11] Essa prática decorre de uma grande discussão jurídica que se formou em torno da possibilidade de instituição desse tipo de empreendimento imobiliário, o qual é admitido em alguns lugares do país, quando autorizado pela legislação urbanística municipal, mas não é admitido em outros tantos municípios. Nesse empreendimento peculiar, o adquirente possui a propriedade individual do *lote* (*unidade autônoma* onde construirá sua casa, respeitando a convenção e os limites legais), bem como uma *fração ideal* sobre as áreas comuns (vias, guaritas, clube esportivo, etc.) que é calculada tendo como base o *lote* e não a área construída. Assim, nos lugares em que a legislação não admite o *condomínio horizontal de lotes*, a criação dos chamados "clubes de campo" viabiliza a ideia como se o adquirente passasse a titular uma fração ideal do patrimônio de uma associação (ver parágrafo único do art. 56 do Código Civil).

b) **Associações ou círculos de pais e mestres**

São entidades muito comuns junto às escolas de 1º e 2º graus do ensino público fundamental e médio, congregando os pais dos alunos, os professores e os funcionários das escolas. Funcionam como instrumentos de apoio às atividades educacionais, aperfeiçoando a relação da escola com a comunidade. Suprem, até mesmo, eventuais carências materiais e de meios não totalmente atendidos pelas unidades da rede pública de ensino. São constituídas segundo as regras comuns do regime jurídico aplicável às associações e registráveis perante o Registro Civil de Pessoas Jurídicas em cuja circunscrição será localizada sua sede. Essas organizações desenvolvem, também, ações de integração comunitária.

c) **Caixas escolares**

"As Caixas Escolares são Unidades Executivas, criadas por imposição do Ministério da Educação, com a finalidade de gerir as verbas repassadas pela União às escolas públicas."[12]

De acordo com o Dicionário Interativo da Educação Brasileira, entretanto, a *Caixa Escolar* recebe uma conceituação mais ampla, sendo vista como a "instituição jurídica, de direito privado, sem fins lucrativos, que tem como função básica administrar os recursos financeiros da escola, oriundos da União, estados e municípios, e aqueles arrecadados pelas unidades escolares. Ou seja, são unidades financeiras executoras, na expressão genérica definida pelo Ministério da Educação. Os recursos recolhidos por ela destinam-se à aquisição de bens e serviços necessários à melhoria das condições de funcionamento da escola, incluídos no seu plano de desenvolvimento".[13]

---

11. LAMANA PAIVA, João Pedro. *Espécies de empreendimentos imobiliários*. Porto Alegre, 2011. Disponível em: <http://www.lamanapaiva.com.br/novidades.php>. Acesso em: 30 jan. 2012.
12. Tribunal Regional Federal da 5ª Região, 1ª T., Apelação Cível n. 394227-RN-2005. 84.00.006940-1, rel. Des. Francisco Wildo, j. 14-3-2007, publicado no *Diário da Justiça* de 27-4-2007.
13. MENEZES, Ebenezer Takuno de; SANTOS, Thais Helena dos. "Caixa Escolar" (verbete). *Dicionário Interativo da Educação Brasileira; EducaBrasil*. São Paulo: Midiamix, 2002. Disponível em: <http://www.educabrasil.com.br>. Acesso em: 10 jan. 2012.

A Caixa Escolar, de regra, por sua natureza de organização de fins não econômicos, é estruturada como *associação*, cuja presidência é exercida pelo diretor da escola a que está vinculada.

As Caixas Escolares passaram a adquirir maior importância a partir da década de 1990, quando a Lei de Diretrizes e Bases da Educação Nacional (Lei n. 9.394/1996) instituiu o princípio da escola autônoma, em consequência do qual o Ministério da Educação passou a transferir recursos financeiros diretamente às unidades escolares em todo o país.

Em consequência disso, as Unidades da Federação passaram a adotar normas locais regulando essa matéria. No Estado do Rio Grande do Sul, por exemplo, o Decreto n. 46.539/2009 disciplinou o repasse, pelo Estado, de recursos financeiros do Programa Nacional de Alimentação Escolar às Caixas Escolares das escolas da rede pública estadual, orientando quanto à criação dessas instituições que se destinam a atender ao previsto nas resoluções do Conselho Deliberativo do Fundo Nacional de Desenvolvimento da Educação (FNDE/MEC), incumbindo a seu presidente, juntamente com o tesoureiro e demais órgãos estatutários, a execução do Programa Nacional de Alimentação Escolar, seu controle financeiro e a prestação de contas dos recursos transferidos.

Ainda que o referido decreto estadual tenha usado uma terminologia não adequada ao texto do Código Civil de 2002, designando as Caixas Escolares como entidades que deveriam ser registradas como *sociedades civis, sem fins lucrativos*, para a melhor adequação dessa disposição regulamentar à vigente lei civil, o mais correto é a sua constituição, por meio de registro no RCPJ, como *associações*.

d) Comissões pró-emancipação municipal

A Constituição de 1988 reconheceu aos Estados a competência para regularem a criação, a incorporação, a fusão e o desmembramento de Municípios, por meio de lei estadual (§ 4º do art. 18). Os processos de emancipação política dos Municípios representam, portanto, uma grande diversidade normativa no país.

Geralmente não há obrigatoriedade de criação de uma pessoa jurídica destinada a organizar e representar os interesses dos movimentos de eleitores que pretendam promover a emancipação político-administrativa do território de um novo Município. Mas não há vedação legal de que se crie nem exigência de que, para a criação de pessoa jurídica com tal finalidade, haja prévio pronunciamento ou autorização do Poder Público.

No Estado do Rio Grande do Sul, por exemplo, a matéria é regulada pela Lei Complementar Estadual n. 13.587/2010, especialmente nos termos do que dispõem seus arts. 5º a 8º, que estabelecem como se organiza, legitima e credencia a "Comissão Emancipacionista" para o desenvolvimento do processo, perante a Assembleia Legislativa e a Justiça Eleitoral, já que há a necessidade do atendimento de uma série de requisitos prévios perante o parlamento estadual, assim como de convocação e realização de uma consulta plebiscitária à população residente e domiciliada no território emancipando, até que se chegue à aprovação da criação do novo Município por meio de lei estadual, que lhe fixará os limites territoriais, a sede, a denominação e a data de instalação. O §

1º do art. 6º da referida lei estadual estabelece que a Comissão Emancipacionista deva ser composta de, no mínimo, seis integrantes, quais sejam: Presidente, Vice-Presidente, Secretário, 2º Secretário, Tesoureiro e 2º Tesoureiro, além de um Conselho Fiscal de, no mínimo, três membros com igual número de suplentes.

Nesse caso específico, se o grupo emancipacionista resolver constituir a Comissão sob a forma de uma pessoa jurídica poderá fazê-lo, sendo, entretanto, bastante recomendável que a associação a ser criada com idêntica finalidade tenha uma estrutura organizacional que corresponda à composição de cargos e funções prevista em lei, para não correr o risco de ser considerada inapta a funcionar como Comissão Emancipacionista. O correspondente registro deverá ser feito por meio da inscrição do ato constitutivo perante o Registro Civil de Pessoas Jurídicas a cuja circunscrição registral pertença o Município que dará origem ao emancipando.

e) Entidades de radiodifusão comunitária

De acordo com a Lei n. 9.612/1998, os serviços de radiodifusão comunitária só podem ser explorados por *fundações e associações* comunitárias, sem fins lucrativos, devidamente registradas, sediadas na área da comunidade a que pretendem prestar o serviço e cujos dirigentes sejam brasileiros, natos ou naturalizados há mais de dez anos, residentes na área da comunidade atendida (art. 7º). De acordo com o que estabelece o art. 8º da referida lei, a entidade que venha a ser autorizada a explorar o serviço de radiodifusão comunitária deverá instituir um Conselho Comunitário, composto de no mínimo cinco pessoas representantes de entidades da comunidade local (associações de classe, beneméritas, religiosas, de moradores e outras, desde que legalmente instituídas), com o objetivo de acompanhar a programação da emissora, visando a verificar o atendimento do interesse exclusivo da comunidade e dos princípios da radiodifusão comunitária estabelecidos no art. 4º da Lei n. 9.612/1998.

Além de atender às disposições da lei específica, esses serviços de radiodifusão devem observar o disposto na Lei n. 6.015/1973 (Lei de Registros Públicos) quanto à *matrícula*, perante o Registro Civil de Pessoas Jurídicas, da emissora de rádio, nos termos do inciso III do art. 122 e do inciso III do art. 123, pois não estão dispensadas, as rádios comunitárias, das formalidades exigidas para a matrícula de emissoras de radiodifusão convencional.[14]

Essas entidades que se podem dedicar à radiodifusão comunitária são geralmente criadas segundo as regras comuns do regime jurídico aplicável às associações e registráveis perante o Registro Civil de Pessoas Jurídicas em cuja circunscrição será localizada sua sede.

f) Conselhos comunitários de segurança

A Constituição de 1988 foi a primeira de nossa história política a estabelecer normas específicas em matéria de *segurança pública*, a qual foi enunciada, nos termos de seu

---
14. IRTDPJ-BRASIL. *Manual prático do registrador de TD & PJ*, p. 39.

art. 144, como um "dever do Estado" e, ao mesmo tempo, "direito e responsabilidade de todos", objetivando à preservação da ordem pública e da incolumidade das pessoas e do patrimônio.

Dessa forma, considerando que a segurança pública também é responsabilidade de todas as pessoas e não somente dos órgãos de Estado instituídos constitucionalmente para essa tarefa, tem crescido significativamente o número de organizações não governamentais com a finalidade de proporcionar a participação comunitária no contexto da segurança pública, especialmente por meio de conselhos comunitários de segurança.

No Rio Grande do Sul, por exemplo, o art. 126 da Constituição Estadual estabelece que "a sociedade participará, através dos Conselhos de Defesa e Segurança da Comunidade, no encaminhamento e solução dos problemas atinentes à segurança pública, na forma da lei". Em consequência disso, o Estado gaúcho é um dos mais destacados na criação dos populares "CONSEPROs" (Conselhos Comunitários Pró-Segurança Pública), existindo até mesmo uma federação que congrega esses conselhos – a FECONSEPRO-RS.

Os conselhos comunitários de segurança são geralmente criados sob a forma de *associações* civis de interesse público e fins não econômicos, segundo as regras comuns do regime jurídico a elas aplicável, sendo registráveis perante o Registro Civil de Pessoas Jurídicas em cuja circunscrição sua sede será localizada.

g) Clubes sociais

Grandemente difundidos em todo o país, os clubes sociais dedicam-se às atividades de promoção do convívio e da integração social das comunidades e ao desenvolvimento de atividades esportivas, culturais e de lazer. Geralmente, nas cidades maiores, congregam a comunidade de um bairro, localidade ou distrito, podendo chegar, até mesmo, a promover a integração comunitária de um pequeno Município.

A forma jurídica de criação dos clubes sociais, em razão de sua finalidade não econômica, é ordinariamente a de *associação*, mediante registro no Registro Civil de Pessoas Jurídicas a cuja circunscrição pertença o Município onde ficará localizada sua sede social.

Uma das características que apresentam, em razão da necessidade que têm de adquirir significativo patrimônio imobiliário para poderem desenvolver suas finalidades (salões sociais, piscinas, complexos esportivos, áreas de lazer, ginásios etc.), é a de instituírem, estatutariamente, que o interessado em ingressar na agremiação tenha de adquirir quota ou fração ideal desse patrimônio para que se torne associado, implicando, geralmente, que sua transferência atribua a qualidade de associado ao adquirente da quota ou fração ideal (ver, a propósito, os arts. 56 e 61 do Código Civil).

h) Associações comunitárias

São organizações voltadas à representação dos interesses de determinada comunidade (geralmente de um bairro ou distrito), especialmente perante os órgãos do Poder Público, visando a reivindicar melhorias nas condições de infraestrutura, urbanização e serviços públicos que proporcionem elevação da qualidade de vida da população local. Muitas vezes funcionam também como clubes sociais, proporcionando lazer e integração comunitária.

A forma jurídica de criação das associações comunitárias, em razão de sua finalidade não econômica, é ordinariamente a de *associação* (art. 53 do Código Civil), mediante registro no Registro Civil de Pessoas Jurídicas a cuja circunscrição pertença o Município onde ficará localizada sua sede.

i) Bombeiros voluntários

Grandemente disseminados em todo o país, devido à carência de serviços de prevenção, combate a incêndios e socorros públicos, os chamados *bombeiros voluntários* constituem mais uma forma de prestação de serviços de interesse público, mediante voluntariado, presente em muitos lugares do mundo. Alguns Estados brasileiros possuem até mesmo federações e associações que congregam organizações de bombeiros voluntários, existindo, em alguns, legislação específica a autorizar a realização dessa atividade, que deve atender, na atualidade, a padrões técnicos rigorosos.

Apesar de muitos usarem, ainda hoje, a denominação "sociedades civis" sem fins lucrativos, sua forma de organização mais adequada, no aspecto jurídico, é a de *associação* (art. 53 do Código Civil) como modalidade de pessoa jurídica de direito privado de fins não econômicos, que são mantidas por doações de empresas e da população para aquisição de equipamentos, contando com trabalho voluntário da própria comunidade local para operação de seus serviços, além de, geralmente, serem apoiadas pelas administrações municipais.

No Estado de São Paulo, a criação dessas organizações é autorizada na forma da Lei n. 10.220, de 12 de fevereiro de 1999, que submete o controle técnico de suas atividades à orientação do Corpo de Bombeiros Militar do Estado.

No Rio Grande do Sul, o art. 128, I, da Constituição Estadual autoriza os Municípios a constituírem "serviços civis auxiliares de combate ao fogo, de prevenção de incêndios e de atividades de defesa civil". Dessa forma, dependem de lei municipal autorizativa, ainda que se venham a constituir como pessoas jurídicas de direito privado.

j) Juízos arbitrais

A atividade de arbitragem, no país, é regulada pela Lei n. 9.307/1996. A ideia de sua instituição no Brasil provém de experiências desenvolvidas em outros lugares do mundo.

Nos juízos arbitrais (denominação utilizada pelo art. 3º da lei), são discutidas e intermediadas as questões submetidas à arbitragem, não se confundindo com órgãos que desenvolvem atividades judiciais. É comum a utilização de designações tais como "tribunal de arbitragem" ou "câmara de arbitragem" para a denominação dos juízos arbitrais.

O árbitro é juiz de fato e de direito, eleito pelas partes para dirimir litígios relativos a direitos patrimoniais disponíveis, e a decisão que proferir não fica sujeita a recurso ou a homologação pelo Poder Judiciário.

A arbitragem, apesar de ser comumente desenvolvida por advogados, é atividade que independe da participação de advogado, de autorização da OAB ou de qualquer órgão governamental, bastando que seja desenvolvida de forma adequada à lei instituidora da atividade (Lei n. 9.307/1996). Qualquer pessoa capaz pode ser árbitro, desde que tenha a confiança das partes e por elas seja nomeada para atuar no caso a ser submetido à decisão arbitral.

Os juízos arbitrais, para atuarem na sua atividade peculiar, devem ser constituídos como entidades dotadas de personalidade jurídica de acordo com seu estatuto social, podendo estabelecer, também, um regulamento interno.[15] Em muitos casos concretos, entretanto, eles não têm sido especificados dentro de uma espécie registral nominada, sendo referidos como "instituições privadas, sem fins lucrativos". Outras vezes, são formados especificamente como *associações*. Há, entretanto, possibilidade de que possam constituir-se como pessoas jurídicas de direito privado de fins lucrativos, ou seja, como *sociedades* (simples ou empresárias), conforme seja o formato dado ao seu ato constitutivo. Houve, nesse particular, um caso julgado no Estado do Tocantins, a partir de um procedimento de dúvida registral suscitada em razão do pedido de registro de um Tribunal Arbitral, de cuja ementa do acórdão da correspondente Apelação Cível pode-se transcrever o seguinte excerto ilustrativo: "Se pelas disposições estatutárias a entidade que se pretende registrar mais se assemelha à sociedade empresarial, com finalidade econômica – previsão de remuneração e de honorários a seus membros, cobrança de taxas, custas e emolumentos e prestação remunerada de serviços – não há como se admitir o registro público sob o título de associação".[16]

k) Sindicatos

A Constituição proclama, em seu art. 8º, que é plena a liberdade de associação profissional ou sindical e que a lei não poderá exigir autorização do Estado para a fundação de sindicatos, ressalvado o registro no órgão competente, sendo vedado ao poder público interferir ou intervir na organização sindical, observadas as demais normas constitucionalmente estabelecidas, dentre as quais, a vedação de criação de mais de uma organização sindical, em qualquer grau, representativa de categoria profissional ou econômica, na mesma base territorial, que será definida pelos trabalhadores ou empregadores interessados, não podendo, essa base territorial, ser inferior à área de um Município.

Há vedação constitucional em relação à sindicalização dos militares (tanto os federais – na forma do art. 142, § 2º, IV, da Constituição – como os estaduais – na forma do art. 42, § 1º, combinado com o art. 142, § 2º, IV, da Constituição). Assim, se apresentado pedido de registro de atos constitutivos para criação de sindicato de militares, caberá ao oficial do Registro promover o sobrestamento do pedido e suscitar dúvida, nos termos do que dispõe o parágrafo único do art. 115 da Lei de Registros Públicos (Lei n. 6.015/1973),

---

15. IRTDPJ-BRASIL. *Manual prático do registrador de TD & PJ*, p. 41.
16. Tribunal de Justiça do Estado do Tocantins, 2ª Câmara Cível, 5ª T. Julgadora, Apelação Cível n. 8444 (09/0070238-9), rel. Des. Marco Villas Boas, j. 8-7-2009, origem: Comarca de Palmas.

já que a vedação constitucional é absoluta, discutindo-se, doutrinariamente, tão somente o cabimento de repressão penal na hipótese de efetiva realização de greve por militares.[17]

Existem Estados, entretanto, como é o caso do Rio Grande do Sul, que garantem aos militares estaduais (integrantes das Polícias Militares e Corpos de Bombeiros Militares) o direito de livre associação profissional (Constituição do Estado do RS, § 4º do art. 46), concluindo-se, daí, que podem constituir livremente associações que congreguem os integrantes da categoria para defesa de interesses profissionais, desde que, dentre as finalidades da organização a ser criada, não esteja presente a pretensão ao exercício do direito à sindicalização e/ou à greve.

Quanto à liberdade de criação de sindicatos pelos trabalhadores em geral, houve o surgimento de uma questão polêmica, relativamente ao processo de registro das entidades sindicais para obtenção de sua *personalidade sindical*, no âmbito da qual houve ampla discussão quanto à necessidade ou não de registro perante o Ministério do Trabalho e Emprego, depois de realizado o competente registro para constituição da *personalidade jurídica* dessas entidades, perante o Registro Civil de Pessoas Jurídicas, com uma série de consequências práticas daí derivada, tais como sua legitimidade processual, a legitimidade e estabilidade de seus dirigentes, sua legitimidade para o recolhimento das contribuições da categoria etc.

Nossa visão está de acordo com o entendimento de que a plena constituição de um sindicato, de forma que tenha perfeitamente integradas tanto a sua *personalidade jurídica* quanto a sua *personalidade sindical*, insere-se na categoria dos *atos jurídicos complexos*, compreendendo duas fases distintas. Inicialmente, deve-se constituir o sindicato, com a inscrição de seu ato constitutivo perante o Registro Civil de Pessoas Jurídicas (depois de realizada a assembleia de fundação, eleição e posse de sua diretoria); a seguir, esse ato vai-se aperfeiçoar pelo registro administrativo, perante o Ministério do Trabalho e Emprego, conforme regulado atualmente pela Portaria MTE n. 186/2008, fase essa cuja natureza é de *ato vinculado*, não estando, pois, submetido a juízo discricionário pela autoridade administrativa, comportando, tão somente, a avaliação quanto ao atendimento dos requisitos legais e à preservação do princípio da unicidade sindical, constitucionalmente estabelecido.

Entretanto, por razões burocráticas, a fase de registro administrativo tem demandado vários meses ou mesmo vários anos até que seja realizado pelo Ministério do Trabalho e Emprego, conflitando, portanto, com o princípio constitucional da liberdade de organização sindical, advindo daí toda sorte de controvérsias que vão ser canalizadas aos órgãos do Poder Judiciário, em todo o país, em busca de sua resolução.

Assim, depois de longas e acaloradas discussões, inclusive no âmbito dos Tribunais Superiores, o Supremo Tribunal Federal veio a editar, em 2003, a Súmula 677, que pretendia pôr fim à polêmica, por meio do seguinte enunciado: "até que lei venha a dispor a respeito, incumbe ao Ministério do Trabalho proceder ao registro das entidades sindicais e zelar pela observância do princípio da unicidade" (publicada no *DJU* de 9-10-2003).

---

17. FRAGOSO, Christiano. *Repressão penal da greve*. São Paulo: IBCCRIM, 2009, p. 87.

Anteriormente a isso, já em 1998, o Tribunal Superior do Trabalho, por intermédio de sua Seção de Dissídios Coletivos (TST-SDC), editara em relação a esse assunto a Orientação Jurisprudencial n. 15, limitada, entretanto, ao aspecto da legitimidade processual, assim dispondo: "a comprovação da legitimidade *ad processum* da entidade sindical se faz por seu registro no órgão competente do Ministério do Trabalho, mesmo após a promulgação da Constituição Federal de 1988".

Apesar disso, as teses e discussões ainda são recorrentes nos Tribunais, proliferando entendimentos e aplicações jurisprudenciais vinculados às correntes que se estabeleceram na apreciação dos casos concretos, relativamente às quais passamos a ilustrar com alguma jurisprudência selecionada:

> "SINDICATO – PERSONALIDADE JURÍDICA E PERSONALIDADE SINDICAL – AQUISIÇÃO – A personalidade jurídica não se confunde com a personalidade sindical. A primeira é obtida com o registro dos atos constitutivos da entidade no Cartório do Registro Civil das Pessoas Jurídicas, a teor do disposto no art. 45 do CC (art. 18 do CC/1916). Já a aquisição da personalidade sindical depende do registro da pessoa jurídica no Ministério do Trabalho, órgão ao qual compete o controle da unicidade sindical, em observância ao disposto no art. 8º, II, da CF. A obtenção da personalidade sindical, portanto, depende da prévia aquisição da personalidade jurídica. Assim, não estando os atos constitutivos do sindicato requerente registrados em cartório, evidente a ausência da personalidade jurídica, indispensável para postular em juízo, resultando, em consequência, a sua incapacidade processual, circunstância que implica na ausência de pressuposto de constituição e de desenvolvimento válido e regular do processo, eis que se trata de vício insanável, a teor do que dispõe o artigo 13 do CPC. Precedentes do STJ (REsp 510.323/BA; REsp 537.672/SP; REsp 686.940/MG) e do TST (TST-RR-626.953/2000.0). Recurso ordinário a que se nega provimento" (TRT 15ª R. RO 998-2007-090-15-00-0 – (258/08) – SDC, Rel. Fernando da Silva Borges, *DOE* 10-10-2008, p. 55).

> "SINDICATO – ILEGITIMIDADE – AUSÊNCIA DE REGISTRO JUNTO AO MINISTÉRIO DO TRABALHO – Em observância a unicidade sindical prevista no artigo 8º, II da Constituição da República não se pode considerar legítima uma entidade sindical que não se encontra devidamente registrada pelo órgão competente. Na hipótese em tela, o Sindicato [...] não comprovou que já possui registro sindical junto ao Ministério do Trabalho e Emprego" (TRT 8ª R. RO 0000140-98.2011.5.08.0002, Rel. Des. Fed. Rosita de Nazaré Sidrim Nassar, *DJe* 19-8-2011, p. 17).

> "LIBERDADE SINDICAL – É LIVRE A ASSOCIAÇÃO PROFISSIONAL OU SINDICAL, RESSALVADO O REGISTRO NO ÓRGÃO COMPETENTE (CF/ART. 8º, *CAPUT* E INCISO I) – A EXISTÊNCIA LEGAL DO SINDICATO COMEÇA COM A INSCRIÇÃO DO ATO CONSTITUTIVO NO RESPECTIVO REGISTRO – Vem prevalecendo o entendimento de que no caso de entidade sindical, há 2 (dois) registros: um registro cartorário, ou seja, que é feito no Cartório de Registro Civil de Pessoas Jurídicas e o registro que é feito no Ministério do Trabalho e Emprego, conforme, aliás, já decidiu o STF pela recente adoção da Súmula n. 677, a qual indica que 'até que lei venha dispor a respeito, incumbe ao Ministério do Trabalho proceder ao registro das entidades sindicais e zelar pela observância do princípio da unicidade'. Esse registro, nos dias atuais, é feito de acordo com o que disciplina a Portaria MTE n. 343/2000. Compulsando os autos, observo que os Estatutos Sociais da entidade sindical juntados às fls. 23/33 foram registrados no Cartório do 2º Ofício do Registro Civil de Pessoas Jurídicas, mas não há nos autos comprovação do registro da entidade sindical junto ao Ministério do Trabalho e Emprego. Nos termos do art. 765 da CLT, diligenciei junto ao sítio do Ministério do Trabalho e Emprego, onde constatei que a entidade sindical autora possui cadastro ativo junto àquele órgão, conforme consulta impressa que ora faço juntar aos autos" (TRT 8ª R. RO 0001182-07.2010.5.08.0007, Rel. Des. Fed. Eliziário Bentes, *DJe* 8-7-2011, p. 13).

> "LIBERDADE E UNICIDADE SINDICAL E COMPETÊNCIA PARA O REGISTRO DE ENTIDADES SINDICAIS (CF, ART. 8º, I E II) – RECEPÇÃO, EM TERMOS, DA COMPETÊNCIA DO MINISTÉRIO DO

TRABALHO, SEM PREJUÍZO DA POSSIBILIDADE DE A LEI VIR A CRIAR REGIME DIVERSO. O que é inerente à nova concepção constitucional positiva de liberdade sindical é, não a inexistência de registro público – o qual é reclamado, no sistema brasileiro, para o aperfeiçoamento da constituição de toda e qualquer pessoa jurídica de direito privado – mas, a teor do art. 8º, I, do Texto Fundamental, que 'a lei não poderá exigir autorização do Estado para a fundação de sindicato'. O decisivo, para que se resguardem as liberdades constitucionais de associação civil ou de associação sindical, é, pois, que se trate efetivamente de simples registro – ato vinculado, subordinado apenas à verificação de pressupostos legais – e não de autorização ou de reconhecimento discricionários (...) O temor compreensível – subjacente à manifestação dos que se opõem à solução – de que o hábito vicioso dos tempos passados tenda a persistir, na tentativa, consciente ou não, de fazer da competência para o ato formal e vinculado do registro, pretexto para a sobrevivência do controle ministerial asfixiante sobre a organização sindical, que a Constituição quer proscrever – enquanto não optar o legislador por disciplina nova do registro sindical – há de ser obviado pelo controle jurisdicional da ilegalidade e do abuso de poder, incluída a omissão ou o retardamento indevidos da autoridade competente" (MI 144, Rel. Min. Sepúlveda Pertence, julgamento em 3-8-1992, Plenário, *DJ* 28-5-1993). No mesmo sentido: AI 789.108-AgR, Rel. Min. Ellen Gracie, julgamento em 5-10-2010, 2ª T., *DJE* 28-10-2010; RE 222.285-AgR, Rel. Min. Carlos Velloso, julgamento em 26-2-2002, 2ª T., *DJ* 22-3-2002 (TRT 8ª R. RO 0000131-21.2011.5.08.0008, Rel. Des. Fed. Francisca Oliveira Formigosa, *DJe* 9-8-2011, p. 17).

"... REPRESENTAÇÃO SINDICAL – REGISTRO – A Corte Regional concluiu que o recorrente não trouxe aos autos os documentos tidos como imprescindíveis à obtenção do registro sindical, desatendendo também a regras e procedimentos estabelecidos na Portaria n. 200 de 2006 do MTE. É inadmissível recurso de revista em que, para se chegar à conclusão pretendida pelo recorrente, seja imprescindível o revolvimento de fatos e provas. Incide a Súmula n. 126 do TST. Acerca da necessidade de registro do sindicato junto ao Ministério do Trabalho e Emprego, esclareça-se que só se reconhece ao sindicato a capacidade de estar em juízo na defesa dos interesses da categoria que representa, se devidamente registrado no órgão competente do Ministério do Trabalho, tudo na forma do art. 8º, I e II, da Carta Federal e da Orientação Jurisprudencial n. 15 da SDC desta Corte. Agravo de instrumento desprovido" (TST. AIRR 47940-58.2009.5.23.0008, Rel. Min. Luiz Philippe Vieira de Mello Filho, *DJe* 17-6-2011, p. 483).

"LEGITIMIDADE ATIVA *AD PROCESSUM* DO SINDICATO. REGISTRO NO MINISTÉRIO DO TRABALHO E EMPREGO. DESNECESSIDADE. O Sindicato autor é o legítimo representante da categoria profissional da reclamante/recorrida, agindo na forma preconizada no art. 8º, III, da Constituição Federal. O registro no órgão competente não constitui condição legal da existência sindical. A ausência de registro do Sindicato no MTE não compromete o exercício de suas prerrogativas e dignidades legais. FGTS. ..." (TRT 22ª R. RO 0000955-27.2010.5.22.0104, Rel. Des. Liana Chaib, *DJe* 26-5-2011, p. 32).

"SINDICATO – REGISTRO PERANTE O MINISTÉRIO DO TRABALHO – UNICIDADE SINDICAL – Resulta do exposto, pois, reconhecer que o Sindicato [...] ainda que tenha existência como pessoa jurídica, não está apto a representar os trabalhadores do transporte rodoviário da mesma cidade, por faltar-lhe o requisito essencial que é o registro sindical no Ministério do Trabalho. Após a promulgação da Carta Magna em vigor muito se discutiu acerca da exigência do registro mencionado, tendo o Excelso Pretório firmado entendimento no sentido de validá-lo, considerando que Ministério do Trabalho constitui-se em órgão competente para efetuar o registro da entidade sindical, exigido pelo art. 8º, inciso I, da Constituição Federal, até que sobrevenha lei estabelecendo regime diverso, porquanto este detém o acervo das informações imprescindíveis à fiscalização da observância da unicidade sindical imposta pela Constituição Federal" (TRT 3ª R. RO 342/2010-104-03-00.7, Rel. Juiz Mauro Cesar Silva, *DJe* 18-11-2010, p. 111).

"CREDENCIAMENTO DO SINDICATO NO MINISTÉRIO DO TRABALHO – Art. 8º, I e II, da CF – A insurgência recursal parte de um pressuposto errado, qual seja a desconsideração do estabelecido no art. 8º, da CF, no sentido de que 'É livre a associação profissional ou sindical, observado o seguinte: I – a lei não poderá exigir autorização do Estado para a fundação de sindicato, ressalvado o registro no órgão competente, vedadas ao Poder Público a interferência e a intervenção na organização sindical'.

A existência de uma determinada associação sindical não está dada pelo registro no Ministério do Trabalho como quer fazer crer a ré. A necessidade desse registro encontra sua razão de ser no inciso II, do mesmo art. 8º, da CF, porquanto neste se determina a vedação da existência de mais de uma organização sindical na mesma base territorial. Assim, para evitar o descumprimento do preceito constitucional, exigiu-se o registro. A possível ausência de registro no Ministério do Trabalho não significa a invalidade do instrumento coletivo, como postula a recorrente. Recurso patronal improvido quanto ao ponto específico" (TRT 9ª R., 4ª T. ACO 35135-2007-002-09-00-4, Rel. Sueli Gil El Rafihi, j. 9-2-2010).

"CONSTITUIÇÃO DA ENTIDADE SINDICAL – ATO JURÍDICO COMPLEXO – ESTABILIDADE – TERMO INICIAL – A constituição do sindicato insere-se na categoria dos atos jurídicos complexos, pois principia no ato constitutivo inicial – assembleia de fundação, eleição e posse de diretoria – e se aperfeiçoa pelo registro administrativo, cuja eficácia retroage e convalida os demais atos atinentes à criação da entidade. A atividade do Ministério do Trabalho e Emprego, de natureza meramente administrativa, visa exclusivamente resguardar o princípio da unicidade sindical que sequer se compraz com os princípios constantes da própria Carta de 1988 e com a Declaração de Princípios da OIT que vincula o Brasil pelo mero fato de integrar aquela Organização. Ademais, é notório que a efetivação do registro, por razões burocráticas, pode demandar, como de ordinário ocorre, vários meses ou mesmo vários anos, sem que isso possa obstar a garantia do art. 8º, VII do Texto Maior, pois é justamente no nascedouro da nova entidade sindical que mais se faz necessária a proteção contemplada pelo Texto Supremo" (TRT 24ª R., 2ª T. RO 0109900-30.2009.5.24.0091, Rel. Des. Fed. Francisco das C. Lima Filho, *DJe* 15-7-2010, p. 48).

"SINDICATO – DISPUTA DE REPRESENTATIVIDADE SINDICAL – REGISTRO CIVIL – REGISTRO SINDICAL – UNICIDADE SINDICAL – 1 – Em se tratando de representação sindical, há que se elucidar a dicotomia existente em torno da personalidade sindical e da personalidade jurídica. Sobre a personalidade jurídica, o Código Civil, no art. 45, dispõe que começa a existência legal das pessoas jurídicas de direito privado com a inscrição do ato constitutivo no respectivo registro. Logo, as pessoas jurídicas de direito privado somente podem praticar atos da vida civil após adquirirem personalidade jurídica. A personalidade sindical, mediante a qual o sindicato está apto a exercer suas funções institucionais, esta somente é adquirida mediante o registro do sindicato no Ministério do Trabalho. Nesse diapasão, é de se observar que somente com a carta sindical é que o sindicato estará investido nos deveres e nas obrigações com relação à categoria representada na base territorial indicada. Portanto, é certo afirmar que a personalidade jurídica não se confunde com a personalidade sindical, sendo aquela o marco de existência da pessoa jurídica para os atos da vida civil, e esta o marco para o reconhecimento da representatividade sindical. 2 – O art. 8º, inc. II, da Constituição da República, por sua vez, erigiu como princípio da organização sindical a unicidade sindical, de modo a coibir a existência de dois sindicatos representativos da categoria na mesma base territorial. O Supremo Tribunal Federal, intérprete soberano da Constituição da República, editou a Súmula 677, segundo a qual até que lei venha a dispor a respeito, incumbe ao Ministério do Trabalho proceder ao registro das entidades sindicais e zelar pela observância do princípio da unicidade. Dessa forma, se é do Ministério do Trabalho a incumbência de zelar pela observância do princípio da unicidade e se a ele é dado proceder ao registro das entidades sindicais, é certo afirmar que a personalidade sindical somente é adquirida após o registro no Ministério do Trabalho, sendo representativa da categoria na base territorial determinada o sindicato que em primeiro obteve o dito registro. 3 – Logo, havendo coexistência de sindicatos da categoria na mesma base territorial, a disputa pela representatividade sindical se resolve com a data do efetivo registro sindical. ..." (TST. RR 369400-05.2006.5.07.0032, Rel. Min. João Batista Brito Pereira, *DJe* 16-9-2011, p. 702).

Acerca do tema relativo ao registro de sindicatos, têm surgido muitos questionamentos por parte dos registradores civis de pessoas jurídicas, dentre os quais, se cabe ao registrador avaliar a questão da existência de um ou mais sindicatos na mesma base territorial do novo sindicato cujo pedido de registro foi apresentado perante o RCPJ e, se constatada a existência, se há fundamento para impugnação do pedido de registro apresentado. Na nossa forma de ver, esse exame cabe ao Ministério do Trabalho e Emprego, porque ele é o órgão naturalmente incumbido do controle administrativo quanto ao respeito ao princípio da unicidade sindical, sendo esse o principal fundamento da existência do registro administrativo que lhe incumbe. O controle sobre os abusos eventualmente verificados nesse exercício fica por conta dos órgãos jurisdicionais, mediante ação a ser exercida para exame de cada caso concreto, por iniciativa das entidades sindicais envolvidas na disputa pela titularidade de representação da categoria.

Entretanto, é conveniente que o registrador tenha bem presente que a existência de outro sindicato, já atuando na mesma base territorial, não impede a emancipação, por meio da criação de novo sindicato, por iniciativa de parte dos sindicalizados pertencente a sindicato já existente, seja para emancipação sindical de certa categoria de trabalhadores abrangida entre outras sob determinada representação sindical, seja para emancipação de uma mesma categoria sediada em Município ou grupo de Municípios que constitua base territorial diferente, abrangida na do sindicato já existente, como demonstrado pela jurisprudência específica:

> "SINDICATOS DE TRABALHADORES RURAIS – DESMEMBRAMENTO POR CISÃO VOLUNTÁRIA – CONSTITUIÇÃO DE SINDICATO DE AGRICULTORES FAMILIARES – POSSIBILIDADE – A disputa judicial, em concreto, diz respeito ao desmembramento sindical de membros de categoria equiparada a trabalhador rural (pequeno agricultor) com o propósito de constituir um sindicato específico, em face de o sindicato preexistente representar o universo dos trabalhadores rurais. Viável, portanto, do ponto de vista constitucional e legal, a cisão sindical voluntária, uma vez que o princípio da unicidade sindical não impede a criação de novo sindicato, nesta hipótese, incluídas, obviamente, as categorias diferenciadas e as profissões liberais, observada a base territorial mínima correspondente a um município. Recurso ordinário provido" (TRT 6ª R. RO 0000985-58.2010.5.06.0411, Rel. Des. Maria Clara Saboya A. Bernardino, DJe 14-4-2011, p. 122).

l) Organizações não governamentais

A designação "*organização não governamental*" (ONG) é também sinônima de "terceiro setor", que é o setor da sociedade formado por organizações que não pertencem nem ao Estado, nem ao setor econômico que visa ao lucro a ao enriquecimento privado. As ONGs, portanto, constituem uma categoria de organizações privadas que desenvolve atividades de interesse público sem visar a fins econômico-lucrativos, estando incluídas nessa categoria as associações, fundações e outras organizações sem fins lucrativos.[18]

O termo "instituto" tem ampla utilização na denominação de organizações, tanto governamentais (fundações públicas, por exemplo) como não governamentais e, dentre estas últimas, podem estar tanto na categoria daquelas que possuem finalidades econômico-lucrativas (como as sociedades empresárias e não empresárias) assim como entre aquelas de fins não econômicos (tais como associações e fundações). Logo, não há uma limitação legal para a utilização desse termo na denominação das organizações em geral.

---

18. RESENDE, Tomáz de Aquino. *Terceiro setor, ONGs e institutos*. MPMG. Centro de Apoio das Promotorias de Fundações, Belo Horizonte, 2008.

m) Instituições Comunitárias de Educação Superior – ICES

As *Instituições Comunitárias de Educação Superior – ICES* são organizações da sociedade civil brasileira, que possuem, conforme previsto na Lei n. 12.881, de 12.11.2013, cumulativamente, as seguintes características: (i) devem ser constituídas na forma de *associação* ou *fundação*, com personalidade jurídica de direito privado, inclusive aquelas instituídas pelo poder público; (ii) seu patrimônio pertença a entidades da sociedade civil e/ou ao poder público; (iii) não distribuam qualquer parcela de seu patrimônio ou de suas rendas, a qualquer título; (iv) apliquem integralmente no país os seus recursos na manutenção dos seus objetivos institucionais; (v) mantenham escrituração de suas receitas e despesas em livros revestidos de formalidades capazes de assegurar sua exatidão; (vi) possuam transparência administrativa, nos termos dos arts. 3º e 4º da referida lei e (vii) prevejam a destinação do patrimônio, em caso de extinção, a uma instituição pública ou congênere.

É um modelo de instituição de ensino superior *sem fins lucrativos*, mantido por comunidades, distinguindo-se das universidades privadas, por exemplo, que pertencem a investidores da área de ensino e visam à obtenção de lucro por meio do desenvolvimento de suas atividades.

As instituições de ensino que atendam às características fixadas em lei podem obter a qualificação de *Instituição Comunitária de Educação Superior* perante o Ministério da Educação, mediante ato vinculado ao cumprimento dos requisitos legais, desde que requeiram de acordo com o que prevê o art. 4º da Lei n. 12.881/2013 e seus estatutos institucionais contenham normas acerca das seguintes disposições previstas no art. 3º da referida lei: (i) adoção de práticas de gestão administrativa, necessárias e suficientes para coibir a obtenção, de forma individual ou coletiva, de privilégios, benefícios ou vantagens pessoais; (ii) constituição de conselho fiscal ou órgão equivalente, dotado de competência para opinar sobre os relatórios de desempenho financeiro e contábil e sobre as operações patrimoniais realizadas, emitindo pareceres para os organismos superiores da entidade; (iii) normas de prestação de contas a serem atendidas pela entidade; (iv) participação de representantes dos docentes, estudantes e técnicos administrativos em órgãos colegiados acadêmicos deliberativos da instituição.

n) Empresas juniores

As *empresas juniores* são entidades de fins educacionais e não lucrativos, organizadas nos termos da Lei n. 13.267, de 6.4.2016, sob a forma de *associações civis* devidamente inscritas no Registro Civil de Pessoas Jurídicas, sendo geridas por estudantes matriculados em cursos de graduação de instituições de ensino superior com o propósito de realizar projetos e serviços que contribuam para o desenvolvimento acadêmico e profissional de seus associados, capacitando-os ao mercado de trabalho.

Vinculam-se a instituições de ensino superior e desenvolvem atividades relacionadas ao campo de abrangência de pelo menos um curso de graduação indicado em seu estatuto, nos termos do estabelecido pelo regimento interno da instituição de ensino superior, sendo-lhes vedado captar recursos financeiros para seus integrantes por intermédio da realização de seus projetos ou de qualquer outra atividade, bem como propagar qualquer forma de ideologia ou pensamento político-partidário.

Os estudantes associados à *empresa júnior* exercem trabalho voluntário, nos termos da Lei n. 9.608, de 18.2.1998.

Nos termos do art. 5º de sua lei instituidora, as *empresas juniores* terão, além de outros específicos, os seguintes objetivos: (i) proporcionar a seus membros as condições necessárias para a aplicação prática dos conhecimentos teóricos referentes à respectiva área de formação profissional, dando-lhes oportunidade de vivenciar o mercado de trabalho em caráter de formação para o exercício da futura profissão e aguçando-lhes o espírito crítico, analítico e empreendedor; (ii) aperfeiçoar o processo de formação dos profissionais em nível superior; (iii) estimular o espírito empreendedor e promover o desenvolvimento técnico, acadêmico, pessoal e profissional de seus membros associados por meio de contato direto com a realidade do mercado de trabalho, desenvolvendo atividades de consultoria e de assessoria a empresários e empreendedores, com a orientação de professores e profissionais especializados; (iv) melhorar as condições de aprendizado em nível superior, mediante a aplicação da teoria dada em sala de aula na prática do mercado de trabalho no âmbito dessa atividade de extensão; (v) proporcionar aos estudantes a preparação e a valorização profissionais por meio da adequada assistência de professores e especialistas; (vi) intensificar o relacionamento entre as instituições de ensino superior e o meio empresarial; (vii) promover o desenvolvimento econômico e social da comunidade ao mesmo tempo em que fomenta o empreendedorismo de seus associados.

A renda obtida com os projetos e serviços prestados pela *empresa júnior* deverá ser revertida exclusivamente para o incremento das atividades-fim da empresa.

o) **Pontos e pontões de cultura**

A Lei n. 13.018, de 22.7.2014, instituiu a política nacional de cultura viva a qual tem como base estabelecer a parceria de todos os entes políticos federados com a sociedade civil no campo da cultura, para ampliar o acesso da população aos direitos culturais, de que trata o art. 215 da Constituição.

Ao definir os instrumentos dessa política, essa lei, em seu art. 4º, definiu serem caracterizáveis como "Pontos de Cultura" as entidades jurídicas de direito privado, sem fins lucrativos, que desenvolvam e articulem atividades culturais em suas comunidades e como sendo "Pontões Culturais" as entidades com constituição jurídica, de natureza ou finalidade cultural e/ou educativa, que desenvolvam, acompanhem e articulem atividades culturais.

Assim, essas *entidades de direito privado* referidas pela Lei n. 13.018/2014 que, por força do § 4º de seu art. 7º, devem ser de *fins não lucrativos*, necessitam ser constituídas, basicamente, como *associações* ou *fundações* mediante registro no Registro Civil de Pessoas Jurídicas, para que possam habilitar-se como *Pontos ou Pontões de Cultura*, desde que não sejam criados ou mantidos por empresas, grupos de empresas ou serviços sociais.

p) Consórcios públicos

A Lei n. 11.107, de 6.4.2005 instituiu normas gerais de contratação de *consórcios públicos*, dispondo, no § 1º do art. 1º que o consórcio público constituirá *associação pública* ou *pessoa jurídica de direito privado*, especificando, em seu art. 6º, que sua personalidade jurídica poderá ser *de direito público*, no caso de constituir associação pública, mediante a vigência das leis de ratificação do protocolo de intenções firmado para sua criação, hipótese em que integrará a *administração indireta* de todos os entes da Federação que se consorciarem na sua formação. Poderá, também, ter personalidade jurídica de *direito privado*, mediante o atendimento dos requisitos da legislação civil. Assim, apesar de ter especificado no inciso IV do art. 4º que tal pessoa jurídica deva ser de *fins não econômicos*, deixou de nominar-lhe a *espécie*, podendo, portanto, ser instituído ordinariamente como *associação* (quando deverá atender as disposições fixadas nos artigos 54 e seguintes do Código Civil) ou *fundação* (quando deverá atender as disposições do art. 62 e seguintes do Código Civil), enquanto espécies *nominadas* de pessoas jurídicas de direito privado sem fins econômico-lucrativos. Poderá, ainda, constituir-se por meio de um *tertium genus*, desde que atendidas as disposições estabelecidas pelo art. 46 do Código Civil na conformação de seu registro.

A Central de Registro Civil de Pessoas Jurídicas do Rio de Janeiro tem o entendimento de que o consórcio público sob a forma de *associação pública* é de registro *facultativo* em RCPJ[19].

5.4.1.2 Direito de associação versus vedação à discriminação

Como podemos verificar, a capacidade adaptativa do formato jurídico dado às associações é vasta e dinâmica.

Entretanto, nesse contexto, surge uma questão polêmica. Diz respeito ao tema relativo à plena liberdade associativa e à possibilidade de estabelecer, o estatuto social de uma associação, regras discriminatórias quanto a religião, classe, cor, etnia, sexo etc.

Não podemos esquecer que vivemos num país cuja Constituição veda qualquer forma de discriminação (art. 3º, IV, da Constituição, além do estabelecido pelos tratados e convenções internacionais, na forma dos §§ 2º e 3º de seu art. 5º), apesar de também ser garantido constitucionalmente o livre direito de associação.

Dessa aparente *antinomia* de normas constitucionais resulta que o direito à livre associação, puramente, não poderia suplantar a *vedação* a qualquer forma de discriminação. As normas que estabelecem vedação parecem circunscrever, moldar, limitar o exercício do direito à livre associação, aplicando-se regras já clássicas de hermenêutica nesse particular.[20]

---

19. http://www.centralrcpj.com.br/pessoas-juridicas, acesso em 14.11.2020.
20. Conforme doutrina Carlos Maximiliano na sua *Hermenêutica e aplicação do direito*. 9. ed. Rio de Janeiro: Forense, 1981, p. 312-315.

Veja-se bem: vislumbra-se não ser permitido o estabelecimento de regra discriminatória de qualquer natureza (raça, cor, gênero, orientação sexual, credo religioso etc.) no estatuto de uma agremiação de pessoas.

É permitido, entretanto, estabelecer que o acesso à agremiação seja exclusivo aos seus sócios (o que é evidente!) e que os sócios só sejam admitidos depois de aprovado seu pedido de admissão pela Direção, o que é compatível com a *voluntariedade* que, desde a Constituição, deve caracterizar o vínculo associativo.

Assim, sendo genéricos os requisitos de admissão (ser brasileiro, maior, residente no território nacional ou no Município da sede da entidade, ter sua proposta de ingresso recomendada por um sócio que já pertença à associação etc.), nada há a obstar o estabelecimento de tais requisitos, que, aliás, dirigem-se a congregar pessoas que têm interesses e expectativas em comum, como é a destinação do associativismo.

Também pode ser estabelecido pelo estatuto que a negativa de ingresso no quadro social (indeferimento do pedido apresentado) não precisa, necessariamente, ser justificada pela direção, já que inexiste lei que estabeleça tal obrigação.

Nesse aspecto, os critérios do exame para admissão restariam preservados no plano subjetivo, sem manifestação de qualquer forma de discriminação.

A regra constitucional é a de que ninguém pode ser obrigado a associar-se e a permanecer associado. Assim, não há ilegalidade no fato de alguém desejar associar-se e não ser admitido em determinada associação. Ou seja, não constitui garantia *obter a condição de sócio* em qualquer associação existente no país e é natural que as associações congreguem as pessoas que têm, entre si, identidade de interesses, vindo daí o sentido lógico de associarem-se. Veja-se que até mesmo o herdeiro ou adquirente de quota ou fração ideal do patrimônio de uma associação (art. 56, parágrafo único, do Código Civil) não tem garantida a condição de associado, que é, em princípio, *intransmissível*, se o estatuto não dispuser em contrário.

O direito constitucional de associação tem em vista, portanto, colaborar com o estabelecimento de *paz social*, e tanto a pretensão de obrigar alguém a associar-se ou a permanecer associado como a pretensão de garantir plenamente que alguém seja admitido como associado (obrigando a associação à admissão) não se coadunam nem com o princípio democrático republicano, nem com aquela pretensão social maior da contemporaneidade que tem em vista evitar o conflito e a violência.

Pelo menos parece ser essa a melhor orientação que se poderia dar a quem pretendesse criar uma associação cujas regras pudessem conter alguma restrição estatutária com a possibilidade de ser contestada como regra constitutiva de alguma forma de discriminação, afastando eventuais possibilidades de incidência em hipóteses de ilegalidade ou inconstitucionalidade.

A plena igualdade de direitos, na associação, só se estabelece *depois de obtida* a condição de associado, nos termos e pela forma prevista estatutariamente (arts. 55 e 58 do Código Civil), ficando-lhe, depois da admissão, garantida proteção quanto à exclusão injusta e arbitrária, nos termos do art. 57.

5.4.1.3 Características especiais do estatuto das associações

Os incisos I a VII do art. 54 do Código Civil estabelecem requisitos específicos que devem conter os estatutos das associações, inquinando de nulidade seu ato constitutivo se não observados. Convém assinalar que a maioria desses requisitos (que vão integrar, afinal, o registro) já integra o rol dos requisitos do registro das pessoas jurídicas de direito privado em geral, independentemente da espécie em que se enquadrem, na forma do que estabelece o art. 46 do Código Civil.

Assim, o estatuto das associações conterá, obrigatoriamente:

a) a denominação, os fins e a sede da associação;

b) os requisitos para a admissão, demissão e exclusão dos associados;

c) os direitos e deveres dos associados;

d) as fontes de recursos para sua manutenção;

e) o modo de constituição e de funcionamento dos órgãos deliberativos;

f) as condições para a alteração das disposições estatutárias e para a dissolução;

g) a forma de gestão administrativa e de aprovação das respectivas contas.

Relativamente à *denominação*, existem orientações aos registradores, fixadas geralmente pelas Corregedorias de Justiça dos Estados, por meio de suas normas regulamentares (Consolidações Normativas, Códigos de Normas etc.), quanto à vedação, às pessoas jurídicas de direito privado inscritíveis no RCPJ, de que adotem denominações ou qualificações semelhantes, suscetíveis de confundi-las, a exemplo do que estabelece o art. 311 da Consolidação Normativa Notarial e Registral da Corregedoria-Geral de Justiça do RS – CNNR-CGJ-RS, aprovada pelo Provimento n. 01/2020. Tal orientação tem sido confirmada nas decisões de âmbito jurisdicional, como pode ser visto nos autos do procedimento de dúvida de n. 001/1.06.0249826-4, julgado pela Vara de Registros Públicos da Comarca de Porto Alegre em 8 de maio de 2007. Nesse particular, cabe lembrar que o vigente Código Civil, pelas disposições do parágrafo único do art. 1.155, estabelece que a *denominação* dada às sociedades simples, associações e fundações equipara-se ao *nome empresarial* para fins de proteção legal, bem como o art. 1.163 dispõe que o nome empresarial deve-se distinguir de qualquer outro inscrito no mesmo registro e que, havendo igualdade com outros já inscritos, ser-lhe-ão acrescentadas designações que o distingam. Esse procedimento recomendado pela lei tem sido a praxe utilizada pelo RCPJ nos casos de homonímia e similitude de denominações.

Como já referido anteriormente, há uma grande variabilidade de *fins* atribuíveis a uma associação, desde que mantido seu caráter de organização de fins não econômicos. Além disso, não se podem dedicar a fins caracteristicamente ilícitos ou paramilitares, nos termos da Constituição.

A localização da *sede* das associações, assim como das pessoas jurídicas em geral, é de grande importância para a prática registral, pois vai definir, de regra, o órgão registral competente para a realização da inscrição (registro) de seu ato constitutivo.

Deve conter, também, o estatuto, os requisitos para a admissão, demissão e exclusão dos associados. *Requisitos* são condições de fato e de direito exigíveis para a produção de determinado efeito jurídico. *Admissão* é o ato de ingresso do candidato a associado no quadro social da agremiação. Tanto a *demissão* como a *exclusão* do associado são, ao revés, atos de desligamento ou afastamento do associado do quadro social da agremiação a que pertence. A distinção, parece-nos, está na *voluntariedade* desse afastamento. Assim, a *demissão* restaria caracterizada, principalmente, como o afastamento voluntário, baseado no livre juízo do associado, ou em razão de algo que o impossibilite de manter o vínculo associativo (situações que devem ser manifestadas mediante apresentação de pedido, na forma prevista pelo estatuto), ao passo que a *exclusão* seria o afastamento *compulsório* do associado pela prática de alguma falta grave ou incompatível com a destinação, os valores ou a própria existência da organização associativa. O art. 57 do Código Civil designa essa situação em que se dá o cabimento da *exclusão* como uma *justa causa*, expressão genérica que se deverá afeiçoar a cada agremiação e a cada situação específica, nos termos expressos de seu estatuto (especialmente quanto ao cumprimento dos deveres do associado) ou nos termos que decorram de sua aplicação, demonstrando a incompatibilidade da permanência do associado em razão de sua comprovada e condenável conduta. Garante a lei que o reconhecimento da *justa causa* dar-se-á mediante procedimento que assegure ao acusado o exercício dos direitos de defesa e de recurso estatutariamente previstos (art. 57 do Código Civil e art. 5º, LV, da Constituição).

Os *direitos* e *deveres* dos associados, grandemente relacionados ao atingimento das finalidades da associação e capazes de despertar seu interesse no sentido de associar-se, evidentemente não poderiam estar ausentes de seu estatuto.

Como referido anteriormente, as associações, ainda que seus fins sejam característicamente não econômicos, necessitam de recursos (especialmente financeiros ou conversíveis em dinheiro) para realizarem suas atividades, podendo, pois, auferir "lucros", desde que sejam totalmente destinados à realização de seu objeto social. Daí o porquê da exigência de que o estatuto especifique as *fontes de recursos* para sua manutenção. Nesse ponto, o estatuto deve especificar – além da previsão das contribuições exigidas aos sócios – que tipos de atividades geradoras de receita estão autorizadas a ser realizadas pela entidade, pois, em muitas delas, a partir do trabalho voluntário e de doações recebidas (que também são fontes de recursos), outras tantas atividades a desenvolver constituirão *fontes de recursos*, regulares e previamente autorizadas, com as quais a associação poderá contar para manter-se. Muitas vezes, os *patrocínios*, *publicidades* e *doações*, que também podem vir a constituir fontes de recursos da associação, recebem restrições explícitas no próprio estatuto, limitando o tipo, a natureza ou as atividades desenvolvidas pelas entidades que podem vir a ser doadoras de recursos ou patrocinadoras de eventos e atividades a serem promovidas pela associação (por exemplo, as que não admitem o recebimento de patrocínios ou veiculação de publicidades de empresas que comercializam produtos considerados drogas lícitas, como as bebidas alcoólicas e derivados do tabaco; ou, ainda, as que não admitem o recebimento de doações provindas de partidos políticos e entidades com estes identificadas, ou de organizações religiosas).

O modo de constituição e de funcionamento dos *órgãos deliberativos* é requisito estatutário voltado a estabelecer controle sobre o funcionamento da associação, afastando-a da condução pelo puro autocratismo de seus dirigentes. O dispositivo estabelece formas de atuação para a adoção das deliberações que conduzem os destinos da agremiação. Vale lembrar, também, que, nos termos do art. 60 do Código Civil (observe-se que tanto o referido artigo quanto o inciso V do art. 54 tiveram sua redação aperfeiçoada pela Lei n. 11.127/2005), há uma garantia *ex lege* de que os órgãos deliberativos possam ser convocados pela minoria (20%) dos associados, de modo a estabelecer controle e fiscalização sobre o cumprimento das normas de funcionamento dos órgãos de deliberação e da consequente responsabilidade pelas decisões tomadas pela administração em exercício.

O rigor quanto à necessidade de previsão do respectivo estatuto na fixação das condições para a *alteração das disposições estatutárias* e para a *dissolução* da associação naturalmente está vinculado à existência e à manutenção da associação em sintonia com a realização de suas finalidades e o atingimento dos objetivos permanentes estabelecidos como aqueles de sua destinação institucional. Nesses termos, a regra geralmente adotada tem sido o estabelecimento de exigências especiais de *quorum* diferenciado para a formação e para as deliberações do órgão competente na apreciação e aprovação dessas matérias específicas. Nas associações, a *assembleia-geral* é o órgão deliberativo máximo da entidade e sobre ele recairão essas atribuições fundamentais, sendo que o inciso II do art. 59 do Código Civil é expresso quanto a atribuir-lhe *privativamente* a competência para a promoção de alterações estatutárias em assembleia especialmente convocada para esse fim (o que implica que o ato convocatório deve ser expresso na indicação de que a assembleia convocada destina-se a promover uma ou mais alterações estatutárias, especificando-as, não podendo ser designada, a pretensão de alteração estatutária, como englobada em expressões genéricas tais como "assuntos diversos" ou "assuntos gerais") ou quando, criada com existência por tempo determinado, implementar-se o termo estabelecido.

A *dissolução* da associação consiste na deliberação de pôr fim à sua existência com o encerramento das atividades para as quais foi criada e a liquidação e destinação de seu patrimônio remanescente. Essa dissolução pode ser voluntária ou compulsória. Será *voluntária* quando deliberada pelo órgão competente de acordo com seu estatuto (geralmente a assembleia-geral é esse órgão competente, que atua mediante convocação especialmente feita com essa finalidade, sendo, tal deliberação, submetida à observância de um *quorum* especial exigido para a aprovação, podendo, entretanto, ter a *convocação* feita pela minoria – de um quinto – dos associados, na forma do art. 60 do Código Civil). Será *compulsória* quando a deliberação provier de decisão judicial transitada em julgado (art. 5º, XIX, da Constituição).

A dissolução de uma associação implica a apuração de seu patrimônio total e sua liquidação (definição de seu valor venal e transformação em dinheiro), a satisfação de todos os compromissos existentes por meio do pagamento dos credores, bem como a dedução e restituição, aos respectivos titulares, das quotas ou frações ideais de patrimônio que possuam. Poderá ser deduzido, ainda, e restituído aos associados, o valor das contribuições que tiverem prestado ao patrimônio social para, afinal, apurar-se o *remanescente do patrimônio* que será destinado à entidade de fins não econômicos que o estatuto designar ou, não havendo tal designação estatutária, os associados deliberarão a que instituição municipal, estadual ou federal, de fins idênticos ou semelhantes, deverá ser destinado o remanescente patrimonial. Não havendo instituição nessas condições para que se habilite como recipiendária, o remanescente será entregue à Fazenda Pública do respectivo Estado, do Distrito Federal ou da União, comprovada a situação para que tenha lugar a averbação do ato de dissolução.

Também constitui exigência a ser atendida pelo ato constitutivo das associações a definição da forma de sua *gestão administrativa* e da *aprovação das respectivas contas*. Esse dispositivo foi acrescentado ao texto original do Código Civil pela Lei n. 11.127/2005. Assim, o estatuto deve traçar as regras de gestão administrativa que deverão ser observadas pelos administradores da entidade, bem como as regras a serem observadas para que possam ser aprovadas as prestações de contas a cargo de cada administração – ainda que tais resultados não sejam superavitários, espelhando a exata situação em que se encontram as finanças.

A falta de quaisquer desses requisitos do ato constitutivo de uma associação, verificados por ocasião de sua apresentação ao órgão registral competente, sem prejuízo daqueles referidos no art. 46, I a VI – que são aqueles exigíveis a quaisquer pessoas jurídicas de direito privado –, é motivo de *impugnação* ao pedido de registro apresentado. Não se conformando, o apresentante, com as exigências da nota devolutiva feita pelo registrador, poderá requerer que o Oficial suscite *dúvida registral* ao juiz competente para que a decida, de acordo com o que dispõe o art. 198 da LRP.

Há, ainda, outros temas que podem influir sensivelmente no tocante à elaboração do estatuto social da associação, relativamente aos quais serão realizadas algumas considerações apresentadas a seguir.

Prevê, ainda, o art. 55 do Código Civil, a exigência de uma *igualdade de direitos* entre os associados. Sublinhe-se, mais uma vez, que essa igualdade é relativa aos direitos do associado em relação à *associação*, porque nela não há direitos dos sócios uns em relação aos outros, como nas sociedades. Esses direitos devem ser previstos expressamente no estatuto, nos termos do que dispõe o inciso III do art. 54. Ocorre, por outro lado, que esse mesmo dispositivo autoriza a que o estatuto possa instituir categorias de sócios para os quais possam ser concedidas *vantagens especiais*. A expressão da lei é de complexa interpretação e, como tal levou a esforços interpretativos sobre esse ponto em que a doutrina é escassa de manifestações, sendo editado pelo CEJ-CJF o seguinte enunciado, fruto da VII Jornada de Direito Civil:

> "**Enunciado n. 577** – A possibilidade de instituição de categorias de associados com vantagens especiais admite a atribuição de pesos diferenciados ao direito de voto, desde que isso não acarrete a sua supressão em relação a matérias previstas no art. 59 do Código Civil".

É possível deduzir-se deste enunciado que o direito ao voto nas deliberações, o que geralmente é um tema sensível no contexto das associações, não pode ser suprimido, admitindo apenas uma ponderação diferenciadora entre votos de categorias distintas de associados. Por outro lado, há autores como Flávio Tartuce que, ao interpretar o dispositivo, entende pela possibilidade de criação de categoria desprovida de qualquer poder diretivo na entidade e, como tal, sem direito ao exercício do voto.[21]

O art. 56 do Código Civil coloca em relevo a questão de ser *intransmissível*, no silêncio do estatuto, a qualidade de sócio, ainda que seja titular de quota ou fração ideal de patrimônio, o que caracteriza o ato de admissão como ato *personalíssimo*. O que se tem verificado na prática é que, de regra, quando não há participação do associado no patrimônio, pela atribuição de quota ou fração ideal, os estatutos não cogitam de transmissibilidade da condição de sócio na entidade, ao passo que, quando há, a transmissibilidade é consagrada pelos estatutos, gerando, em muitas situações, intensa atividade negocial, como é o caso dos clubes sociais e esportivos.

Garante, o art. 58, ao associado a que tenha sido atribuído legitimamente o exercício de direito ou função, que não seja impedido de exercê-los, salvo nos casos previstos em lei ou no estatuto, o que sugere, especialmente em relação aos *administradores* que só possam ser legitimamente impedidos, pela *destituição* prevista no inciso I do art. 59 do Código Civil, observadas as condições especiais do parágrafo único do referido artigo e as demais disposições estatutárias reguladoras desse processo interno.

Nos termos do art. 59, são matérias privativas de deliberação pela assembleia geral da associação, a destituição de seus administradores e as alterações estatutárias, exigida convocação especialmente realizada para tais finalidades, o que tem em vista evitar que tais matérias sejam colocadas em apreciação como "assuntos diversos" em qualquer assembleia ordinária ou extraordinária.

O art. 60 do Código Civil destina-se precipuamente a garantir à minoria da associação a possibilidade de convocar *quaisquer* de seus órgãos deliberativos (não só a assembleia geral como a diretoria e, especialmente, os conselhos deliberativos e fiscais. A teleologia do dispositivo é procurar oferecer instrumento eficaz para denúncia de situações irregulares e proporcionar a apresentação de pedidos de providências aos órgãos deliberativos, sem a necessidade de uma mobilização de sócios excessivamente expressiva.

O remanescente patrimonial das associações dissolvidas, de acordo com o art. 61 do Código Civil, depois de realizadas todas as deduções autorizadas em lei (parágrafo único do art. 56 e § 1º do art. 61) deverá ser destinado a entidade de fins não econômicos referida no estatuto e, no silêncio deste, à instituição municipal, estadual ou federal, de fins idênticos ou semelhantes, conforme deliberarem os associados. Inexistindo instituição nessas condições, o remanescente patrimonial será devolvido à Fazenda Pública do Estado, do Distrito Federal ou da União, nessa ordem de preferência.

5.4.1.4 *Incorporação, transformação, fusão ou cisão de associações*

Depois de constituídas, as associações, como pessoas jurídicas de natureza não econômica têm a possibilidade de que lhes sejam aplicadas, por analogia, as disposições do Capítulo X do Subtítulo II do Título II do Livro II do Código Civil (artigos 1.113 a 1.122).

Depois de alguma polêmica e discussões doutrinárias acerca dessa possibilidade, independentemente de a *transformação* envolver a conversão de organizações de *fins não*

---

21. TARTUCE, Flávio. *Manual de direito civil*. 3. ed. São Paulo: Método, 2013, p. 136.

econômicos em organizações de *fins econômicos*, passou-se à tendência de predomínio do entendimento acerca dessa possibilidade, em vista de que inexiste proibição legal (art. 5º, inciso II da Constituição) de aplicação desses institutos às *associações*, de modo a preservar a pessoa jurídica desde suas origens, como afirmado em enunciado aprovado na VIII Jornada de Direito Civil do CEJ-CJF:

> "**Enunciado n. 615** – As associações civis podem sofrer transformação, fusão, incorporação ou cisão."

Admite a doutrina dominante, assim, a aplicação, às associações, das figuras jurídicas da *transformação* (quando uma associação transforma-se em outra espécie de pessoa jurídica de direito privado, como, por exemplo, uma sociedade simples ou empresária), da *incorporação* (quando uma associação absorve uma ou mais associações, sucedendo-as nos direitos e obrigações, à semelhança do que é previsto para as sociedades no art. 1.116 do CC); da *fusão* (quando há extinção de associações que se unem para formar nova associação, sucedendo-as em direitos e obrigações, à semelhança do que é previsto para as sociedades no art. 1.119 do CC) e da *cisão* (quando há transferência de patrimônio de uma associação para uma ou mais associações constituídas para determinado fim, ou já existentes, extinguindo-se a associação cindida quando vertido todo seu patrimônio, ou mantendo-se a associação cindida, quando for parcial a versão patrimonial, à semelhança do que é previsto para as sociedades por ações pelo art. 229 da Lei n. 6.404/1976).

Para a prática de tais operações, será exigida a publicação dos atos relativos à transformação, incorporação, fusão ou cisão das associações, no Diário Oficial e em jornal de grande circulação (art. 1.112 c/c art. 1.152, § 1º do CC), oportunizando a que os credores que se julguem prejudicados possam promover sua anulação ou a obtenção de garantias à satisfação de seus créditos.

Quanto à edição de normas registrais de natureza regulamentar específicas podemos verificar que os artigos 66 e 67 da Instrução Normativa DREI n. 81/2020, apesar de apresentarem uma redação confusa, dão a entender a admissão a registro, pelas Justas Comerciais, de atos de *transformação* (ou conversão) de *associações* registradas no RCPJ em *sociedades empresárias* (em especial a *limitada*), conforme refere o Manual de Registro de Sociedade Limitada (Anexo IV da IN DREI n. 81/2020) na alínea "d" do inciso III do item 3 da Seção IV do Capítulo II.

É possível verificar que há Consolidações Normativas ou Códigos de Normas para as atividades notariais e registrais, baixados pelas Corregedorias de Justiça dos Estados, que são reticentes quanto ao estabelecimento de normas uniformizadoras de procedimentos relativos à transformação, incorporação, fusão e cisão de associações.

Entretanto, as Normas de Serviço Extrajudicial da Corregedoria Geral de Justiça do Estado de São Paulo, em seu capítulo XVIII, apesar de entender aplicáveis às associações os institutos da fusão, da incorporação e da cisão (item 32.1), impõe restrição genérica à *transformação* de associações ou fundações em sociedades, admitindo-a somente por exceção (item 32):

> "É vedada a averbação de transformação de associação ou fundação em sociedade, ressalvada a hipótese de instituição de ensino superior referidas no art. 13 da Lei nº 11.096/2005 e as associações que tenham seu patrimônio dividido em cotas ou frações ideais, nos termos do art. 56, parágrafo único, do Código Civil."

A norma paulista, entretanto, não deixa de apresentar sólido fundamento uma vez que o patrimônio e as rendas de uma associação, enquanto pessoa jurídica de direito privado *de fins não econômicos*, de regra, não é formado apenas pelas contribuições pagas por seus associados, mas, ao longo do tempo, resulta de investimentos e atividades geradoras de rédito para a entidade, sendo-lhes acrescentados doações, legados, parcerias institucionais e até isenções e subsídios governamentais, insuscetíveis de serem amealhados privadamente pelo uso de um expediente artificioso que transforme esse patrimônio em *quotas de capital* que passarão à titularidade dos sócios da *sociedade* resultante da *associação transformada*, proporcionando-lhes a obtenção de lucros pessoais.

Apesar de haver uma inclinação da doutrina, na atualidade, pela ampla possibilidade de *transformação* das pessoas jurídicas entre si, sem limitações, entendemos que a aplicação mais adequada desse instituto está na possibilidade de *transformação* entre pessoas jurídicas que possuem a mesma natureza econômica.

Assim, as pessoas jurídicas *de fins econômico-lucrativos* têm essa ampla possibilidade de transformação entre si (uma sociedade simples "pura" converte-se numa sociedade limitada, por exemplo), já que o *patrimônio*, nessa hipótese, pertence a seus *sócios*, que dele poderão dispor de acordo com seus interesses privados.

Quanto às pessoas jurídicas de fins *não econômico-lucrativos* terão elas essa ampla possibilidade de transformação entre si (uma associação converte-se numa fundação, por exemplo), já que o patrimônio, nessa hipótese, *não pertence* a seus *associados ou instituidores* (pessoas naturais), mas à *pessoa jurídica* constituída, não podendo dispor, eles, desse patrimônio, de acordo com seus interesses privados. Observe-se, a propósito, que nem mesmo na hipótese de *dissolução* dessas pessoas jurídicas o *remanescente patrimonial* será partilhado entre os associados ou instituidores. Far-se-á a liquidação do patrimônio, pagar-se-ão os credores, eventualmente devolver-se-ão as contribuições pagas pelos associados, mas o remanescente patrimonial será destinado a outra instituição de fins idênticos ou semelhantes ou, ainda, será devolvido à Fazenda Pública (tudo na forma do art. 61 e parágrafos e art. 69 do Código Civil). Nem mesmo na hipótese do art. 56, parágrafo único, do Código Civil a possibilidade de *transformação* será absolutamente factível porque, de regra, nessas associações somente *parte do patrimônio* é convertido em quotas tituladas pelos associados, gerando-se um remanescente patrimonial a destinar.

Relativamente às fundações enquanto entidades de natureza não econômico-lucrativas, esses aspectos são ainda mais salientes porque, representando a afetação de determinado patrimônio a uma finalidade específica (geralmente de interesse público), uma vez instituída a fundação, o patrimônio a ela destinado não mais pertencerá ao instituidor que poderá, inclusive, ser compelido a cumprir o que se obrigou, transferindo a propriedade sobre os bens dotados (art. 64 do Código Civil) à pessoa jurídica instituída que, de regra, no caso de *insuficiência* (art. 63 do Código Civil) ou no caso de extinção (art. 69 do Código Civil) serão incorporados a outra fundação de fins iguais ou semelhantes.

5.4.2 Fundações

As *fundações* são, basicamente, a personificação de um patrimônio, afetado a determinada finalidade, de acordo com a manifestação de vontade de seu instituidor. Surgiram em nosso ordenamento legal somente com o advento do Código Civil de 1916. No início do século passado, não havia direito nacional escrito relativamente a elas, e uma das primeiras manifestações jurisprudenciais a seu respeito foi proferida, em 1912, pelo Tribunal de Justiça de São Paulo (*RT* 3/310).[22]

A fundação é instituída por meio de ato unilateral do instituidor, formalizado por escritura pública (quando a instituição se dá por negócio jurídico *inter vivos*) ou testamento (quando a instituição se dá *mortis causa*). Tanto a pessoa natural como a jurídica podem instituir fundação.

O patrimônio destinado à fundação deve constituir uma dotação especial de bens livres, especificando, o instituidor, o fim a que se destina e, se desejar, a maneira pela qual será administrado, nos termos do que especifica o art. 62 do Código Civil.

O parágrafo único do art. 62 do Código Civil contém uma disposição bastante criticável pela doutrina nacional que, pela redação original do texto do código, estabelecia quatro fins específicos pelos quais poderiam ser instituídas fundações: religiosos, morais, culturais e assistenciais.

Em razão disso, na I Jornada de Direito Civil do CEJ-CJF, foram aprovados os seguintes enunciados acerca da interpretação do dispositivo em apreço e que já apontavam para a polêmica existente relativamente à aplicação dessa disposição legal:

> **"Enunciado n. 8** – A constituição de fundação para fins científicos, educacionais ou de promoção do meio ambiente está compreendida no Código Civil, art. 62, parágrafo único".
>
> **"Enunciado n. 9** – O art. 62, parágrafo único, deve ser interpretado de modo a excluir apenas as fundações com fins lucrativos."

O dispositivo legal ora comentado, por força da Lei nº 13.151, de 28.7.2015, entretanto, recebeu nova redação de forma a que ficasse autorizada a instituição de fundações para o desenvolvimento dos seguintes fins institucionais:

I – assistência social;

II – cultura, defesa e conservação do patrimônio histórico e artístico;

III – educação;

IV – saúde;

V – segurança alimentar e nutricional;

VI – defesa, preservação e conservação do meio ambiente e promoção do desenvolvimento sustentável;

---

22. OLIVEIRA FILHO, João de. Fundação. *Revista dos Tribunais*, v. 385, p. 56, nov. 1967. In: DIP, Ricardo; JACOMINO, Sérgio (Org.). *Doutrinas essenciais: direito registral*. São Paulo: RT, 2011, v. 1, p. 865.

VII – pesquisa científica, desenvolvimento de tecnologias alternativas, modernização de sistemas de gestão, produção e divulgação de informações e conhecimentos técnicos e científicos;

VIII – promoção da ética, da cidadania, da democracia e dos direitos humanos;

IX – atividades religiosas.

Assim, a nova redação conferida ao parágrafo único do art. 62 do Código Civil, ampliou as possibilidades finalísticas atribuíveis às fundações de direito privado no Brasil o que, entretanto, não parece ter resolvido a principal crítica que recai sobre sua redação, propugnando pela desnecessidade de um dispositivo que especifique a que atividades finalísticas devam-se dedicar as fundações, ensejando, até mesmo, a supressão do dispositivo em projetos de lei já apresentados anteriormente ao Congresso Nacional, uma vez que a teleologia interpretativa do art. 11 do Decreto-lei n. 4.657, de 4.9.1942 (Lei de Introdução às Normas do Direito Brasileiro), já seria suficientemente esclarecedora de que estão reservados às fundações quaisquer fins de interesse coletivo.[23]

As fundações, assim como as associações, são instituições de *fins não econômicos*, devendo toda renda auferida com suas atividades e seu patrimônio ser aplicada nas finalidades pelas quais tenham sido instituídas, ressaltando-se, nelas, a predominância de um caráter de interesse social, o que justifica a atuação do Ministério Público na sua fiscalização.

A teor do que dispõe o art. 63 do Código Civil, quando forem insuficientes os bens destinados a constituir a fundação e se de outro modo não dispuser o instituidor, serão eles incorporados ao patrimônio de outra fundação que se proponha a idêntico ou semelhante fim.

Se a fundação for constituída por negócio jurídico entre vivos, o instituidor será obrigado a transferir-lhe a propriedade ou outro direito real sobre os bens dotados. Não o fazendo, os bens serão registrados em nome da fundação, por força de mandado judicial.

Aqueles a quem o instituidor cometer os encargos de aplicação do patrimônio da fundação, desde logo, formularão seu estatuto, de acordo com as bases por ele estabelecidas, submetendo-o à aprovação do Ministério Público. Não elaborado o estatuto no prazo marcado pelo instituidor ou não terminado em cento e oitenta dias quando não estipulado prazo, o encargo caberá ao Ministério Público.

Tem a incumbência de velar pelas fundações o Ministério Público do Estado onde essas organizações forem situadas (ver art. 75, IV e § 1º do Código Civil) e se funcionarem no Distrito Federal ou em Território essa incumbência será do Ministério Público do Distrito Federal e Territórios, de acordo com recente alteração legislativa ao § 1º do art. 66 do Código Civil pela Lei n. 13.151, de 28-7-2015, que veio a corrigir uma incongruência do texto original do Código Civil, que entregava essa atribuição ao Ministério Público Federal. Aliás, nesse aspecto, desde dezembro de 2007, o STF já havia fixado entendimento pela inconstitucionalidade da antiga disposição, suspendendo sua eficácia nos autos da Ação Direta de Inconstitucionalidade (ADI) n. 7.794-DF, cuja

---

23. RESENDE, Cibele Cristina Freitas de. *As fundações e o novo Código Civil*. Curitiba, 2003. Disponível em: <www.fundacoes.caop.mp.pr.gov.br>. Acesso em: 8 dez. 2011.

relatoria coube ao Ministro Sepúlveda Pertence, em julgamento realizado pelo Tribunal Pleno em 14-12-2007.[24]

Quando as fundações estenderem suas atividades a mais de um Estado, ao Ministério Público de cada um deles caberá a atribuição de velamento.

Em razão do art. 72 da Lei Complementar nº 109/2001, que dispõe sobre o regime de *previdência privada complementar* no país, constitui exceção à atribuição fiscalizadora do Ministério Público, o controle relativo às fundações instituídas como entidades fechadas do setor de previdência complementar, as quais ficam submetidas ao órgão fiscalizador dessas entidades, a Superintendência Nacional de Previdência Complementar – PREVIC, constituindo tema tratado nesta obra, em maiores detalhes, no item 5.4.6.3.

No particular aspecto das atribuições do Ministério Público, há alguma polêmica quanto a se as *fundações públicas* instituídas de acordo com as normas de direito privado estariam sujeitas à fiscalização ministerial ou se ficariam submetidas ao controle da Administração Pública e dos Tribunais de Contas, e, ainda, se lhes seriam aplicáveis as normas do Código Civil quanto à aprovação prévia dos estatutos e alterações posteriores pelo Ministério Público.

Quanto ao primeiro questionamento, tem predominado o entendimento de que não cabe ao Ministério Público o exercício de sua ação fiscalizadora e de controle relativamente às fundações públicas, ainda que constituídas de acordo com as normas de direito privado, porque estariam submetidas ao controle administrativo estatal, tanto o *controle interno* pelos órgãos da administração a que estejam subordinadas (Ministérios, Secretarias etc.) como o *controle externo*, exercido pelos Tribunais de Contas. Nesse aspecto, já vem de muito a tradição de que as fundações instituídas e/ou mantidas pelo Poder Público ficam submetidas à fiscalização financeira do Tribunal de Contas competente, sem prejuízo do controle exercido pelo Poder Executivo (art. 8º da Lei n. 6.223, de 14-7-1975).

Posteriormente, a Constituição da República, nas disposições do inciso II de seu art. 71, veio a estabelecer a competência dos Tribunais de Contas para realização do julgamento das contas dos administradores e demais responsáveis por dinheiros, bens e valores públicos da administração direta e indireta, incluídas as fundações e sociedades instituídas e mantidas pelo Poder Público. Além disso, após a Emenda Constitucional n. 19/1998, a Constituição (art. 70, parágrafo único) estabeleceu a obrigatoriedade de prestação de contas por qualquer pessoa física ou jurídica, pública ou privada, que utilize, arrecade, guarde, gerencie ou administre dinheiros, bens e valores públicos, esclarecendo, definitivamente, quaisquer dúvidas acerca da preponderância do controle exercido pela Administração Pública e pelos Tribunais de Contas relativamente às fundações instituídas, sob qualquer das formas usuais, pelo Poder Público, para a realização das atividades de seu preponderante interesse.

O outro aspecto ventilado tem vinculação direta com a prática registral, nas hipóteses em que um ente público pretenda instituir fundação privada para atendimento de finalidade de interesse público (como tem ocorrido, por exemplo, nos Municípios,

---

24. TARTUCE, Flávio. *Manual de direito civil*, 3ª ed. São Paulo: Método, 2013, p. 141.

para a instituição de hospitais da rede pública de saúde vinculados ao Sistema Único de Saúde (SUS)). Perquire-se acerca da necessidade de submeter a exame prévio e aprovação, pelo Ministério Público, nos termos do que estabelece o Código Civil, dos estatutos fundacionais e alterações posteriores, para, somente após, promover a realização do respectivo *registro* perante o RCPJ. Predomina, em relação a esse tema, o entendimento de que se faz necessária essa providência, ante a necessidade de saber se, realmente, trata-se de fundação privada destinada à consecução de fins de interesse público (sendo, consequentemente, submetida ao controle da Administração Pública), já que, nesse aspecto, somente um exame caso a caso poderá dizê-lo, não podendo outra instância qualquer substituir-se ao órgão ministerial competente.

5.4.2.1 Natureza jurídica das fundações instituídas pelo poder público

Sobre a distinção acerca da natureza das fundações instituídas pelo Poder Público para desenvolvimento de atividades de seu interesse, verifica-se haver, no direito brasileiro, duas correntes predominantes. A primeira é a que entende serem as fundações entes exclusivamente de direito público, e a segunda é a que entende serem elas exclusivamente de direito privado.

Para a primeira corrente, as fundações seriam assemelhadas às autarquias (fundações autárquicas ou autarquias fundacionais), instituídas e reguladas inteiramente por lei. Esse é o entendimento de Oswaldo Aranha Bandeira de Mello, Celso Antônio Bandeira de Mello, Maria Sylvia Di Pietro, Diogenes Gasparini, Miguel Reale e José Cretella Júnior, dentre outros.[25]

Para a segunda corrente, as fundações instituídas pelo Poder Público são de direito privado, ainda que destinadas à consecução de finalidade de interesse público. Esse é o entendimento de Manoel Oliveira Franco Sobrinho, Caio Tácito, Seabra Fagundes e Eros Roberto Grau.[26] Hely Lopes Meirelles assevera que, ou é fundação (instituto de direito privado), ou é autarquia (instituto de direito público). "Uma entidade não pode, ao mesmo tempo, ser fundação e autarquia; ser pessoa de direito privado e ter personalidade de direito público!".[27]

Já há bastante tempo o § 3º do art. 5º do Decreto-lei n. 200/67 teve sua redação alterada pela Lei n. 7.596/87, pretendendo, com isso, encerrar o dissídio doutrinário, determinando que o registro das fundações públicas fosse feito perante o Registro Civil de Pessoas Jurídicas, não se lhes aplicando, entretanto, as demais disposições do Código Civil concernentes às fundações. Era uma solução legal que mitigava o radicalismo dos extremos.

Essa solução que se poderia dizer formadora de uma corrente mista seria aquela abraçada pela Constituição de 1988, depois do advento da Emenda Constitucional n. 19/98, porque, nos termos da nova redação dada ao inciso XIX do art. 37, somente a *criação* de autarquias depende de lei específica, sendo que as fundações dependem

---

25. CARVALHO FILHO, José dos Santos. *Manual de direito administrativo*. 19. ed. Rio de Janeiro: Lumen Juris, 2008, p. 465-477.
26. CARVALHO FILHO, José dos Santos. *Manual de direito administrativo*, p. 465-477.
27. MEIRELLES, Hely Lopes. *Direito administrativo brasileiro*. 14. ed. São Paulo: RT, 1989, p. 332.

apenas de *autorização* de lei específica para que sejam instituídas. Entretanto, a disposição constitucional ficou sujeita à regulamentação por lei complementar para que as áreas de atuação das fundações fossem definidas, o que, entretanto, ainda não ocorreu.

Apesar da controvérsia doutrinária existente, o certo é que no Brasil há fundações destinadas a desenvolver atividades cujas finalidades são de interesse público instituídas sob as duas formas já referidas – ou totalmente criadas e reguladas por meio de lei, independendo de registro (forma que é designada, por alguns doutrinadores, como *autarquia fundacional* ou *fundação autárquica*), ou tendo sua criação apenas *autorizada por lei*, sendo instituídas como pessoa jurídica de direito privado, por meio de *registro* perante o Registro Civil de Pessoas Jurídicas, como ocorre com as demais *fundações privadas* previstas no Código Civil.

5.4.3 Organizações religiosas

As organizações religiosas, apesar de a lei ter-lhes conferido autonomia como espécie de pessoa jurídica de direito privado registrável no Registro Civil de Pessoas Jurídicas, por carência de regulação legal, continuam sendo registradas, basicamente, como *associações*, espécie básica de organização de fins não econômicos, em relação às quais são admitidas algumas características diferenciais, particularmente em relação ao exercício do poder interno de gestão na condução de seus destinos, de acordo com a tradição histórica de cada igreja, seus cultos e da fé que professam.

O advento da Lei n. 10.825/2003, que outorgou essa autonomia às organizações religiosas, foi muito criticado pelo caráter que teve de tão somente procurar criar privilégios de intocabilidade em relação a elas, inclusive por parte do Estado brasileiro.

As organizações religiosas, como espécie de pessoa jurídica de direito privado, estão contempladas no inciso IV do art. 44 do Código Civil, cujo § 1º, acrescido pela Lei n. 10.825/2003, assim dispõe:

> § 1º São livres a criação, a organização, a estruturação interna e o funcionamento das organizações religiosas, sendo vedado ao poder público negar-lhes reconhecimento ou registro dos atos constitutivos e necessários ao seu funcionamento.

Essa disposição, introduzida posteriormente ao texto original do Código Civil, oferece uma ideia errônea acerca da possibilidade de formação e registro das organizações religiosas, parecendo conferir-lhes uma "imunidade legal" que em verdade não têm. Ainda que se viva na maior plenitude de um Estado Democrático e de Direito, não há essa pretensa liberdade *absoluta* de criação de pessoas jurídicas de direito privado cujo interesse primordial seja a propagação de determinada fé ou culto religioso e a institucionalização de igrejas, ainda que nossa Constituição proclame, por meio do inciso I do art. 19, ser vedado aos entes da Federação, em todos os níveis políticos, embaraçar-lhes o funcionamento.

Não existe exercício ilimitado de direito, mormente quando esse direito tenha a pretensão de ser oposto, pelos particulares, em relação à própria soberania do Estado. Ilegítimo será, portanto, qualquer intuito, de qualquer organização, cuja criação seja autorizada por lei, de se não submeter a um mínimo de controle estatal, respeitadas, em qualquer caso, a liberdade e a autonomia de sua organização interna.

Evidentemente que não tardariam reações a esse estado de coisas e, por ocasião da III Jornada de Direito Civil promovida pelo CEJ-CNJ, foi aprovado o seguinte enunciado relativamente à interpretação do art. 44 do Código Civil:

> "**Enunciado n. 143** – A liberdade de funcionamento das organizações religiosas não afasta o controle de legalidade e legitimidade constitucional de seu registro, nem a possibilidade de reexame pelo Judiciário da compatibilidade de seus atos com a lei e com seus estatutos".

A expressão legal "*negar registro*", trazida pela nova lei, por sua vez, limita-se a estabelecer a vedação de que o Oficial Registrador, imotivada e simplesmente, negue o deferimento de registro a qualquer organização religiosa que lhe submeta tal pedido, autorizando-o, entretanto, como institui o *princípio da legalidade* registral (art. 37 da Constituição e art. 198 da LRP), a fazer as exigências necessárias à regularidade do registro pretendido, desde que o faça motivadamente, estribado na lei.

Tal proceder do Oficial não pode ser confundido ou interpretado como tentativa de embaraço ao funcionamento das igrejas e cultos religiosos, vedado, nos termos da Constituição (art. 19, I), aos entes estatais de qualquer nível de governo e, nesses termos, também reflexamente aos Ofícios de Registros Públicos, enquanto órgãos estatais providos mediante delegação de serviço público. A ingerência vedada constitucionalmente diz respeito àquelas indevidas intromissões dos agentes públicos de qualquer nível da Administração Pública nas atividades internas das organizações religiosas, seus cultos, liturgias, credos e atos de gestão que consubstanciam, afinal, seu *funcionamento*.

A plena liberdade de associação para fins lícitos, independendo de autorização para criação de pessoas morais, além de vedada a interferência estatal sobre seu funcionamento, é igualmente garantida pela Constituição da República como máxima expressão do exercício do *direito de associação em geral*, independentemente da "*espécie associativa*" eleita por seus instituidores, ou da atividade a desenvolver, tenham ou não caráter religioso (art. 5º, XVII e XVIII), as quais, entretanto, sempre estiveram naturalmente submetidas ao controle registral de seus atos constitutivos e de regularidade funcional, porque significam a afirmação de sua *responsabilidade* e a de seus gestores pelos atos que praticarem, perante terceiros, no âmbito das coletividades nas quais estão instituídas e com as quais interagem na condição de pessoas jurídicas de direito privado.

Toda e qualquer organização com *status* de pessoa jurídica necessita estar com sua situação regularizada perante o Poder Público, que exerce, em benefício da sociedade, o controle de legalidade de sua atuação.

Finalmente, no tocante à prática existente no âmbito de alguns órgãos registrais que têm contemplado a assimilação de regras relativas às *associações* para definir o formato institucional das organizações religiosas, especialmente quanto à formação de seus estatutos institucionais, vemos tal proceder como um fenômeno natural, já que as associações constituem um *tipo legal básico* aplicável, supletivamente, às demais espécies de pessoas jurídicas de direito privado (sejam elas *civis* ou empresárias) de modo que essa praxe proporciona uma *completude* na formação do regramento legal que vai reger a futura organização religiosa. Entretanto, não podemos perder de vista que as *organizações religiosas* têm a sua história e a sua tradição e esses valores devem ser conciliados às regras generalistas do modelo associativo que vai assimilar, construindo um modelo autêntico, já que o formato legal das organizações religiosas restou caracterizado como um "*tipo aberto*" de pessoa jurídica, onde há uma grande liberdade de criação.

Tem relação direta com o tema das *organizações religiosas* o tema relativo às *pessoas jurídicas eclesiásticas* que, em razão de sua especificidade, são tratadas no item 5.4.6.9.

5.4.4 Partidos políticos

No regime constitucional que precedeu a Constituição de 1988, havia uma polêmica em torno da natureza jurídica dos partidos políticos. Discutia-se se deveriam ser constituídos como pessoas jurídicas de direito público ou de direito privado, pois a Constituição de 1969, em seu art. 152, dispunha que a organização, funcionamento e extinção dos partidos políticos seriam regulados em lei federal, observados os princípios estabelecidos pela Constituição, dentre eles, o de adquirirem personalidade jurídica "mediante registro dos estatutos".

Assim, apesar de o texto constitucional pretérito ter dado a impressão, por meio de sua expressão literal, de que os partidos políticos seriam constituídos como pessoas jurídicas de direito privado, ao advento da norma infraconstitucional reguladora da matéria, a Lei n. 5.681, de 21 de julho de 1971, intitulada "Lei Orgânica dos Partidos Políticos", veio a ser estabelecido, entretanto, por força do disposto em seu art. 2º, que os partidos políticos seriam constituídos como *pessoas jurídicas de direito público interno* e adquiririam personalidade jurídica mediante seu registro no Tribunal Superior Eleitoral (art. 3º). Essa lei só viria a ser revogada pela Lei n. 9.096, de 19 de setembro de 1995, já sob o novo regime constitucional instaurado a partir de 1988.

A Constituição republicana de 3 de outubro de 1988 estabeleceu ampla liberdade para a criação de partidos políticos no país, dispondo, no § 2º de seu art. 17, que os partidos políticos, *após adquirirem personalidade jurídica, na forma da lei civil*, registrarão seus estatutos no Tribunal Superior Eleitoral e que, de acordo com o § 1º do referido artigo, é-lhes assegurada autonomia para definir sua estrutura interna e estabelecer regras sobre escolha, formação e duração de seus órgãos permanentes e provisórios e sobre sua organização e funcionamento e para adotar os critérios de escolha e o regime de suas coligações nas eleições majoritárias, vedada a sua celebração nas eleições proporcionais, sem obrigatoriedade de vinculação entre as candidaturas em âmbito nacional, estadual, distrital ou municipal, devendo seus estatutos estabelecer normas de disciplina e fidelidade partidária, dispositivo que vigora com a redação dada ao referido parágrafo pela Emenda Constitucional n. 97, de 4 de outubro de 2017.Dessa forma, quando regulada em lei a matéria, esclareceu o art. 1º da Lei n. 9.096, de 19 de setembro de 1995, que os partidos políticos, no novel regime constitucional, deveriam constituir-se como *pessoas jurídicas de direito privado*, destinando-se a assegurar, no interesse do regime democrático, a autenticidade do sistema representativo e a defender os direitos fundamentais definidos na Constituição. A Lei n. 13.488, de 6 de outubro de 2017, acrescentou o parágrafo único ao art. 1º da Lei n. 9.096/95 dispondo que os partidos políticos não se equiparam às *entidades paraestatais*, de modo a reafirmar que, no atual regime constitucional, tais organizações são desprovidas de qualquer caráter público.

O inciso V do art. 44 do vigente Código Civil, acrescentado pela Lei n. 10.825/2003, especifica que os *partidos políticos* integram, no Direito brasileiro, a categoria das *pessoas jurídicas de direito privado*, dispondo, o § 3º do mencionado artigo, que os partidos políticos serão organizados e funcionarão conforme o disposto em lei específica. A Lei n. 9.096/95 promoveu, também, a modificação da redação da Lei de Registros Públicos (Lei n. 6.015/73) para indicar o órgão competente para a realização do registro que confere personalidade jurídica ao partido político, tal seja, o *Registro Civil de Pessoas Jurídicas* (para tanto, foi inserido o inciso III ao art. 114 da LRP). O art. 120 da LRP, que disciplina o procedimento para o registro, teve sua redação alterada para que contemplasse também os partidos políticos, sendo ressalvado, no parágrafo único acrescido, que, além dos requisitos do art. 120 da LRP, o registro deveria observar o estabelecido em lei específica (que passou a ser a própria Lei n. 9.096/95).

Dessa forma, a Lei n. 9.096, de 19 de setembro de 1995 (Lei dos Partidos Políticos), disciplina o pedido de registro que vai conferir ao partido político sua personalidade jurídica, de acordo com as disposições de seu art. 8º, modificado pela Lei n. 13.877, de 27 de setembro de 2019:

> Art. 8º O requerimento do registro de partido político, dirigido ao cartório competente do Registro Civil das Pessoas Jurídicas do local de sua sede, deve ser subscrito pelos seus fundadores, em número nunca inferior a 101 (cento e um), com domicílio eleitoral em, no mínimo, 1/3 (um terço) dos Estados, e será acompanhado de:
>
> I – cópia autêntica da ata da reunião de fundação do partido;
>
> II – exemplares do Diário Oficial que publicou, no seu inteiro teor, o programa e o estatuto;
>
> III – relação de todos os fundadores com o nome completo, naturalidade, número do título eleitoral com a Zona, Seção, Município e Estado, profissão e endereço da residência.
>
> § 1º O requerimento indicará o nome e função dos dirigentes provisórios e o endereço da sede do partido no território nacional.
>
> § 2º Satisfeitas as exigências deste artigo, o Oficial do Registro Civil efetua o registro no livro correspondente, expedindo certidão de inteiro teor.
>
> § 3º Adquirida a personalidade jurídica na forma deste artigo, o partido promove a obtenção do apoiamento mínimo de eleitores a que se refere o § 1º do art. 7º e realiza os atos necessários para a constituição definitiva de seus órgãos e designação dos dirigentes, na forma do seu estatuto.

Até o advento da Lei n. 13.877/2019, que alterou a Lei n. 9.096/95, os Partidos Políticos, no Brasil, eram passíveis de *registro* exclusivamente em cartório de Registro Civil de Pessoas Jurídicas sediado na Capital Federal (Brasília-DF). Como podemos ver, na atualidade, o registro que confere personalidade jurídica ao Partido Político passou a ser atribuído ao ofício de Registro Civil de Pessoas Jurídicas do lugar em que o Partido Político tenha estabelecido *sua sede* no território nacional.

O advento dessa modificação no texto legal poderá estabelecer uma dúvida no tocante aos futuros registros civis dos partidos políticos enquanto pessoas jurídicas de direito privado, que diz respeito à possibilidade de o *estatuto* e o *programa* partidários serem publicados no *Diário Oficial do Estado* em que o partido estabeleceu sua sede e não no *Diário Oficial da União* (como previsto no inciso II do art. 10 da Resolução TSE n. 23.571 de 29.5.2018), tendo em vista que o texto do inciso II do *caput* do art. 8º da Lei n. 9.096/95 exige somente a juntada, ao requerimento de pedido de registro do partido perante o RCPJ, de exemplares do *"Diário Oficial"* que publicou o programa e o estatuto partidários. Nesse particular, a mencionada Resolução do TSE ainda não foi atualizada para adequar-se à nova redação dada à Lei n. 9.096/95 pela Lei n. 13.877/2019. Também não oferece esclarecimento, relativamente a esse aspecto, a Orientação Técnica n. 01/2019, publicada pelo IRTDPJ-BRASIL no tocante ao registro partidário em RCPJ, como decorrência do advento da Lei n. 13.877/2019.

Na nossa forma de ver essa questão, para o registro perante os cartórios de RCPJ deve ser mantido o procedimento de exigir-se a publicação do estatuto e do programa partidários no *Diário Oficial da União* tendo em vista ser exigido aos partidos políticos, no Brasil, que tenham *caráter nacional* (Constituição, art. 17, inciso I), sendo esse o órgão publicitário que tem abrangência nacional para a divulgação oficial acerca da criação de novos partidos políticos no país.

Outra decorrência importante dessa alteração legislativa promovida pela Lei n. 13.877/2019 é que, agora, será possível a prática da *transferência de sede* do Partido Político no âmbito do território nacional, já que não há mais a obrigatoriedade de serem sediados no Distrito Federal, o que se fará à semelhança do procedimento sugerido para as transferências de sede das associações, em consequência da necessidade de transferência do respectivo *registro* para RCPJ de circunscrição territorial diversa. Essa alteração estatutária deverá, posteriormente, ser encaminhada a registro perante o Tribunal Superior Eleitoral, nos termos do que dispõe o art. 10 da Lei n. 9.096/95.

Para a *qualificação registral* do estatuto apresentado a registro no RCPJ, além das disposições do art. 46 do Código Civil (que é correspectivo ao art. 120 da LRP), as regras legais básicas a serem observadas são aquelas fixadas nos artigos 1º a 6º, 14, 15 e 15-A da Lei n. 9.096/95:

> Art. 1º O partido político, pessoa jurídica de direito privado, destina-se a assegurar, no interesse do regime democrático, a autenticidade do sistema representativo e a defender os direitos fundamentais definidos na Constituição Federal.
>
> Parágrafo único. O partido político não se equipara às entidades paraestatais. *(Parágrafo acrescido pela Lei n. 13.488/2017)*
>
> Art. 2º É livre a criação, fusão, incorporação e extinção de partidos políticos cujos programas respeitem a soberania nacional, o regime democrático, o pluripartidarismo e os direitos fundamentais da pessoa humana.
>
> Art. 3º É assegurada, ao partido político, autonomia para definir sua estrutura interna, organização e funcionamento.
>
> § 1º. É assegurada aos candidatos, partidos políticos e coligações autonomia para definir o cronograma das atividades eleitorais de campanha e executá-lo em qualquer dia e horário, observados os limites estabelecidos em lei. *(Parágrafo renumerado pela Lei n. 13.831/2019)*
>
> § 2º. É assegurada aos partidos políticos autonomia para definir o prazo de duração dos mandatos dos membros dos seus órgãos partidários permanentes ou provisórios. *(Parágrafo acrescido pela Lei n. 13.831/2019)*

§ 3º. O prazo de vigência dos órgãos provisórios dos partidos políticos poderá ser de até 8 (oito) anos. *(Parágrafo acrescido pela Lei n. 13.831/2019)*

§ 4º. Exaurido o prazo de vigência de um órgão partidário, ficam vedados a extinção automática do órgão e o cancelamento de sua inscrição no Cadastro Nacional da Pessoa Jurídica – CNPJ). *(Parágrafo acrescido pela Lei n. 13.831/2019)*

Art. 4º Os filiados de um partido político têm iguais direitos e deveres.

Art. 5º A ação do partido tem caráter nacional e é exercida de acordo com seu estatuto e programa, sem subordinação a entidades ou governos estrangeiros.

Art. 6º É vedado ao partido político ministrar instrução militar ou paramilitar, utilizar-se de organização da mesma natureza e adotar uniforme para seus membros.

(...)

Art. 14. Observadas as disposições constitucionais e as desta Lei, o partido é livre para fixar, em seu programa, seus objetivos políticos e para estabelecer, em seu estatuto, a sua estrutura interna, organização e funcionamento.

Art. 15. O Estatuto do partido deve conter, entre outras, normas sobre:

I – nome, denominação abreviada e o estabelecimento da sede no território nacional; *(Redação dada pela Lei n. 13.877/2019)*

II – filiação e desligamento de seus membros;

III – direitos e deveres dos filiados;

IV – modo como se organiza e administra, com a definição de sua estrutura geral e identificação, composição e competências dos órgãos partidários nos níveis municipal, estadual e nacional, duração dos mandatos e processo de eleição dos seus membros;

V – fidelidade e disciplina partidárias, processo para apuração das infrações e aplicação das penalidades, assegurado amplo direito de defesa;

VI – condições e forma de escolha de seus candidatos a cargos e funções eletivas;

VII – finanças e contabilidade, estabelecendo, inclusive, normas que os habilitem a apurar as quantias que os seus candidatos possam despender com a própria eleição, que fixem os limites das contribuições dos filiados e definam as diversas fontes de receita do partido, além daquelas previstas nesta Lei;

VIII – critérios de distribuição dos recursos do Fundo Partidário entre os órgãos de nível municipal, estadual e nacional que compõem o partido;

IX – procedimento de reforma do programa e do estatuto.

Art. 15-A. A responsabilidade, inclusive civil e trabalhista, cabe exclusivamente ao órgão partidário municipal, estadual ou nacional que tiver dado causa ao não cumprimento da obrigação, à violação de direito, a dano a outrem ou a qualquer ato ilícito, excluída a solidariedade de outros órgãos de direção partidária. *(Redação dada pela Lei nº 12.034/2009)*

Parágrafo único. O órgão nacional do partido político, quando responsável, somente poderá ser demandado judicialmente na circunscrição especial judiciária da sua sede, inclusive nas ações de natureza cível ou trabalhista. *(Incluído pela Lei nº 12.891/2013)*

Uma vez adquirida a personalidade jurídica de direito privado na forma da lei civil, o Partido Político, promoverá o registro de seu estatuto no Tribunal Superior Eleitoral.

A respeito desse registro junto ao órgão máximo da Justiça Eleitoral do país, são importantes as seguintes disposições da já referida Lei n. 9.096/95:

Art. 7º O partido político, após adquirir personalidade jurídica na forma da lei civil, registra seu estatuto no Tribunal Superior Eleitoral.

§ 1º Só é admitido o registro do estatuto de partido político que tenha caráter nacional, considerando-se como tal aquele que comprove, no período de dois anos, o apoiamento de eleitores não filiados a partido político correspondente a, pelo menos, 0,5% (cinco décimos por cento) dos votos dados na última eleição geral para a Câmara dos Deputados, não computados os votos em branco e os nulos, distribuídos por um terço, ou mais, dos Estados, com um mínimo de 0,1% (um décimo por cento) do eleitorado que haja votado em cada um deles. *(Redação dada ao parágrafo pela Lei n. 13.165/2015).*

§ 2º Só o partido que tenha registrado seu estatuto no Tribunal Superior Eleitoral pode participar do processo eleitoral, receber recursos do Fundo Partidário e ter acesso gratuito ao rádio e à televisão, nos termos fixados nesta Lei.

§ 3º Somente o registro do estatuto do partido no Tribunal Superior Eleitoral assegura a exclusividade da sua denominação, sigla e símbolos, vedada a utilização, por outros partidos, de variações que venham a induzir a erro ou confusão.

(...)

Art. 9º Feita a constituição e designação, referidas no § 3º do artigo anterior, os dirigentes nacionais promoverão o registro do estatuto do partido junto ao Tribunal Superior Eleitoral, através de requerimento acompanhado de:

I – exemplar autenticado do inteiro teor do programa e do estatuto partidários, inscritos no Registro Civil;

II – certidão do registro civil da pessoa jurídica, a que se refere o § 2º do artigo anterior;

III – certidões dos cartórios eleitorais que comprovem ter o partido obtido o apoiamento mínimo de eleitores a que se refere o § 1º do art. 7º.

§ 1º A prova do apoiamento mínimo de eleitores é feita por meio de suas assinaturas, com menção ao número do respectivo título eleitoral, em listas organizadas para cada Zona, sendo a veracidade das respectivas assinaturas e o número dos títulos atestados pelo Escrivão Eleitoral.

§ 2º O Escrivão Eleitoral dá imediato recibo de cada lista que lhe for apresentada e, no prazo de quinze dias, lavra o seu atestado, devolvendo-a ao interessado.

§ 3º Protocolado o pedido de registro no Tribunal Superior Eleitoral, o processo respectivo, no prazo de quarenta e oito horas, é distribuído a um Relator, que, ouvida a Procuradoria-Geral, em dez dias, determina, em igual prazo, diligências para sanar eventuais falhas do processo.

§ 4º Se não houver diligências a determinar, ou após o seu atendimento, o Tribunal Superior Eleitoral registra o estatuto do partido, no prazo de trinta dias.

Art. 10. As alterações programáticas ou estatutárias, após registradas no Ofício Civil competente, devem ser encaminhadas, para o mesmo fim, ao Tribunal Superior Eleitoral.

§ 1º. O Partido comunica à Justiça Eleitoral a constituição de seus órgãos de direção e os nomes dos respectivos integrantes, bem como as alterações que forem promovidas, para anotação: *(Parágrafo renumerado pela Lei n. 13.877/2019)*

I – no Tribunal Superior Eleitoral, dos integrantes dos órgãos de âmbito nacional; *(Inciso renumerado pela Lei n. 13.877/2019)*

II – nos Tribunais Regionais Eleitorais, dos integrantes dos órgãos de âmbito estadual, municipal ou zonal. *(Inciso renumerado pela Lei n. 13.877/2019)*

§ 2º. Após o recebimento da comunicação de constituição dos órgãos de direção regionais e municipais, definitivos ou provisórios, o Tribunal Superior Eleitoral, na condição de unidade cadastradora, deverá proceder à inscrição, ao restabelecimento e à alteração de dados cadastrais e da situação cadastral perante o CNPJ na Secretaria Especial da Receita Federal do Brasil. *(Parágrafo com redação dada pela Lei n. 14.063/2020)*

Convém salientar, ainda, que a redação anterior do § 2º do art. 10 da Lei n. 9.096/95 estabelecia que os *registros* de atas e demais documentos de *órgãos de direção nacional, estadual, distrital e municipal* deveriam ser realizados no cartório do Registro Civil de Pessoas

Jurídicas da circunscrição do respectivo diretório partidário. Entretanto, pelo que dispôs o § 6º do art. 5º da recente Lei n. 14.063/2020, foi fixada, para a hipótese, regra diversa, que *dispensa o registro em cartório* para a constituição de órgãos partidários estaduais e municipais:

> § 6º. As certidões emitidas por sistema eletrônico da Justiça Eleitoral possuem fé pública e, nos casos dos órgãos partidários, substituem os cartórios de registro de pessoas jurídicas para constituição dos órgãos partidários estaduais e municipais, dispensados quaisquer registros em cartórios da circunscrição do respectivo órgão partidário.

Dispõe, também, a Lei dos Partidos Políticos acerca de algumas situações especiais, relativamente aos partidos, que determinam o *cancelamento* de seu registro tanto no Ofício do Registro Civil como junto ao Tribunal Superior Eleitoral. Essas situações são as de *dissolução* ou *extinção* na forma estatutária, assim como as de *fusão e incorporação* entre partidos, de acordo com o art. 27 da Lei n. 9.096/95.

Já o art. 28 da referida lei apresenta as situações em que o Tribunal Superior Eleitoral, após decisão transitada em julgado, determinará, de ofício, o *cancelamento* tanto do registro civil como do estatuto partidário, assim dispondo:

> Art. 28. O Tribunal Superior Eleitoral, após trânsito em julgado de decisão, determina o cancelamento do registro civil e do estatuto do partido contra o qual fique provado:
>
> I – ter recebido ou estar recebendo recursos financeiros de procedência estrangeira;
>
> II – estar subordinado a entidade ou governo estrangeiros;
>
> III – não ter prestado, nos termos desta Lei, as devidas contas à Justiça Eleitoral;
>
> IV – que mantém organização paramilitar.
>
> § 1º A decisão judicial a que se refere este artigo deve ser precedida de processo regular, que assegure ampla defesa.
>
> § 2º O processo de cancelamento é iniciado pelo Tribunal à vista de denúncia de qualquer eleitor, de representante de partido, ou de representação do Procurador-Geral Eleitoral.

As disposições reguladoras da *fusão e da incorporação partidárias* e suas implicações relativamente ao registro partidário são disciplinadas no art. 29 da Lei n. 9.096/95:

> Art. 29. Por decisão de seus órgãos nacionais de deliberação, dois ou mais partidos poderão fundir-se num só ou incorporar-se um ao outro.
>
> § 1º No primeiro caso, observar-se-ão as seguintes normas:
>
> I – os órgãos de direção dos partidos elaborarão projetos comuns de estatuto e programa;
>
> II – os órgãos nacionais de deliberação dos partidos em processo de fusão votarão em reunião conjunta, por maioria absoluta, os projetos, e elegerão o órgão de direção nacional que promoverá o registro do novo partido.
>
> § 2º No caso de incorporação, observada a lei civil, caberá ao partido incorporando deliberar por maioria absoluta de votos, em seu órgão nacional de deliberação, sobre a adoção do estatuto e do programa de outra agremiação.
>
> § 3º Adotados o estatuto e o programa do partido incorporador, realizar-se-á, em reunião conjunta dos órgãos nacionais de deliberação, a eleição do novo órgão de direção nacional.
>
> § 4º Na hipótese de fusão, a existência legal do novo partido tem início com o registro, no Ofício Civil competente da Capital Federal, do estatuto e do programa, cujo requerimento deve ser acompanhado das atas das decisões dos órgãos competentes.

§ 5º No caso de incorporação, o instrumento respectivo deve ser levado ao Ofício Civil competente, que deve, então, cancelar o registro do partido incorporado a outro.

(...)

§ 7º O novo estatuto ou instrumento de incorporação deve ser levado a registro e averbado, respectivamente, no Ofício Civil e no Tribunal Superior Eleitoral.

5.4.5 Sociedades

O inciso II do art. 44 do Código Civil (Lei n. 10.406/2002) apresenta, como constituindo o rol de pessoas jurídicas de direito privado, sob a rubrica de "sociedades", tanto as sociedades *empresárias* como as não empresárias (ou *simples*), estabelecendo, entre elas, uma distinção totalmente inovadora, fruto da adoção da *teoria da empresa*, em substituição à teoria dos atos de comércio adotada na sistemática dos revogados Códigos Civil de 1916 e Comercial de 1850. Essas sociedades são as chamadas sociedades *personificadas*, ou seja, a elas é atribuída personalidade jurídica em razão de sua constituição por meio de um registro no órgão competente.

O próprio Miguel Reale, reconhecido como patrono do Código Civil de 2002 e a quem é atribuída a opção pela adoção da teoria da empresa, assim se manifestou: "essa distinção entre duas espécies de sociedades, uma *empresária* e a outra *simples*, é fundamental ao entendimento de várias disposições do Código Civil".[28]

Refere, ainda, o vigente Código Civil, a existência de duas formas de sociedades "não personificadas", ou seja, não dotadas de personalidade jurídica, as quais terminam por ser de alguma forma reconhecidas pelo Direito, visando a conferir alguns efeitos jurídicos aos atos que realizam.

A primeira delas é a "*sociedade em comum*", também chamada de sociedade de fato ou irregular. Essa sociedade existe no plano fático, ou seja, ela resulta da reunião de algumas pessoas em torno de um objetivo comum (possui sócios, patrimônio, dívidas); entretanto, ela carece da regularidade que lhe é conferida pelo registro. Só é capaz de se regularizar por meio do registro junto ao órgão competente. Nela, o patrimônio pertence em comum a todos os sócios (não há distinção de valor entre as quotas patrimoniais), todos igualmente respondem pelos atos de gestão e todos os sócios são solidária e ilimitadamente responsáveis pelas obrigações sociais, ficando excluído do benefício de ordem do art. 1.024 do Código Civil aquele que tenha contratado pela sociedade (responde com seus bens pessoais, sem necessidade de que seja executado primeiramente o patrimônio da sociedade).

A segunda e última das sociedades despersonalizadas é a "*sociedade em conta de participação*", constituída por um contrato que tem efeito somente entre os sócios (um deles é o *sócio ostensivo*, e o outro, ou outros, são *sócios ocultos*). Somente o sócio ostensivo exerce a atividade que constitui o objeto social e contrai obrigações com terceiros. O sócio oculto somente participa dos resultados e, se tomar parte nas relações do sócio ostensivo com terceiros, responderá solidariamente com este pelas obrigações

---

28. REALE, Miguel. *A sociedade simples e a empresária no Código Civil.* [s.l.] 2003. Disponível em: <http://www.miguelreale.com.br>. Acesso em: 11 jul. 2011.

nas quais intervenha. A admissão de novos sócios só se faz mediante consenso entre os sócios. A inscrição do contrato de sociedade, em qualquer órgão registral, não atribui personalidade jurídica à sociedade. A falência do sócio ostensivo acarreta a dissolução da sociedade. Sua liquidação dá-se pelas normas relativas à prestação de contas.

5.4.5.1 Introdução

O Código Civil adotou amplamente a teoria da empresa em substituição à teoria dos atos de comércio que inspirava o direito brasileiro até então. Entretanto, nosso Código não define *empresa*, mas tão somente o que seja o *empresário*, nos termos do *caput* de seu art. 966: "Considera-se empresário quem exerce profissionalmente atividade econômica organizada para a produção ou a circulação de bens ou serviços".

A partir desse conceito se poderá chegar ao conceito de *empresa*, já que, sendo um profissional aquele que a exerce, será ela essa "atividade econômica organizada para a produção ou a circulação de bens ou serviços".

Assim, antes de qualquer coisa, *empresa* é uma *atividade*. Não deve ser confundida nem com "sociedade" (que é o *sujeito de direito* – dotado de personalidade jurídica própria – que desempenha a *atividade*, sendo sinônimo de *empresário*), nem com "estabelecimento" (que é o *local* onde a atividade é exercida).

A atividade empresarial é *econômica* por natureza, já que é aquela que está apta a criar riqueza que será acumulada sob a forma de *lucro* por quem a explora. Também é uma atividade *organizada* na qual o empresário articula e coordena os fatores básicos de produção, buscando um resultado econômico positivo: mão de obra, insumos, tecnologias e capital.

A noção de *organização*, ínsita à empresa, envolve a ideia de que, sobre os fatores produtivos, necessariamente, atue o empresário, dinamizando a organização, imprimindo-lhe a orientação que levará à efetiva produção. Dessa forma, desaparecendo o exercício da atividade organizada do empresário, desaparecerá, *ipso facto*, a empresa.[29] Não será, pois, *empresário*, ainda que desenvolva alguma atividade econômica, aquele que explore atividade de produção ou circulação de bens ou serviços sem que estejam presentes esses fatores de produção. Não são empresários, porque, ao desenvolverem suas atividades, não o fazem *empresarialmente*, por intermédio da organização dos fatores de produção.

Essa *produção* poderá ser de *bens* (fabricação em série) ou de *serviços* (atividade fornecida a consumo), assim como a *circulação* desses bens e serviços consiste na sua *intermediação*, fazendo-os chegar ao consumidor final.

No conceito legal de *empresário* não estão compreendidas, entretanto, todas as atividades econômicas passíveis de desenvolvimento em nossa sociedade. Tais atividades podem, ainda, ser classificadas em atividades econômicas *empresariais* e *não empresariais*.

---

29. BULGARELLI, Waldírio. *A teoria jurídica da empresa*. São Paulo: RT, 1985, p. 57.

Dessa forma, de acordo com o Código Civil de 2002, algumas atividades econômicas estão *excluídas* da disciplina dada ao direito empresarial ou dos negócios. São elas as atividades *não empresariais*, cujas pessoas que as exercem não são consideradas *empresários*, não podendo, por exemplo, pleitear recuperação econômica de empresa (antiga concordata) nem ser submetidas a processo falimentar.

O Direito pátrio contemplou quatro hipóteses de atividades econômicas *não empresariais:*

a) a atividade explorada por aqueles que se não qualificam de acordo com o conceito legal de empresário;

b) a atividade dos profissionais intelectuais;

c) a atividade dos empresários rurais não registrados; e

d) a atividade cooperativa.

Dessa forma, se alguém presta serviços diretamente, mas não organizado em empresa, mesmo que profissionalmente (com habitualidade e com intuito de lucro), *não será empresário* e seu regime legal não será o do Direito Empresarial.

Em relação aos que exercem profissão intelectual, importa destacar que eles *não* serão considerados empresários, por força do que dispõe o parágrafo único do art. 966 do Código Civil: "Não se considera empresário quem exerce profissão intelectual, de natureza científica, literária ou artística, ainda com o concurso de auxiliares ou colaboradores, salvo se o exercício da profissão constituir elemento de empresa".

Percebe-se, de pronto, que a lei não quer atribuir a qualidade de empresário a quem não opera com os fatores de produção. Os denominados *profissionais liberais* cujo serviço está intimamente ligado ao desempenho pessoal como prestadores de serviços e independem de uma estrutura organizada empresarialmente para a concretização de sua atividade, (como ocorre com os médicos, dentistas, engenheiros, advogados), são considerados *profissionais intelectuais*, ainda que eventualmente organizem o trabalho de empregados que os auxiliem na consecução de suas atividades. São considerados pertencentes a essa categoria também os escritores e artistas, bem como os técnicos com alguma formação especializada.

Somente poderão vir a ser considerados *empresários* quando, exercendo profissão intelectual, dediquem-se mais à organização dos fatores de produção do que propriamente à execução de seus misteres científicos, literários ou artísticos, o que termina por caracterizar o denominado "*elemento de empresa*".

A atividade econômica rural é aquela explorada, de regra, afastada do meio urbano. Assim, são atividades desse jaez a produção agrícola, extrativista silvestre ou florestal, de criação e abate de animais ou de mineração. Existe uma diversidade muito acentuada no setor de produção de alimentos, no qual o agronegócio contrasta com a prática da agricultura familiar.

Visando a fazer frente a essa realidade de grandes diversidades, o Código Civil de 2002 reservou àqueles que se dedicam a tão diversificadas atividades tratamento que proporcionasse ampla adequação de medidas aplicáveis, assim dispondo:

Art. 971. O empresário, cuja atividade rural constitua sua principal profissão, pode, observadas as formalidades de que tratam o art. 968 e seus parágrafos, requerer inscrição no Registro Público de Empresas Mercantis da respectiva sede, caso em que, depois de inscrito, ficará equiparado, para todos os efeitos, ao empresário sujeito a registro.

Dessa forma, se aquele que exerce atividade econômica no meio rural requerer sua inscrição no registro público empresarial (Junta Comercial), passará a ser considerado *empresário*, submetendo-se à normatividade do Direito Empresarial. Esse é o regime de *opção* que tem sido adotado pelo setor do agronegócio. Entretanto, se aquele que pratica atividade econômica rural não requerer inscrição perante aquele órgão registral, não será considerado empresário, permanecendo sob o regime jurídico civilista. Esta deverá, por sua vez, constituir a opção de preferência entre os que exercem negócios rurais de índole familiar e, caso venham a constituir sociedade, essa será *simples* (não empresária).

Quanto às cooperativas, assim preceituou o Código Civil de 2002:

Art. 982. Salvo as exceções expressas, considera-se empresária a sociedade que tem por objeto o exercício de atividade própria de empresário sujeito a registro (art. 967); e, simples, as demais.

Parágrafo único. Independentemente de seu objeto, considera-se empresária a sociedade por ações; e, simples, a cooperativa.

As *cooperativas* costumam atender aos requisitos legais que caracterizam a atividade empresarial (*profissionalismo, atividade econômica organizada e produção ou circulação de bens ou serviços*); entretanto, por expressa disposição legal, desde 1971, com o advento da Lei n. 5.764, não se submetem ao regime jurídico empresarial e, assim, não estão sujeitas à falência e à recuperação judicial na forma da Lei n. 11.101/2005, equiparando-se às sociedades simples, independentemente da atividade explorada.

5.4.5.2 Distinção entre sociedades simples e empresárias

A sociedade simples é um dos vários tipos societários que a lei pôs à disposição dos que pretendem explorar atividade econômica conjuntamente. Por sua simplicidade, presta-se bem à disciplina das atividades de menor escala.

É o *tipo societário* adequado a pequenos negócios não empresariais, comerciais ou de prestação de serviço, como aqueles prestados por profissionais liberais,[30] técnicos especializados, artesãos, artistas etc.

Além de servir de *modelo genérico* aos demais tipos societários passíveis de constituição contratual, sua disciplina, fixada nos arts. 997 a 1.044 do Código Civil, é aplicável subsidiariamente à sociedade em nome coletivo (art. 1.040), à sociedade em comandita simples (art. 1.040), à sociedade limitada (*caput* do art. 1.053) e à sociedade cooperativa (art. 1.096), constituindo, também, uma *categoria* de sociedade.

Pelo disposto no art. 982 do Código Civil, transcrito anteriormente, as sociedades hão de ser consideradas *simples* se não tiverem "por objeto o exercício de atividade

---

30. Exceto os advogados, cuja sociedade tem disciplina peculiar estabelecida na Lei n. 8.906/94 (Estatuto da Advocacia).

própria de empresário sujeito a registro". A sociedade dessa categoria podem adotar, como autoriza o art. 983 do Código Civil, qualquer dos tipos das sociedades empresárias (exceto os das sociedades por ações: anônima e comandita por ações) e, se assim não o fizer, subordinar-se-á às regras do regime que lhe é próprio (originando a sociedade dita *simples típica*).

Logo, a expressão "*sociedade simples*" decorre tanto da primeira como da última função que lhe é reservada, refletindo uma notória *ambiguidade*.

Em seu sentido estrito, designa um *tipo* de sociedade (assim como são a limitada, a anônima e a em comandita por ações) e, no seu sentido amplo, designa a *categoria* das sociedades não empresárias.

Isso significa que as sociedades *personificadas* são classificadas, inicialmente, como *empresárias* e como *simples* (não empresárias).

As *empresárias* podem adotar um dos cinco tipos autorizados em lei: nome coletivo, comandita simples, limitada, anônima e comandita por ações.

As *simples* (em sentido amplo), por sua vez, também podem adotar um de cinco tipos autorizados por lei: nome coletivo, comandita simples, limitada, cooperativa e simples (em sentido estrito, ou *típicas*).

Dessa forma, constituindo designação de *categoria* de sociedades, as sociedades simples são definidas legalmente por exclusão, sendo aquelas que não têm por objeto o exercício de atividade própria de *empresário* sujeito a registro.

Portanto, a partir da definição legal de *empresário* serão delimitadas, por exclusão, as sociedades enquadráveis nessa categoria.

Como já examinado, a atividade típica de empresário não se define por sua natureza, mas pela *forma* como é explorada. Quando a atividade econômica é explorada de forma organizada (mediante articulação dos fatores de produção), tem-se uma empresa; quem a exerce é *empresário* e, se pessoa jurídica, uma *sociedade empresária*.

Vamos tomar como exemplo a produção e comercialização de um artigo qualquer: doces. Tanto a doceira como a confeitaria vão desenvolver uma atividade fabril de produzir seus confeitos e vendê-los aos consumidores.

A atividade econômica é de idêntica natureza. A confeitaria, entretanto, será, naturalmente, uma *empresa*, porque só conseguirá operar por meio da organização do trabalho de seus empregados, com estabelecimento adequado ao porte de sua clientela, empregando técnicas, controles, insumos, pessoal e tecnologias específicas. A doceira pode dedicar-se à mesma atividade sem, necessariamente, ter de contar com a dotação de toda essa infraestrutura organizacional. Se for uma doceira bem-sucedida, atuando em bairro de grande poder aquisitivo, é possível que sua clientela justifique organizar-se em empresa. Entretanto, sua atividade poderá desenvolver-se adequadamente sem que demande tão especializada organização dos fatores de sua produção. Ou seja, poderá realizar-se como trabalho artesanal, sem os complexos controles operacionais de um estabelecimento.

Portanto, não é pela natureza da atividade que se vai definir o empresário, mas pela forma e pela escala em que essa atividade é explorada.

Assim, enquanto não houver exploração empresarial de certa atividade – tal seja, enquanto a atividade econômica não estiver *organizada* e seu exercício não se der por meio de uma *sociedade* –, não estarão reunidos os pressupostos estabelecidos pelo art. 982 do Código Civil, atribuindo-lhe a condição legal de *sociedade empresária*.

Não havendo empresa, a sociedade que se dedica à atividade econômica em questão pertencerá à categoria das *sociedades simples*.

Apenas dois tipos societários não se submetem à regra aqui assentada: *as sociedades por ações* – que serão sempre empresárias, ainda que não explorem seu objeto empresarialmente – e *as sociedades cooperativas* – que serão sempre *simples*, mesmo que organizem empresarialmente sua atividade.

As *sociedades simples* são registráveis perante o Registro Civil de Pessoas Jurídicas, e não perante as Juntas Comerciais (que realizam o registro das *sociedades empresárias*), segundo a dicção do art. 1.150 do Código Civil:

> Art. 1.150. O empresário e a sociedade empresária vinculam-se ao Registro Público de Empresas Mercantis a cargo das Juntas Comerciais, e a sociedade simples ao Registro Civil das Pessoas Jurídicas, o qual deverá obedecer às normas fixadas para aquele registro, se a sociedade simples adotar um dos tipos de sociedade empresária.

Essa disposição é aplicável a qualquer sociedade simples, especialmente ao tipo que é necessariamente simples – a cooperativa.

Relativamente ao registro apropriado para as sociedades cooperativas, poderia haver dúvidas em razão de duas disposições de lei: o art. 1.093 do Código Civil, que "ressalvou a legislação especial", e o art. 18 da Lei n. 5.764/71, que refere a intervenção da Junta Comercial na autorização de funcionamento das cooperativas.

Assim, uma leitura menos atenta desses dois dispositivos poderia levar-nos à conclusão de que as cooperativas, apesar de constituírem sociedades simples, deveriam ser registradas nas Juntas Comerciais, contrariamente ao que dispôs o art. 1.150 do Código Civil.

Não se pode olvidar, entretanto, que o citado dispositivo da Lei das Cooperativas *não mais* vigora desde a promulgação da Constituição de 1988, por força das disposições estabelecidas no inciso XVIII do art. 5º, não mais se fazendo necessária autorização para a criação de cooperativas.

Daí, tem-se que os arts. 17 a 20 da Lei n. 5.764/71, que impunham necessidade de autorização e exerciam controle sobre as cooperativas, não foram ungidos pelo fenômeno da recepção constitucional.[31]

Já ao advento da Constituição de 1988 era possível perceber o anacronismo de manter-se uma *sociedade civil* como espécie registrável numa Junta Comercial, e até mesmo a nova lei de regência do Registro Público de Empresas Mercantis (Lei n. 8.934/94), não

---

31. COELHO, Fábio Ulhoa. *Direito de empresa e as sociedades simples*. São Paulo: IRTDPJ-BRASIL., 2003. Disponível em: <http://www.irtdpjbrasil.com.br>. Acesso em: 11 jul. 2011.

atenta à grande modificação operada, insistiu em conservar esse anacronismo entre suas disposições (alínea *a*, do inciso II do art. 32).

Entretanto, não tardaria o advento de um novo Código Civil, especificando normas para tornar suficientemente clara a qualificação das cooperativas como sociedades simples e destinando-lhes o Registro Civil de Pessoas Jurídicas para o adequado registro constitutivo.

Assim, dúvidas mais não há de que as sociedades simples, qualquer que seja o tipo societário que venham a adotar (limitada, cooperativa, simples típica), hão de ser registradas no Registro Civil de Pessoas Jurídicas.

5.4.5.3 *Sociedade simples*

A *sociedade simples* é uma forma societária instituída, como regra geral, para sociedades não empresárias, prevista pelos arts. 997 a 1.038 do Código Civil.

Entretanto, apesar de as sociedades simples serem passíveis de classificação como sociedades não empresárias, elas se podem constituir por meio de alguns dos tipos societários estipulados para as sociedades empresárias (sociedade em nome coletivo, sociedade em comandita simples e sociedade limitada). As sociedades cooperativas, independentemente do objeto, são consideradas sociedades simples.

De tal forma, as regras pertinentes à sociedade simples vão regular todas as sociedades não empresárias e também servirão de normas subsidiárias aplicáveis às próprias sociedades empresárias, quando restar qualquer omissão na legislação de regência de seus vários tipos societários.

A sociedade simples é constituída por meio de contrato escrito, por instrumento público ou particular, que deve atender aos requisitos previstos no art. 997 do Código Civil, além de regular por inteiro a sociedade, já que qualquer pacto em separado – ainda que venha a ter validade entre os sócios – não terá eficácia contra terceiros.

O registro do ato constitutivo da sociedade simples é atribuído ao Registro Civil de Pessoas Jurídicas com circunscrição sobre o local onde a sociedade terá sede, no prazo de trinta dias subsequentes a sua constituição, mediante apresentação do respectivo requerimento instruído com o instrumento do contrato, da procuração utilizada por eventuais representantes dos sócios e, se for o caso, da prova de autorização pela autoridade competente, quando esta for exigida (art. 998 e § 1º do Código Civil).

Ainda que a sociedade simples seja criada sob um dos tipos societários atribuídos às sociedades empresárias (sociedade em nome coletivo, sociedade em comandita simples e sociedade limitada), o órgão destinado à promoção de seu registro será o Registro Civil de Pessoas Jurídicas.

Vencido o trintídio legal, a inscrição só produzirá efeitos depois de concedido o registro à sociedade e, durante o período que permeia entre a constituição e a conclusão do registro, a sociedade será considerada *irregular*, regendo-se pelas regras da *sociedade em comum* (arts. 986 a 990 do Código Civil).

O *registro* ou *inscrição* do ato constitutivo (contrato) junto ao Registro Civil de Pessoas Jurídicas confere *personalidade jurídica* à sociedade simples, dando início a sua existência legal (arts. 45, 985 e 1.150 do Código Civil). Havendo, na mesma circunscrição, mais de um Registro Civil de Pessoas Jurídicas, as normas locais de organização judiciária e dos serviços extrajudiciais vão estabelecer os critérios de definição do órgão competente para a realização da inscrição do ato constitutivo. Geralmente, para a resolução dessa questão, as normas reguladoras poderão adotar um regime de *distribuição* dos atos a registrar ou um critério de *zoneamento* geográfico da circunscrição territorial, de modo a haver um só ofício registral competente para o ato.

O contrato, de acordo com o que estabelece o art. 997, I a VIII, do Código Civil, deverá mencionar:

I – nome, nacionalidade, estado civil, profissão e residência dos sócios, se pessoas naturais, e a firma ou a denominação, nacionalidade e sede dos sócios, se jurídicas;

II – denominação, objeto, sede e prazo da sociedade;

III – capital da sociedade, expresso em moeda corrente, podendo compreender qualquer espécie de bens, suscetíveis de avaliação pecuniária;

IV – a quota de cada sócio no capital social, e o modo de realizá-la;

V – as prestações a que se obriga o sócio, cuja contribuição consista em serviços;

VI – as pessoas naturais incumbidas da administração da sociedade, e seus poderes e atribuições;

VII – a participação de cada sócio nos lucros e nas perdas;

VIII – se os sócios respondem, ou não, subsidiariamente, pelas obrigações sociais.

Os requisitos enumerados no art. 997 deverão ser verificados pelo oficial registrador quando apresentado o contrato a registro, impugnando as inconformidades verificadas e restituindo a documentação ao apresentante para que providencie as necessárias correções e atenda às exigências feitas. Não se conformando, o apresentante, com as exigências, poderá requerer ao oficial que suscite dúvida e submeta à apreciação da autoridade judiciária competente.

Apesar de o Código Civil de 2002 não ter mantido a antiga sociedade de capital e indústria (prevista no revogado art. 317 do Código Comercial), manteve o chamado "sócio de indústria" ou sócio de atividade profissional, nos termos do inciso V do art. 997.

De acordo com o inciso VI do art. 997, somente *pessoas naturais* podem exercer a administração da sociedade, o que pode representar um problema naquelas em que haja pessoas jurídicas na condição de sócias, o que sugere a necessidade de alteração redacional do dispositivo de lei.[32]

Nos termos do art. 1º da Lei n. 11.101/2005 (Lei de Falências), às *sociedades simples* não é aplicável o instituto da falência, estando, assim como seus sócios, sujeitas às normas mais brandas da insolvência civil.[33]

---

32. PEREIRA, Rodrigo da Cunha (Coord.). *Código Civil anotado*. Porto Alegre: Síntese, 2004, p. 675.
33. WALD, Arnoldo. *Das sociedades simples e empresárias; questões relacionadas ao regime jurídico da sociedade simples e seu registro*. São Paulo: IRTDPJ-BRASIL, 2004. Disponível em: <http://www.irtdpjbrasil.com.br>. Acesso em: 8 jul. 2011.

5.4.5.4 *Sociedade cooperativa*

5.4.5.4.1 *Caracterização*

Assim dispõe o inciso XVIII do art. 5º da Constituição: "A criação de associações e, na forma da lei, a de cooperativas independem de autorização, sendo vedada a interferência estatal em seu funcionamento".

Essa disposição constitucional inaugurou uma profunda divisão entre o que era e o que passou a ser o regime jurídico aplicável às cooperativas desde 1988, estabelecendo um novo alento para o desenvolvimento da política de cooperativismo no país. Nesse compasso, o § 2º do art. 174 da Constituição também veio a proclamar que "a lei apoiará e estimulará o cooperativismo e outras formas de associativismo".

As *sociedades cooperativas*, no Código Civil de 2002, receberam disciplina específica por meio dos arts. 1.093 a 1.096, sendo que o parágrafo único de seu art. 982 estabeleceu que, independentemente do objeto, as cooperativas são consideradas *sociedades simples*, mandando aplicar-lhes as disposições a elas relativas, no que for omissa a legislação especial de regência, representada pela Lei n. 5.764, de 16 de dezembro de 1971, que definiu a política nacional de cooperativismo e instituiu o regime jurídico das cooperativas.

As cooperativas são sociedades de pessoas, de natureza civil, com forma jurídica própria, constituídas para prestação de serviços a seus cooperativados e que se distinguem das demais sociedades pelas seguintes características, estabelecidas pelo art. 1.094 do Código Civil:

I – variabilidade, ou dispensa do capital social;

II – concurso de sócios em número mínimo necessário a compor a administração da sociedade, sem limitação de número máximo;

III – limitação do valor da soma de quotas do capital social que cada sócio poderá tomar;

IV – intransferibilidade das quotas do capital a terceiros estranhos à sociedade, ainda que por herança;

V – *quorum*, para a assembleia geral funcionar e deliberar, fundado no número de sócios presentes à reunião, e não no capital social representado;

VI – direito de cada sócio a um só voto nas deliberações, tenha ou não capital a sociedade, e qualquer que seja o valor de sua participação;

VII – distribuição dos resultados, proporcionalmente ao valor das operações efetuadas pelo sócio com a sociedade, podendo ser atribuído juro fixo ao capital realizado;

VIII – indivisibilidade do fundo de reserva entre os sócios, ainda que em caso de dissolução da sociedade.

Há algumas características apresentadas pelos incisos do art. 4º da Lei n. 5.764/71 que não coincidem com as características apresentadas pelo art. 1.091 do Código Civil (Lei n. 10.406/2002), o que sugere a derrogação da disposição legal mais antiga, em razão da característica de norma geral disciplinadora do tema que ambas apresentam.

A sociedade cooperativa deverá também submeter-se aos seguintes princípios cooperativos:

a) ser constituída pelo número mínimo de associados, conforme previsto no art. 6º da Lei n. 5.764/71, ressaltando-se que as cooperativas singulares não podem ser constituídas exclusivamente por pessoas jurídicas, nem por pessoa jurídica com fins lucrativos ou com objeto diverso das atividades econômicas da pessoa física;

b) não distribuir qualquer espécie de benefício às quotas-partes do capital ou estabelecer outras vantagens ou privilégios, financeiros ou não, em favor de quaisquer associados ou terceiros, excetuados os juros até o máximo de doze por cento ao ano atribuídos ao capital integralizado e, no caso das cooperativas de crédito, a remuneração anual limitada ao valor da taxa referencial do Sistema Especial de Liquidação e de Custódia (Selic) para títulos federais [art. 24, § 3º, da Lei n. 5.764/71; art. 182, § 1º, do Decreto n. 3.000/99 (Regulamento do Imposto de Renda) e art. 7º da Lei Complementar n. 130/2009];

c) permitir o livre ingresso a todos os que desejarem utilizar os serviços prestados pela sociedade, exceto aos comerciantes e empresários que operam no mesmo campo econômico da sociedade, cujo ingresso é vedado (art. 29 e parágrafos da Lei n. 5.764/71);

d) permitir a cada associado, nas assembleias gerais, o direito a um voto, qualquer que seja o número de suas quotas-partes (art. 42 da Lei n. 5.764/71).

A Lei Complementar n. 130/2009 fixou disposições sobre o Sistema Nacional de Crédito Cooperativo, estabelecendo que as instituições financeiras constituídas sob a forma de cooperativas de crédito:

a) submetem-se à referida Lei Complementar, bem como à legislação do Sistema Financeiro Nacional e das sociedades cooperativas;

b) submetem-se às competências legais do Conselho Monetário Nacional e do Banco Central do Brasil relativas às instituições financeiras.

As cooperativas de crédito destinam-se, precipuamente, a prover, por meio da mutualidade, a prestação de serviços financeiros a seus associados, sendo-lhes assegurado o acesso aos instrumentos do mercado financeiro.

Podem também atuar em nome e por conta de outras instituições, visando à prestação de serviços financeiros e afins a associados e a não associados.

O quadro social das cooperativas de crédito, composto de pessoas físicas e jurídicas, é definido pela assembleia geral, com previsão no estatuto social.

O mandato dos membros do conselho fiscal das cooperativas de crédito terá duração de até três anos, observada a renovação de, ao menos, dois membros a cada eleição, sendo um efetivo e um suplente.

É vedado distribuir qualquer espécie de benefício às quotas-partes do capital, excetuando-se remuneração anual limitada ao valor da taxa referencial do Sistema Especial de Liquidação e de Custódia (Selic), para títulos federais.

5.4.5.4.2 Classificação

Nos termos do art. 6º da Lei n. 5.764/71, as sociedades cooperativas podem ser classificadas como:

a) *singulares*, aquelas destinadas à direta prestação de serviços a seus cooperativados e constituídas pelo número mínimo de vinte pessoas físicas, sendo excepcionalmente permitida a admissão de pessoas jurídicas que tenham por objeto as mesmas ou correlatas atividades econômicas das pessoas físicas ou, ainda, aquelas sem fins lucrativos;

b) *cooperativas-centrais* ou *federações de cooperativas*, as constituídas de, no mínimo, três singulares, podendo, excepcionalmente, admitir associados individuais;

c) *confederações de cooperativas*, as constituídas, pelo menos, de três federações de cooperativas ou cooperativas-centrais, da mesma ou de diferentes modalidades.

Quanto à responsabilidade, podem classificar-se, também, como:

a) *de responsabilidade limitada*, quando a responsabilidade do associado pelos compromissos da sociedade se limitar ao valor das quotas por ele subscritas e pelo prejuízo verificado nas operações sociais, de acordo com sua participação proporcional nessas operações (art. 11 da Lei n. 5.764/71 e § 1º do art. 1.095 do Código Civil);

b) *de responsabilidade ilimitada*, quando a responsabilidade do associado pelos compromissos da sociedade for pessoal, solidária e não tiver limite (art. 12 da Lei n. 5.764/71 e § 2º do art. 1.095 do Código Civil).

5.4.5.4.3 Constituição

As formalidades de constituição de uma cooperativa não diferem, quanto aos procedimentos, daquelas adotadas ordinariamente na constituição de outras pessoas jurídicas de direito privado.

A constituição será deliberada por assembleia geral dos fundadores, que se instrumentalizará por intermédio de uma ata (instrumento particular) ou por escritura pública, neste último caso lavrada em Tabelionato de Notas. Predomina, na prática, o uso do instrumento particular (ata de fundação).

Nos termos do art. 15 da Lei n. 5.764/71, o ato constitutivo da sociedade cooperativa, sob pena de nulidade, deverá declarar:

I – a denominação da entidade, sede e objeto de funcionamento;

II – o nome, nacionalidade, idade, estado civil, profissão e residência dos associados fundadores que o assinaram, bem como o valor e número da cota-parte de cada um;

III – aprovação do estatuto da sociedade;

IV – o nome, nacionalidade, estado civil, profissão e residência dos associados eleitos para os órgãos de administração, fiscalização e outros.

O ato constitutivo da sociedade e o estatuto (quando este não estiver transcrito naquele) serão assinados pelos fundadores (art. 16).

O estatuto da cooperativa, além de atender ao disposto no art. 1.094 do Código Civil, deverá indicar, de acordo com o que dispõe o art. 21 da Lei n. 5.764/71:

I. a denominação, sede, prazo de duração, área de ação, objeto da sociedade, fixação do exercício social e da data do levantamento do balanço geral;

II. os direitos e deveres dos associados, natureza de suas responsabilidades e as condições de admissão, demissão, eliminação e exclusão e as normas para sua representação nas assembleias gerais;

III. o capital mínimo, o valor da cota-parte, o mínimo de cotas-partes a ser subscrito pelo associado, o modo de integralização das cotas-parte, bem como as condições de sua retirada nos casos de demissão, eliminação ou de exclusão do associado;

IV. a forma de devolução das sobras registradas aos associados, ou do rateio das perdas apuradas por insuficiência de contribuição para cobertura das despesas da sociedade;

V. o modo de administração e fiscalização, estabelecendo os respectivos órgãos, com definição de suas atribuições, poderes e funcionamento, a representação ativa e passiva da sociedade em juízo ou fora dele, o prazo do mandato, bem como o processo de substituição dos administradores e conselheiros fiscais;

VI. as formalidades de convocação das assembleias gerais e a maioria requerida para a sua instalação e validade de suas deliberações, vedado o direito de voto aos que nelas tiverem interesse particular, sem privá-los da participação nos debates;

VII. os casos de dissolução voluntária da sociedade;

VIII. o modo e o processo pelos quais se darão a alienação ou oneração de bens imóveis da sociedade;

IX. o modo de reformar o estatuto;

X. o número mínimo de associados.

Estabelece, ainda, o parágrafo único do art. 5º da Lei n. 5.764/71, ser vedado às sociedades cooperativas o uso do termo "banco", com nítida alusão, especialmente, à denominação a adotar. O *caput* do art. 5º assegura a essas sociedades a exclusividade e, ao mesmo tempo, a obrigatoriedade do uso do termo "cooperativa" em sua denominação.

Nesse particular aspecto, apesar de poderem ser classificadas como de responsabilidade limitada ou ilimitada, relativamente às pessoas de seus cooperativados, já houve manifestação da Junta Comercial de São Paulo no sentido de vedar às cooperativas a utilização do vocábulo "Limitada" em sua denominação.[34]

5.4.5.4.4 *Autorização*

Apesar de a Lei n. 5.764/71 dispor nos arts. 17 e seguintes acerca da necessidade de obtenção de autorização para a criação das cooperativas, essas disposições não foram recepcionadas pela Constituição de 1988, uma vez que, no inciso XVIII de seu art. 5º, estabeleceu ser, a cooperativa, uma sociedade não dependente de autorização para sua criação, vedada a interferência estatal em seu funcionamento.

---

34. Procuradoria da Junta Comercial do Estado de São Paulo (Jucesp). Parecer CJ/JUCESP n. 78/2004.

5.4.5.4.5 Registro

Refere, ainda, a Lei n. 5.764/71, no § 6º de seu art. 18, que a Junta Comercial seria o órgão registral competente para o arquivamento dos documentos relativos à constituição da sociedade cooperativa, para o efeito de aquisição de sua personalidade jurídica e aptidão para o regular funcionamento.

Entretanto, de acordo com o Código Civil de 2002, as *sociedades cooperativas*, independentemente de seu objeto e porte, são consideradas *sociedades simples* (parágrafo único do art. 982 do Código Civil), devendo, portanto, ter seus estatutos registrados no Registro Civil de Pessoas Jurídicas (art. 1.150 do Código Civil). Há uma determinada insistência das Juntas Comerciais em fazer do registro das cooperativas uma questão polêmica para poderem, com base nisso, continuar realizando esses registros, como de fato têm feito, ao arrepio da lei vigente e quebrando com a observância do *princípio da concentração*, que está baseado na unicidade do órgão registral, gerando, com isso, confusão e prejuízos às comunidades usuárias em todo o país.

5.4.5.5 Sociedades empresárias

As *sociedades empresárias* do Código Civil de 2002 correspondem, genericamente, às *sociedades comerciais* existentes sob a vigência dos revogados Código Civil de 1916 e Código Comercial de 1850, revestidas de algumas características conceitualmente renovadas.

Caracterizam-se pela união de empresários que, diferentemente do que ocorre nas sociedades simples, têm como objetivo exercer uma atividade econômica organizada, constituindo elemento de empresa. As sociedades empresárias, por força do que dispõe o art. 983 do Código Civil de 2002, devem constituir-se segundo um dos tipos regulados de acordo com os arts. 1.039 a 1.092 do mesmo Código.

Como referido anteriormente nesta obra, as *sociedades simples* também podem constituir-se segundo esses tipos peculiares às *sociedades empresárias* e, não o fazendo, subordinar-se-ão às normas que lhes são próprias, constituindo, portanto, a denominada sociedade simples *típica* ou pura.

Todas as *sociedades empresárias* têm sua constituição registrável perante o Registro Público de Empresas Mercantis, cujos serviços são exercidos, em todo o território nacional, pelo Sistema Nacional de Registro de Empresas Mercantis (*Sinrem*), que tem as Juntas Comerciais como órgãos executores nos Estados e o Departamento de Registro Empresarial e Integração (DREI), como órgão central do *Sinrem*, com funções supervisora, orientadora, coordenadora e normativa, na área técnica, nos termos do art. 3º da Lei n. 8.934/1994, com redação dada pela Lei n. 13.833/2019.

5.4.5.5.1 Tipos da sociedade empresária

As sociedades empresárias devem constituir-se por meio de um dos seguintes tipos legais:

5.4.5.5.2 Sociedade em nome coletivo

A sociedade em nome coletivo está prevista no art. 1.039 do Código Civil.

Nela, todos os sócios respondem solidária e ilimitadamente pelas obrigações sociais. Essa sociedade é formada por duas ou mais *pessoas naturais*, que podem ou não ser empresários individuais; não sendo permitido, portanto, que *pessoas jurídicas* venham a participar do quadro societário da sociedade em nome coletivo.

A sociedade em nome coletivo pode explorar atividade econômica, comercial ou civil, na qual, perante terceiros, os sócios respondem solidária e ilimitadamente. Apesar disso, os sócios podem estipular, por meio de cláusulas contratuais – ou de um termo aditivo por todos assinado –, uma *limitação de responsabilidades*, que não tem validade perante terceiros, no caso de a sociedade vir a assumir obrigações que o seu patrimônio não possa suportar, mesmo com uma completa liquidação.

No caso de os sócios da sociedade em nome coletivo não poderem arcar com suas obrigações sociais, seus bens particulares poderão ser atingidos, observado o benefício de ordem do art. 1.024 do Código Civil.

Nela, o nome empresarial é admitido somente sob a forma de *firma*, ou seja, por meio de um nome que identifica o empresário (comerciante, prestador de serviços etc.) no exercício de suas atividades, devendo conter o nome dos sócios ou de alguns deles com responsabilidade ilimitada, seguido da expressão "& Companhia" ou "& Cia.", não lhe sendo permitido o uso de denominação social (arts. 1.041 e 1.157 do Código Civil).

Somente os sócios podem administrar a sociedade, de acordo com os poderes de gestão estipulados em contrato, não sendo permitida, portanto, a designação de um administrador não sócio.

Não é permitida a utilização de quotas da sociedade para pagamento de dívidas particulares de qualquer dos sócios, não importando a forma de sua participação nessa sociedade. Isto só será possível quando a sociedade houver sido prorrogada tacitamente, nos casos de sociedade com prazo determinado, ou, tendo ocorrido prorrogação contratual, for acolhida judicialmente oposição do credor, levantada no prazo de noventa dias, contado da publicação do ato dilatório (art. 1.043 do Código Civil).

Não havendo no contrato designação do sócio ou sócios que tenham a faculdade de usar privativamente da firma social, nem algum excluído, presume-se que todos os sócios têm direito igual de fazer uso dela.

Quanto à participação, não se faz necessário que todos os sócios integrem bens ou valores no capital social da empresa, podendo ser oferecida, como parte na sociedade, a disponibilidade de prestação de serviços (art. 1.041 combinado com o art. 997, V, do Código Civil).

São aplicáveis à sociedade em nome coletivo, além das normas que lhe são próprias (arts. 1.039 a 1.044 do Código Civil), as normas aplicáveis à sociedade simples (art. 1.040 do Código Civil).

Dissolve-se a sociedade em nome coletivo por qualquer das causas enumeradas no art. 1.033 do Código Civil e, tratando-se de sociedade empresária, também pela declaração de falência.

5.4.5.5.3 Sociedade em comandita simples

Na sociedade em comandita simples (art. 1.045 do Código Civil), tomam parte sócios de duas categorias: os *comanditados*, pessoas físicas, responsáveis solidária e ilimitadamente pelas obrigações sociais; e os *comanditários*, obrigados somente pelo valor de sua quota de capital.

Em grande desuso, a sociedade em comandita simples é um tipo "misto" de sociedade, pois alguns sócios são ilimitadamente responsáveis e outros têm responsabilidade limitada. Assim, um ou mais sócios possuem responsabilidade ilimitada e são solidários entre si (comanditados), e outros sócios, cuja responsabilidade é limitada à quota com que entram para formar o capital (comanditários), têm por encargo a fiscalização dos negócios da sociedade, participando das deliberações sociais se assim o desejarem.

Havendo mais de um sócio solidariamente responsável, ou se forem muitos os encarregados da gerência ou um só, a sociedade será ao mesmo tempo em nome coletivo para estes e em comandita para os sócios prestadores de capitais.

Nesse tipo societário, para a entrada de um novo sócio é necessário o consentimento de todos os demais. Entretanto, no caso de morte de sócio comanditário, salvo disposição em contrário estipulada pelo contrato, prosseguirá, a sociedade, com os sucessores daquele, que designarão seu representante (art. 1.050 do Código Civil).

Uma das características da sociedade em comandita simples é o fato de que nem todos os sócios podem ser gerentes. A gerência da empresa fica a cargo dos sócios comanditados ou, dentre eles, do que for ou dos que forem designados no contrato social. Se o comanditário vier a praticar ato de gestão, ficará sujeito à responsabilidade equiparada à de sócio comanditado. Só poderá ser constituído procurador da sociedade para negócio específico e mediante poderes especiais (art. 1.047 e parágrafo único do Código Civil).

O regime jurídico da sociedade em comandita simples, além das normas estabelecidas pelos arts. 1.045 a 1.051 do Código Civil, é orientado pelas normas aplicáveis à sociedade em nome coletivo que lhe sejam compatíveis, o que, afinal, redunda aplicação subsidiária das normas da sociedade simples.

Opera-se a *extinção* da sociedade por quaisquer das causas referidas no art. 1.033 do Código Civil, ainda que permaneça a pluralidade de sócios, desde que, por mais de cento e oitenta dias, não conte com representante de uma das categorias sociais. Nesse prazo, faltando sócio comanditado, podem os comanditários nomear administrador provisório para os atos de administração, sem que ocupe a condição de sócio. Também determina a extinção da sociedade, enquanto constituída sob a forma de sociedade empresária, a declaração de falência.

5.4.5.5.4 Sociedade limitada

Na sociedade limitada (art. 1.052 do Código Civil), a responsabilidade de cada sócio é restrita ao valor de suas quotas, mas todos respondem solidariamente pela integralização do capital social.

Diferentemente do que ocorria no antigo regime das *sociedades comerciais*, o tipo societário das *sociedades limitadas* (então denominadas sociedades por quotas de responsabilidade limitada) aproximou-se de algumas regras peculiares às *sociedades anônimas*, restando, portanto, destinado às sociedades de maior porte, tendo em vista que requer maior envolvimento na gestão, aumenta as obrigações legalmente impostas e as responsabilidades, além de provocar um acréscimo substancial de despesas. A solução oferecida pelo atual Código Civil, para os negócios menos complexos, foi a instituição do tipo societário denominado *sociedade simples* (que também pode ser concebido com a estrutura típica da sociedade limitada), a qual, ao contrário da *sociedade limitada* (de formato empresarial), atinge o interesse das sociedades que não querem ou não podem demandar maiores recursos e complexidade na sua criação e funcionamento.

São características importantes das sociedades limitadas:

a) A responsabilidade dos sócios é restrita ao valor de suas quotas, mas todos respondem solidariamente pela integralização do capital social.

b) A sociedade limitada é regida pelo Código Civil e, nas omissões, pelas normas da sociedade simples, ou pelas da sociedade anônima se o contrato social assim estabelecer.

c) O capital social é dividido em quotas, iguais ou desiguais, cabendo uma ou diversas a cada sócio.

d) É vedada a constituição de capital que consista em prestação de serviço.

e) Os sócios não poderão distribuir lucros ou realizar retiradas, com prejuízos ao capital a partir do qual foi constituída.

f) O contrato pode instituir conselho fiscal, composto de três ou mais membros e respectivos suplentes, sócios ou não.

g) Aos sócios minoritários, que representem pelo menos um quinto do capital social, é reservado o direito de eleger um dos membros do conselho fiscal e o respectivo suplente.

h) Pela exata estimação dos bens destinados a integrar o capital social respondem solidariamente todos os sócios, até o prazo de cinco anos da data do registro da sociedade.

Nas sociedades limitadas, a sua administração não fica necessariamente a cargo dos sócios, podendo ser designado um ou mais administradores não participantes da sociedade, desde que essa condição seja estipulada no contrato social ou em ato específico.

As deliberações que por lei ou pelo contrato competirem aos sócios serão tomadas por maioria de votos, contados de acordo com o valor das quotas de cada um, em reunião ou assembleia convocada pelos administradores, de acordo com o previsto no contrato social, sendo que aquelas deliberações que infrinjam o contrato ou a lei tornam ilimitada a responsabilidade dos que expressamente as aprovaram (arts. 1.010, 1.072 e 1.080 do Código Civil).

A sociedade limitada dissolve-se por quaisquer das causas indicadas no art. 1.033 do Código Civil e, quando empresária, pela declaração de falência na forma regulada pela Lei n. 11.101/2005.

Uma alteração sensível ocorrida recentemente na legislação de regência da matéria, através da Lei n. 13.874/2019, que acrescentou os parágrafos 1º e 2º ao art. 1.052 do Código Civil, introduziu no Direito brasileiro a possibilidade de constituição da *sociedade limitada unipessoal*.

Essa unipessoalidade conferida às sociedades limitadas poderá ocorrer tanto em razão de constituição originária como em razão de constituição derivada, quer pela saída de sócios mediante alteração contratual, quer mediante reorganizações societárias (fusão, cisão, etc.) e até mesmo por transformação de EIRELI em sociedade limitada unipessoal.

Se comparada com o microempreendedor individual (MEI), essa sociedade unipessoal não apresenta a limitação de faturamento anual imposta a este. Pode-se criá-la para o desenvolvimento de atividades não autorizadas ao MEI, o que, por outro lado, prejudica a simplicidade de administrar o empreendimento, já que as rotinas deste são mais simplificadas, além de os benefícios previdenciários serem mais vantajosos.

Há muitas opiniões quanto ao futuro do panorama das pessoas jurídicas de direito privado no país, inclusive a avaliação bastante razoável daqueles que veem na criação da sociedade limitada unipessoal a decretação do fim da EIRELI, considerando as vantagens quanto às limitações impostas por lei a esta última, tais como:

a) Inexigência de integralização de capital mínimo;

b) Não limitação do número de sociedades que podem ser integradas pela mesma pessoa;

c) Desnecessidade de transformação do tipo societário na hipótese de sucessão por dois ou mais herdeiros.

O *registro* de sociedade limitada (unipessoal ou não) na modalidade *empresária* está regulado pelo Departamento Nacional de Registro Empresarial e Integração, para observância pelas Juntas Comerciais, por meio do Manual da Registro de Sociedade Limitada, Anexo IV da Instrução Normativa DREI n. 81/2020.

O *registro* de sociedade limitada unipessoal na modalidade *simples* já foi regulado pelo Instituto de Registro de Títulos e Documentos e Pessoas Jurídicas do Brasil, para observância pelos Registros Civis de Pessoas Jurídicas, por meio da Orientação Técnica n. 02/2019.

5.4.5.5.5 Sociedade anônima

Na sociedade anônima ou companhia (art. 1.088 do Código Civil), o montante de capital é dividido em ações, obrigando-se, cada sócio ou acionista, somente pelo preço de emissão das ações que subscrever ou adquirir. Como sociedade por ações, independentemente de seu objeto, sempre será considerada *sociedade empresária* (parágrafo único do art. 982 do Código Civil).

Essa sociedade empresária tem o capital dividido em ações e deve ser formada por, no mínimo, dois acionistas (art. 80, I, da Lei n. 6.404/76), sendo a responsabilidade, dos sócios ou acionistas, limitada ao preço de emissão das ações subscritas ou adquiridas. Estas se dividem em dois tipos de capital: o capital *aberto*, em que o capital representado pelas ações é dividido entre muitos e indeterminados acionistas, e essas ações são negociadas nas bolsas de valores ou no mercado de balcão; e o capital *fechado*, em que o capital, representado pelas ações, é dividido entre poucos acionistas, e essas ações não podem ser negociadas.

As sociedades anônimas têm um modo de constituição próprio e seu funcionamento está condicionado a normas estabelecidas na lei ou no estatuto; além disso, são consideradas sociedade institucional ou normativa, e não contratual, já que nenhum contrato liga os sócios entre si; as sociedades anônimas em regra são reguladas por lei especial (Lei n. 6.404/76 – Lei das Sociedades Anônimas).

Suas principais características são:

a) É uma sociedade de capital. Nelas o que importa é a aglutinação de capitais, e não a pessoa dos acionistas, inexistindo o chamado *intuitu personae* característico das sociedades de pessoas.

b) O capital está dividido em partes iguais (ações), que têm, de regra, igual valor nominal. A *participação* do acionista, na sociedade, está materializada nas ações que possui.

c) A responsabilidade do acionista está limitada ao preço das ações por ele subscritas ou adquiridas. Isso significa que, uma vez integralizada a ação, o acionista não terá mais nenhuma responsabilidade adicional, nem mesmo em caso de falência, quando somente será atingido o patrimônio da companhia.

d) Há livre cessibilidade de ações. As ações, em regra, podem ser livremente cedidas, o que gera constante mutação no quadro de acionistas. Entretanto, o Estatuto das companhias fechadas poderá fazer restrições à cessão, desde que não impeça sua negociabilidade (art. 36 da Lei n. 6.404/76). Dessa forma, as ações são títulos altamente circulantes, como os títulos de crédito.

e) Há possibilidade de subscrição do capital social mediante apelo ao público.

f) Há obrigatoriedade do uso de *denominação social* (ou "nome de fantasia"), acompanhada das expressões "companhia" ou "sociedade anônima", por extenso ou abreviadamente, vedada a utilização de "companhia" ao final.

g) Podem constituir-se como companhias **abertas** ou **fechadas**. Nas companhias ou sociedades **abertas**, os valores mobiliários de sua emissão são admitidos à negociação no mercado de valores mobiliários (art. 4º da Lei n. 6.404/76). Nas companhias **fechadas**, isso não ocorre. As emissões *públicas* de ações devem, entretanto, ser registradas na Comissão de Valores Mobiliários (§§ 1º e 2º do art. 4º da Lei n. 6.404/76, acrescidos pela Lei n. 10.303/2001, e art. 19 da Lei n. 6.385/76).

Nos termos do art. 206 da Lei n. 6.404/76, dissolve-se, a sociedade anônima, nas seguintes hipóteses:

I – de pleno direito:

a) pelo término do prazo de duração;

b) nos casos previstos no estatuto;

c) por deliberação da assembleia-geral (art. 136, X);

d) pela existência de um único acionista, verificada em assembleia geral ordinária, se o mínimo de dois não for reconstituído até à do ano seguinte, ressalvado o disposto no art. 251;

e) pela extinção, na forma da lei, da autorização para funcionar;

II – por decisão judicial:

a) quando anulada a sua constituição, em ação proposta por qualquer acionista;

b) quando provado que não pode preencher o seu fim, em ação proposta por acionistas que representem 5% (cinco por cento) ou mais do capital social;

c) em caso de falência, na forma prevista na respectiva lei;

III – por decisão de autoridade administrativa competente, nos casos e na forma previstos em lei especial.

A companhia dissolvida conserva a personalidade jurídica, até sua extinção, com o fim de proceder à liquidação.

Extingue-se a companhia (art. 219 da Lei n. 6.404/76) em duas hipóteses:

I – pelo encerramento da liquidação, na forma prevista nos arts. 208 a 218 da referida lei;

II – pela incorporação ou fusão, e pela cisão com versão de todo o patrimônio em outras sociedades, do modo referido, na forma dos arts. 220 a 234 da referida lei.

A Lei das Sociedades Anônimas fixa, também, disposições aplicáveis à constituição de Sociedades de Economia Mista (arts. 235 a 240).

O registro de sociedade anônima está regulado pelo Departamento Nacional de Registro Empresarial e Integração (DREI) por meio do Manual de Registro que constitui o Anexo V da Instrução Normativa DREI n. 81/2020.

5.4.5.5.6 *Sociedade em comandita por ações*

A sociedade em comandita por ações (art. 1.090 do Código Civil) tem o capital dividido em ações e pode operar sob *firma* ou *denominação*, às quais deve seguir-se a expressão "comandita por ações", regendo-se pelas disposições específicas dos arts. 280 a 284 da Lei n. 6.404/76 e pelas demais normas relativas às sociedades anônimas.

A sociedade em comandita por ações também é, hoje, uma forma societária em desuso. É constituída por dois tipos de sócios (acionistas): os que exercem cargos de diretores ou gerentes e os que não exercem esses cargos.

Os acionistas ou sócios que exercem os cargos de diretor ou gerente possuem responsabilidade solidária e ilimitada pelo total das obrigações assumidas pela sociedade. Igual responsabilidade têm os diretores ou gerentes não acionistas ou não sócios.

Os acionistas ou sócios que não exercem cargo de direção ou gerência respondem apenas pela integralização de seu capital em ações.

Apesar de regidas pelas mesmas normas das sociedades anônimas, apresentam algumas peculiaridades:

a) Somente os acionistas podem ser diretores ou gerentes, sendo nomeados no próprio estatuto.

b) Os diretores ou gerentes possuem muito mais poderes que os diretores das sociedades anônimas, já que só podem vir a ser destituídos pelo voto de dois terços dos acionistas.

c) Sendo destituído ou exonerado, o diretor continua respondendo pelas obrigações assumidas em seu período de gestão, pelo prazo de dois anos.

d) Os diretores respondem ilimitadamente com seus bens particulares pelas obrigações sociais.

5.4.5.6 O ecletismo das sociedades

Uma das características marcantes das sociedades (tanto simples como empresárias) é seu caráter eclético quanto a permitirem a alterabilidade ou a conversão de suas diversas formas e tipos.

Assim, o art. 220 da Lei de Sociedades Anônimas, conceitua a *transformação* de uma sociedade como sendo a operação pela qual ela passa, de um tipo para outro, independentemente de sua dissolução ou liquidação.

Já o art. 1.113 do Código Civil, no mesmo passo, enuncia que o ato de *transformação* de uma sociedade, independe de sua dissolução ou liquidação e obedecerá aos preceitos reguladores da constituição e inscrição próprios do tipo em que vai converter-se.

A transformação, entretanto, não só se faz de um *tipo* societário para outro, mas, também, da *forma* simples para a empresária e vice-versa. Em razão disso é que foi estabelecida a regra especial instituída no parágrafo único do art. 1.115 do Código Civil, dispondo que a *falência* da sociedade transformada somente produzirá efeitos em relação aos sócios que no tipo anterior estariam sujeitos a esses efeitos, se a falência foi pedida pelos titulares de créditos anteriores à transformação e somente a estes beneficiará. Essa disposição legal tem seu fundamento, portanto, na transformação de sociedades simples (que não estão sujeitas a processo falimentar) em sociedades empresárias (que estão sujeitas a processo falimentar), beneficiando com a retirada dos efeitos da falência aqueles sócios oriundos da sociedade simples transformada, se os créditos que autorizaram a falência forem anteriores à transformação.

A transformação, além disso, depende da unanimidade entre os sócios, salvo se já prevista previamente no contrato, caso em que o dissidente poderá retirar-se da sociedade. Também não prejudicará, em qualquer hipótese, os direitos dos credores, (artigos 1.114 e 1.115 do Código Civil).

Por outro lado, entendemos que essa capacidade de *transformação* é uma característica reservada para operar-se *entre* pessoas jurídicas de natureza *econômica* tão somente, não sendo possível a transformação de pessoas jurídicas de natureza *não econômico-lucrativa* em *econômico-lucrativa*.

O ecletismo das sociedades também não se limita a essa ampla capacidade de *metamorfose*, comportando, também, uma grande aptidão para desenvolver *mutações*, o que se realiza pelos processos de *incorporação, fusão e cisão*.

Na *incorporação*, uma ou várias sociedades são absorvidas por outra que lhes sucede em todos os direitos e obrigações, exigindo a aprovação por parte de todas as sociedades envolvidas (art. 1.116 do Código Civil).

A *fusão* determina a extinção das sociedades que se unem para formar nova sociedade, que as sucederá nos direitos e obrigações (art. 1.119 do Código Civil).

A *cisão* é a operação pela qual a sociedade transfere parcelas do seu patrimônio para uma ou mais sociedades, constituídas para esse fim ou já existentes, extinguindo-se a companhia cindida, se houver versão de todo o seu patrimônio, ou dividindo-se o seu capital, se parcial a versão. Na cisão com extinção da sociedade cindida, as sociedades que absorverem parcelas do seu patrimônio responderão solidariamente pelas obrigações da sociedade extinta. A sociedade cindida que subsistir e as que absorverem parcelas do seu patrimônio, responderão solidariamente pelas obrigações da primeira, anteriores à cisão, (art. 229 e 233 da LSA).

5.4.5.7 Holding – *conceituação e noções*

"Sociedades *holdings*" é uma expressão que designa aquelas *sociedades* que têm em vista, basicamente, participar de outras *sociedades*, por meio do exercício da propriedade de quotas ou ações pertencentes a essas outras sociedades, enquanto bens que constituem seu capital social, exercendo controle ou domínio sobre elas. O exercício desse controle significa que a *holding* está no comando de outra empresa ou outras empresas.

As *holdings* surgiram no Brasil em 1976 com a Lei de Sociedades Anônimas (Lei n. 6.404). A terminologia utilizada vem do verbo inglês, *to hold*, significando segurar, controlar, manter, dominar. Verifica-se, entre nós, o uso do termo como substantivo designativo de uma sociedade peculiar, tanto sob a forma masculina (o *holding*) quanto a feminina (a *holding*).

Dessa forma, é considerada *holding* a sociedade que possui como uma de suas atividades, constantes do objeto social, *participar de outras sociedades como sócia ou acionista*, em sua atividade preponderante. Essa participação determina o controle sobre outra ou outras sociedades dado ao volume de quotas ou ações possuídas.

Doutrinariamente são definidas como sociedades não operacionais que têm seu patrimônio composto de ações de outras companhias. São constituídas ou para o exercício do poder de controle ou para a participação relevante em outras companhias, visando nesse caso, constituir a coligação. Em geral, essas sociedades de participação acionária não praticam operações comerciais, mas apenas a administração de seu patrimônio. Quando exercem o controle, as *holdings* têm uma relação de dominação com as suas controladas, que serão suas subsidiárias.[35]

---

35. CARVALHOSA, Modesto. *Comentários à lei de sociedades anônimas*. 3 ed. São Paulo: Saraiva, 2009. v. 4, t. II, p. 14

Apresentam duas modalidades: a pura e a mista. A primeira tem por objeto apenas a participação no capital de outras sociedades, sendo então denominada *controladora*. A segunda modalidade, além de ter por objeto participar de outras empresas, também pode realizar a exploração de outras atividades produtivas.

Apesar de não haver previsão legal dessas classificações, há, ainda, outras, apresentadas pela doutrina, mas que não têm maior relevo para efeito desta noção básica.

A matéria é tratada pelos artigos 1.097 a 1.101 do Código Civil de 2002, quando dispõe sobre as *sociedades coligadas*. Na Lei de Sociedades Anônimas, essa matéria é disciplinada nos artigos 243 a 264.

São consideradas *coligadas* as sociedades que, em suas relações de capital, são controladas, filiadas, ou de simples participação (art. 1097 do Código Civil).

Esclarece o art. 1098, incisos I e II, do Código Civil que se caracterizam como *controladas*:

a) a sociedade de cujo capital outra sociedade possua a maioria dos votos nas deliberações dos quotistas ou da assembleia geral e o poder de eleger a maioria dos administradores;

b) a sociedade cujo controle referido anteriormente esteja em poder de outra mediante ações ou quotas possuídas por sociedades, ou sociedades por esta já controladas.

Diz-se *filiada* a sociedade de cujo capital outra sociedade participa com dez por cento ou mais, do capital da outra, sem controlá-la (art. 1099 do Código Civil).

É de *simples participação* a sociedade de cujo capital outra sociedade possua menos de dez por cento do capital com direito de voto (art. 1100 do Código Civil).

Ainda ao tempo em que a matéria era regulada somente pela Lei de Sociedades Anônimas e apesar de não haver previsão expressa em seu texto, nunca houve impedimento legal no sentido de que a sociedade *holding* fosse constituída na forma de sociedade limitada, ou de outros tipos societários, porque, a ideia da *holding* não remete a um tipo societário determinado, mas à administração e ao controle que uma sociedade exerce em relação às ações ou quotas de outra.

O que se pode observar é que, na grande maioria das limitadas, há o caráter *intuitu personae* em sua formação; ou seja, sendo predominantemente de pessoas, sua base formadora reside na *confiança* que os sócios têm uns em relação aos outros, a chamada *affectio societatis*.

A sociedade anônima, a seu turno, é uma sociedade de capital. Diferentemente das sociedades limitadas, que são regidas por um contrato social, este tipo societário é regido por um estatuto social. Nela o que prepondera é a aglutinação de capitais e não as pessoas dos acionistas, inexistindo o chamado *intuitu personae*. A entrada de estranhos no quadro social independe de anuência dos demais sócios.

As sociedades anônimas destinam-se, principalmente, a grandes empreendimentos. Sua forma de constituição é aquela na qual o capital social está dividido em ações, constituindo, estas, a contribuição dos acionistas para o desenvolvimento da atividade econômica. É um investimento para o aprimoramento e organização da sociedade, prevendo a obtenção de lucros, já que os acionistas não possuem interesse na empresa em si, mas nos seus resultados econômicos. A responsabilidade do acionista é limitada ao preço das ações subscritas ou adquiridas, significando que, uma vez integralizada a ação, o acionista não terá mais qualquer responsabilidade adicional, nem mesmo no caso de falência.

Dessa forma, há uma diferença substancial entre esses dois tipos societários principais quando se trate de constituir uma *holding*.

Assim, por exemplo, a opção pela constituição da denominada *holding familiar*, na maior parte dos casos, acaba por ser pela limitada, por oferecer maior segurança aos sócios, proporcionando a formação de um quadro societário fechado, já que esse é o objetivo primordial na constituição dessa sociedade. O *intuitu personae* da família é a grande questão na sua constituição, por isso a opção majoritária pela sociedade de pessoas.

5.4.5.8 *Empresa Individual de Responsabilidade Limitada (EIRELI)*

O vigente Código Civil foi alterado pela Lei n. 12.441, de 12 de julho de 2011, para permitir a constituição de Empresa Individual de Responsabilidade Limitada (EIRELI) como nova modalidade de pessoa jurídica de direito privado (inciso VI do art. 44 do Código Civil).

Trata-se da criação, no direito brasileiro, da tão reivindicada "sociedade unipessoal de responsabilidade limitada", que, além de limitar o risco daquele que individualmente exerce atividade econômica, garante-lhe maior segurança jurídica, fazendo com que deixem de existir "sócios fictícios" (popularmente designados como "laranjas") apenas para o cumprimento de exigências formais estabelecidas em lei.[36]

Numa grande síntese, a EIRELI é uma figura jurídica autônoma que corresponde à sociedade limitada de "sócio" único, levando em conta que o § 6º do art. 980-A do Código Civil, acrescentado pela Lei n. 12.441/2011, estabelece ser aplicável à EIRELI o regime jurídico previsto para a sociedade limitada.

Essa *empresa individual de responsabilidade limitada* apresenta as seguintes peculiaridades principais, na forma da lei:

a) é constituída por uma só pessoa titular da totalidade do capital social, devidamente integralizado, que não pode ser inferior a cem vezes o maior salário mínimo vigente no país;[37]

---

[36]. SIQUEIRA, Graciano Pinheiro de. *Da empresa individual como modalidade de pessoa jurídica*. São Paulo, 2011. Disponível em: <http://www.irtdpjbrasil.com.br>. Acesso em: 23 jul. 2011.
[37]. Levando em conta o disposto na Lei n. 14.013/2020, a partir de 1º de fevereiro de 2020 o salário mínimo vigente no país passou a R$ 1.045,00. Assim, a partir de fevereiro de 2020 e até que haja nova mudança de valor do salário mínimo nacional, o capital mínimo para constituição de uma EIRELI será de R$ 104.500,00. Observe-se que esse aporte de capital deve estar *totalmente integralizado* por ocasião da constituição da empresa, desnecessárias alterações subsequentes no ato constitutivo para mantê-lo corrigido em razão de aumentos posteriores no valor do salário mínimo nacional unificado.

b) seu nome empresarial deve ser formado com a inclusão da expressão "EIRELI" após a firma ou a denominação social adotada;

c) a pessoa natural que constituir EIRELI somente poderá figurar em uma só empresa dessa modalidade;

d) a empresa poderá decorrer da concentração da totalidade das quotas de outra modalidade societária sob domínio de um só dos sócios;

e) responde pelas dívidas da empresa somente o seu patrimônio social, não se confundindo com o patrimônio da pessoa natural que a constituiu;

f) pode ser atribuída a ela, quando constituída para a prestação de serviços de qualquer natureza, a remuneração decorrente da cessão de direitos patrimoniais de autor, imagem, nome, marca ou voz, vinculados à atividade profissional, de que seja detentor o titular da pessoa jurídica;

g) aplicam-se-lhe, no que couber, as regras previstas para as sociedades limitadas (arts. 1.052 a 1.087 do Código Civil).

Como todo assunto novo no mundo jurídico, muitos aspectos relativos a essa nova modalidade de pessoa jurídica de direito privado – a EIRELI – não deixaram de despertar discussões e polêmicas entre juristas e registradores.

Uma dessas polêmicas diz respeito, exatamente, à questão registral relativa ao *órgão competente* para promover-lhe o registro, e isso decorre exatamente do entendimento quanto a qual seja sua natureza jurídica. Para parte da doutrina, ela constitui uma *sociedade unipessoal de responsabilidade limitada*, derivada da sociedade limitada, que seria o seu tipo originário. Para outros doutrinadores, entretanto, trata-se de pessoa jurídica *sui generis*, sendo esse o entendimento que predominou na V Jornada de Direito Civil do CEJ-CJF, que editou o Enunciado n. 468: "A empresa individual de responsabilidade limitada (EIRELI) não é sociedade, mas novo ente jurídico personificado".

Apesar disso, parece haver uma tendência em assimilar essa nova empresa individual instituída em lei à situação das sociedades empresárias e não empresárias (simples) para efeito da realização de seu registro, o que implica a possibilidade de sua constituição tanto perante o Registro Público das Empresas Mercantis como perante o Registro Civil de Pessoas Jurídicas. Dessa forma, se a EIRELI tiver característica *empresária*, o registro de seu ato constitutivo, para aquisição de personalidade jurídica, vai-se dar perante a Junta Comercial do respectivo Estado. Se tiver característica *simples* ou *não empresária* (aquelas que, por exemplo, visam a proporcionar o exercício de profissões regulamentadas – médicos, dentistas, engenheiros, arquitetos, contabilistas, esteticistas, terapeutas – com opção por uma atuação individualizada), o registro do ato constitutivo da EIRELI far-se-á perante o Registro Civil de Pessoas Jurídicas da circunscrição extrajudicial onde terá sede a empresa. Nesse sentido, também houve edição de enunciado na V Jornada de Direito Civil do CEJ-CJF, dispondo sobre o órgão registral competente:

> "**Enunciado n. 470** – Os atos constitutivos da EIRELI devem ser arquivados no registro competente, para fins de aquisição de personalidade jurídica. A falta de arquivamento ou de registro de alterações dos atos constitutivos configura irregularidade superveniente".

Além disso, em razão do regime legal conferido a essa nova concepção de empresa individual, há a possibilidade de *transformação de registro* de empresário individual em sociedade empresária (de acordo com suas várias formas contratuais), ou em empresa individual de responsabilidade limitada e vice-versa. Vale lembrar que, em tais hipóteses, admitida a possibilidade de constituição da EIRELI em mais de um órgão registral, poderá ocorrer o encerramento de registro na Junta Comercial e abertura de registro no Registro Civil de Pessoas Jurídicas, tendo em vista que o *empresário* (individual), por exemplo, deve ter registro obrigatório no Registro Público de Empresas Mercantis da sede onde atua (art. 967 do Código Civil).

Apesar de tudo, entendemos que esse assunto relativo ao registro de EIRELI pelo RCPJ, está apenas no início de uma ampla discussão temática porque verificamos que no Estado de São Paulo houve a alteração de suas Normas de Serviço dos Cartórios Extrajudiciais pelo Provimento CG n. 23/2013, para possibilitar o registro de EIRELI "simples" pelos oficiais do Registro Civil de Pessoas Jurídicas. Paralelamente a isso, verificou-se, no Rio Grande do Sul, um posicionamento diametralmente oposto a esse quando a Corregedoria-Geral de Justiça opôs-se, formalmente, a tal possibilidade conforme noticiou o Ofício n. 443/2012-CGJ-TJRS, de 12.3.2012, depois de aprovado o Parecer n. 894/2012, que resultou o indeferimento da pretensão apresentada pelo Colégio Registral do Rio Grande do Sul e pelo Instituto de Registro de Títulos e Documentos e Pessoas Jurídicas do Rio Grande do Sul (IRTDPJ-RS), para que fosse alterada a Consolidação Normativa Notarial e Registral gaúcha, de modo a permitir o registro de EIRELI pelos Registros Civis de Pessoas Jurídicas, no âmbito do Rio Grande do Sul. Posteriormente a isso, quando da aprovação de uma nova Consolidação Normativa Notarial e Registral para o Rio Grande do Sul (CNNR-RS), por meio do Provimento n. 001/2020 da Corregedoria-Geral de Justiça do RS, o instituto da "*EIRELI simples*" terminou por ser *aprovada* como empresa individual registrável no RCPJ, nos termos do que dispôs o art. 301, inciso I da nova Consolidação Normativa. Na nossa forma de ver, a natural dinâmica do mundo dos negócios vai demonstrando, aos poucos, a enorme conveniência de que seja possível tanto às Juntas Comerciais como aos Registros Civis de Pessoas Jurídicas o registro de EIRELI, de acordo com as características próprias de registrabilidade, perante cada um desses órgãos de registro de pessoas jurídicas.

Outro aspecto polêmico com relação às *empresas individuais de responsabilidade limitada* (EIRELI) é aquele relativo à admissão da possibilidade de que venham a ser constituídas não somente por pessoas naturais, mas também por *pessoas jurídicas*.

Ainda que as evidências existentes na própria legislação de regência da EIRELI levem a crer quanto à impossibilidade de a pessoa jurídica poder titulá-la, a controvérsia doutrinária é mantida. Entretanto, há que se levar em consideração que, uma vez autorizada essa possibilidade, cremos que ela se prestaria a funcionar como uma forma oficializada de burlar a limitação estabelecida pelo § 2º do art. 980-A do Código Civil: "a pessoa natural que constituir empresa individual de responsabilidade limitada somente poderá figurar em uma única empresa dessa modalidade".

Foi nesse sentido que a V Jornada de Direito Civil do CEJ/CJF aprovou seu Enunciado n. 467: "a empresa individual de responsabilidade limitada só poderá ser constituída por pessoa natural".

O Manual de Registro de Empresa Individual de Responsabilidade Limitada, Anexo III da Instrução Normativa DREI n. 81/2020, em seu item 3.1 (capacidade para ser titular de EIRELI), dispõe que pode ser titular de EIRELI, desde que não haja impedimento legal, a *pessoa jurídica nacional ou estrangeira, ainda que constituída sob a forma de EIRELI*, o que representa uma mudança de orientação em relação às normas que anteriormente adotava.

5.4.5.9 Sociedades de advogados

A sociedade de advogados era tradicionalmente conceituada como aquela que reúne advogados permitindo-lhes o exercício da advocacia em regime de colaboração recíproca, com divisão do trabalho e dos resultados patrimoniais auferidos no atendimento que os advogados a ela vinculados prestam aos clientes.[38]

Dentre suas muitas características destacam-se: a uniprofissionalidade, a racionalidade, o registro próprio e a responsabilidade solidária. A *uniprofissionalidade* está em que todos os sócios precisam ser advogados para poderem constituí-la. A *racionalidade* está na organização de todos para melhores resultados, pois não é a sociedade que presta o serviço, mas seus profissionais. O registro formal e próprio realizado perante o Conselho Seccional da OAB onde os advogados atuam e a responsabilidade destes, solidariamente à sociedade, pelos danos por eles causados, diferenciam suficientemente essa sociedade.

O *caput* do art. 15 da Lei nº 8.906/1994 (Estatuto da Advocacia) designava essa sociedade, até bem pouco tempo, como "sociedade civil" de prestação de serviços advocatícios. Entretanto, com o advento da Lei nº 13.247, de 12.1.2016, passaram a vigorar várias disposições que modificaram sensivelmente a disciplina relativa à tradicionalmente denominada *sociedade de advogados*. A nova redação desse dispositivo passou a dispor que "os advogados podem reunir-se em *sociedade simples* de prestação de serviços de advocacia ou constituir *sociedade unipessoal* de advocacia, na forma disciplinada nesta Lei e no regulamento geral".

Verifica-se, portanto que passamos a contar com a possibilidade de constituição de duas espécies distintas de sociedades de advogados: a *sociedade simples* e a *sociedade unipessoal* de advocacia. Aliás, esta última significa realmente a introdução da *unipessoalidade societária* no direito brasileiro, a qual havia inspirado a criação da EIRELI como espécie de pessoa jurídica de direito privado, mas que, afinal, terminou caracterizada como *empresa individual* e não como *sociedade unipessoal*, dadas às argumentações eminentemente teóricas que predominaram nas discussões doutrinárias havidas preliminarmente ao advento do inovador instituto jurídico.

---

38. SILVA, Walter G. Sociedade de advogados; conceito, características e livre exercício no Mercosul. *Juris Síntese* nº 36, jul/ago 2002.

A sociedade simples e a sociedade unipessoal de advocacia adquirem personalidade jurídica com a aprovação do *registro* de seus atos constitutivos no *Conselho Seccional* da Ordem dos Advogados do Brasil (OAB) em cuja base territorial essas sociedades estabelecerem sua sede, aplicando-se-lhes, no que couber, o Código de Ética e Disciplina da OAB, de acordo com o que preveem os parágrafos 1º e 2º do art. 15 da Lei nº 8.906/1994, com a redação dada pela Lei nº 13.247/2016).

No aspecto puramente registral, cabe observar que as sociedades de advogados são as únicas espécies de pessoas jurídicas de direito privado que não têm como órgão registral o Registro Civil de Pessoas Jurídicas ou o Registro Público de Empresas Mercantis (este último operado pelas Juntas Comerciais), de acordo com a disciplina prevista pelo Código Civil. Nesse sentido, aliás, o Estatuto da Advocacia, no § 3º do art. 16, estabelece proibição até mesmo de que os cartórios de registro civil de pessoas jurídicas e as juntas comerciais, possam fazer registro de *qualquer sociedade* que inclua, entre outras finalidades, a atividade de advocacia.

O *caput* do art. 16 do Estatuto da Advocacia estipula que não podem ser admitidas a registro, nem podem funcionar, todas as espécies de sociedades de advogados que apresentem forma ou características de sociedade empresária, que adotem denominação de fantasia, que realizem atividades estranhas à advocacia, que incluam como sócio ou titular de sociedade unipessoal de advocacia pessoa não inscrita como advogado ou que esteja proibida de advogar.

As sociedades de advogados devem observar, ainda, as disposições do Estatuto da Advocacia, apresentadas a seguir, para seu regular funcionamento.

- Nenhum advogado pode integrar mais de uma sociedade de advogados, constituir mais de uma sociedade unipessoal de advocacia, ou integrar, simultaneamente, uma sociedade de advogados e uma sociedade unipessoal de advocacia, com sede ou filial na mesma área territorial do respectivo Conselho Seccional (§ 4º do art. 15);
- Os advogados sócios de uma mesma sociedade profissional não podem representar em juízo clientes de interesses opostos (§ 6º do art. 15);
- A sociedade unipessoal de advocacia pode resultar da concentração, por um advogado, das quotas de uma sociedade de advogados, independentemente das razões que motivaram tal concentração (§ 7º do art. 15);
- O ato de constituição de *filial* de sociedade de advogados deve ser averbado no registro da sociedade e arquivado junto ao Conselho Seccional onde for instalada, ficando os sócios, inclusive o titular da sociedade unipessoal de advocacia, obrigados à inscrição suplementar na Seccional onde passarão a atuar (§ 5º do art. 15);
- As *procurações* devem ser outorgadas individualmente aos advogados e indicar a sociedade de que façam parte (§ 3º do art. 15);
- A *razão social* da sociedade de advogados deve conter, obrigatoriamente, o nome de, pelo menos, um advogado responsável pela sociedade, podendo permanecer o de sócio já falecido, desde que o ato constitutivo assim o permita (§ 1º do art. 16);
- O *licenciamento de sócio* da sociedade de advocacia, para exercer atividade incompatível com a advocacia em caráter temporário, deve ser averbado no registro da sociedade, não alterando sua constituição (§ 2º do art. 16);

- A *denominação* da sociedade unipessoal de advocacia deve ser obrigatoriamente formada pelo nome do seu titular, completo ou abreviadamente, acompanhado da expressão "Sociedade Individual de Advocacia" (§ 4º do art. 16);

Quanto à *responsabilidade civil profissional*, estabelece o art. 17 do Estatuto da Advocacia que, além da sociedade, os sócios e o titular da sociedade individual de advocacia respondem subsidiária e ilimitadamente pelos danos causados aos clientes, tanto por ação como por omissão, no exercício da advocacia, sem prejuízo da responsabilidade disciplinar em que possam ter incorrido.

Os arestos abaixo colacionados ilustram aspectos peculiares da sociedade de advogados:

> [...] "SOCIEDADES CIVIS PRESTADORAS DE SERVIÇOS DE ADVOCACIA – REGISTRO NO REGISTRO CIVIL DE PESSOAS JURÍDICAS [...] 2. A impetrante preenche todos os requisitos descritos pela norma, embora não tenha registro no Registro Civil de Pessoas Jurídicas, já que se sujeita ao exclusivo registro na forma dos arts. 15 e 16 da Lei 8.906/94." [...] (TRF 1ª R. – AMS 200334000200367 – DF – 8ª T. – Rel. Des. Maria do Carmo Cardoso – DJU 26.8.2005 – p. 156).
>
> "SOCIEDADE DE ADVOGADOS – Estatuto e alterações sociais registrados na OAB (Lei 8.906, arts. 15 a 17) e CC (arts. 997 e 999). Sócio minoritário que se retira. Relação de emprego inexistente. Os elementos formadores do contrato de trabalho – Pessoalidade, continuidade, subordinação jurídica e onerosidade – São também comuns a certos contratos civis, sobretudo à sociedade de advogados, quando profissionais se juntam com finalidade lucrativa. A única distinção importante é quanto à subordinação jurídica, que no Direito do Trabalho relaciona o empregado à figura do empregador, ao passo que nas sociedades constituídas a subordinação do sócio se dá ao estatuto, ao contrato ou às Leis, e não à sociedade. Não há relação de emprego entre o advogado e a sociedade de advogados da qual fez parte, ainda que na condição de sócio minoritário." (TRT 2ª R. – RO 01010-2002-031-02-00 – (20050744148) – 9ª T. – Rel. p/o Ac. Juiz Luiz Edgar Ferraz de Oliveira – DOESP 27.9.2005).
>
> "PROCESSUAL CIVIL – SOCIEDADE DE ADVOGADOS – [...] MANDATO OUTORGADO AO ADVOGADO – ALVARÁ DE LEVANTAMENTO EM NOME DA SOCIEDADE – IMPOSSIBILIDADE – LEI 8.906/94, ARTIGO 15, § 3º, DA LEI 8.906/94 – 1- Os serviços advocatícios não se consideram prestados pela sociedade na hipótese em que a procuração não contém qualquer referência à mesma, impedindo, portanto, que o levantamento da verba honorária seja feito em nome da pessoa jurídica com seus efeitos tributários diversos daqueles que operam quando o quantum é percebido *uti singuli* pelo advogado. Precedentes do STJ: AgRg no Prc 769/DF, CORTE ESPECIAL, DJe 23/03/2009. AGRG NO AG 1252853/DF, PRIMEIRA TURMA, DJE 15/06/2010 – E AGRG NO RESP 918.642/SP, SEXTA TURMA, DJE 31/08/2009 – 2- O artigo 15, § 3º, da Lei 8.906/94 (Estatuto da Advocacia), determina que, no caso de serviços advocatícios prestados por sociedade de advogados, as procurações devem ser outorgadas individualmente aos causídicos e indicar a sociedade de que façam parte. ..." (STJ – AgRg-ED-REsp 1.114.785 – (2010/0141720-2) – C. Esp. – Rel. Min. Luiz Fux – DJe 19.11.2010).

5.4.6 Situações especiais relativas a pessoas jurídicas

5.4.6.1 OSCIP

O termo "OSCIP", que significa "Organização da Sociedade Civil de Interesse Público", não é designativo de determinada *espécie* de pessoa jurídica de direito privado daquelas não nominadas no rol constante do art. 44 do Código Civil.

Trata-se, essa designação, de uma *qualificação* que pode ser atribuída a qualquer espécie de pessoa jurídica de direito privado *sem fins lucrativos*, assim entendida aquela que não distribua, entre os seus sócios ou associados, conselheiros, diretores, empregados ou doadores, eventuais excedentes operacionais, brutos ou líquidos, dividendos, bonificações, participações ou parcelas do seu patrimônio, auferidos mediante o exercício de suas atividades, aplicando-os integralmente na consecução do respectivo objeto social, desde que seus objetivos sociais e normas estatutárias atendam aos requisitos instituídos pela Lei n. 9.790, de 23-3-1999, regulamentados na forma do Decreto n. 3.100, de 30-6-1999.

Podem qualificar-se como Organizações da Sociedade Civil de Interesse Público as pessoas jurídicas de direito privado sem fins lucrativos que tenham sido constituídas e se encontrem em funcionamento regular há, no mínimo, 3 (três) anos, desde que os respectivos objetivos sociais e normas estatutárias atendam aos requisitos instituídos na Lei nº 9.790/99, (art. 1º da Lei 9.790, com a redação modificada pela Lei nº 13.019, de 31-7-2014).

Essa *qualificação* consiste no reconhecimento, por meio de um ato administrativo *vinculado*, atualmente atribuído ao Ministério da Justiça, de que a organização que assim pretende qualificar-se cumpre os requisitos instituídos pela referida lei, o que significa que, uma vez atendidos esses requisitos, a autoridade administrativa competente não pode, a seu talante, negar à instituição requerente a qualificação como OSCIP, salvo nas hipóteses indicadas no § 3º do art. 6º da Lei n. 9.790/99.

Os *requisitos* exigíveis estão estabelecidos nos arts. 2º, 3º e 4º da Lei n. 9.790/99.

O art. 2º da Lei n. 9.790/99 estabelece quais as organizações que não se podem qualificar como OSCIP, tais sejam:

a) as sociedades comerciais;

b) os sindicatos, as associações de classe ou de representação de categoria profissional;

c) as instituições religiosas ou voltadas para a disseminação de credos, cultos, práticas e visões devocionais e confessionais;

d) as organizações partidárias e assemelhadas, inclusive suas fundações;

e) as entidades de benefício mútuo destinadas a proporcionar bens ou serviços a um círculo restrito de associados ou sócios;

f) as entidades e empresas que comercializam planos de saúde e assemelhados;

g) as instituições hospitalares privadas não gratuitas e suas mantenedoras;

h) as escolas privadas dedicadas ao ensino formal não gratuitas e suas mantenedoras;

i) as organizações sociais;

j) as cooperativas;

k) as fundações públicas;

l) as fundações, sociedades civis ou associações de direito privado criadas por órgão público ou por fundações públicas;

m) as organizações creditícias que tenham qualquer tipo de vinculação com o sistema financeiro nacional a que se refere o art. 192 da Constituição Federal.

Estabeleceu a Lei n. 13.999, de 18 de maio de 2020, ao acrescentar o parágrafo único ao art. 2º da Lei n. 9.790/99, que não constituem impedimento à qualificação como Organização da Sociedade Civil de Interesse Público (OSCIP) as *operações destinadas a microcrédito* realizadas com instituições financeiras na forma de recebimento de repasses, venda de operações realizadas ou atuação como mandatárias.

O art. 3º da Lei n. 9.790/99 estabelece as *finalidades* (pelo menos uma delas deve ser desenvolvida) a que os *objetivos sociais* da organização candidata a OSCIP devem dedicar-se, tais sejam:

a) promoção da assistência social;

b) promoção da cultura, defesa e conservação do patrimônio histórico e artístico;

c) promoção gratuita da educação, observando-se a forma complementar de participação das organizações de que trata esta Lei;

d) promoção gratuita da saúde, observando-se a forma complementar de participação das organizações de que trata esta Lei;

e) promoção da segurança alimentar e nutricional;

f) defesa, preservação e conservação do meio ambiente e promoção do desenvolvimento sustentável;

g) promoção do voluntariado;

h) promoção do desenvolvimento econômico e social e combate à pobreza;

i) experimentação, não lucrativa, de novos modelos socioprodutivos e de sistemas alternativos de produção, comércio, emprego e crédito;

j) promoção de direitos estabelecidos, construção de novos direitos e assessoria jurídica gratuita de interesse suplementar;

k) promoção da ética, da paz, da cidadania, dos direitos humanos, da democracia e de outros valores universais;

l) estudos e pesquisas, desenvolvimento de tecnologias alternativas, produção e divulgação de informações e conhecimentos técnicos e científicos que digam respeito às atividades mencionadas no art. 3º da Lei n. 9.790/99.

m) estudos e pesquisas para o desenvolvimento, a disponibilização e a implementação de tecnologias voltadas à mobilidade de pessoas, por qualquer meio de transporte. (atividade acrescentada pela Lei nº 13.019, de 31.7.2014).

O art. 4º, por fim, estabelece os requisitos estatutários a serem atendidos pelas organizações que se interessam em credenciar-se como OSCIP, devendo dispor expressamente sobre:

a) a observância dos princípios da legalidade, impessoalidade, moralidade, publicidade, economicidade e da eficiência;

b) a adoção de práticas de gestão administrativa, necessárias e suficientes a coibir a obtenção, de forma individual ou coletiva, de benefícios ou vantagens pessoais, em decorrência da participação no respectivo processo decisório;

c) a constituição de conselho fiscal ou órgão equivalente, dotado de competência para opinar sobre os relatórios de desempenho financeiro e contábil, e sobre as operações patrimoniais realizadas, emitindo pareceres para os organismos superiores da entidade;

d) a previsão de que, em caso de dissolução da entidade, o respectivo patrimônio líquido será transferido a outra pessoa jurídica qualificada nos termos desta Lei, preferencialmente que tenha o mesmo objeto social da extinta;

e) a previsão de que, na hipótese de a pessoa jurídica perder a qualificação instituída por esta Lei, o respectivo acervo patrimonial disponível, adquirido com recursos públicos durante o período em que perdurou aquela qualificação, será transferido a outra pessoa jurídica qualificada nos termos desta Lei, preferencialmente que tenha o mesmo objeto social;

f) a possibilidade de se instituir remuneração para os dirigentes da entidade que atuem efetivamente na gestão executiva e para aqueles que a ela prestam serviços específicos, respeitados, em ambos os casos, os valores praticados pelo mercado, na região correspondente a sua área de atuação;

g) as normas de prestação de contas a serem observadas pela entidade, que determinarão, no mínimo:

- a observância dos princípios fundamentais de contabilidade e das Normas Brasileiras de Contabilidade;
- 2) que seja dada publicidade, no encerramento do exercício fiscal, ao relatório de atividades e às demonstrações financeiras da entidade, incluindo-se as certidões negativas de débitos junto ao INSS e ao FGTS, colocando-os à disposição para exame de qualquer cidadão;
- 3) a realização de auditoria, inclusive por auditores independentes, da aplicação dos eventuais recursos objeto do termo de parceria, conforme previsto em regulamento;
- 4) a prestação de contas de todos os recursos e bens de origem pública recebidos pelas OSCIP será feita de acordo com o parágrafo único do art. 70 da Constituição da República.

Autoriza, ainda, o parágrafo único do art. 4º da Lei n. 9.790/99, de acordo com a redação dada pela Lei n. 13.019/2014, ser permitida a participação de servidores públicos na composição de conselho ou diretoria de Organização da Sociedade Civil de Interesse Público.

Atendidos os requisitos dos arts. 3º e 4º da Lei n. 9.790/99, a pessoa jurídica de direito privado sem fins lucrativos, interessada em obter a qualificação como OSCIP, deverá formular requerimento ao Ministério da Justiça, instruído com os documentos a que se referem os incisos I a V do art. 5º da referida lei.

Uma vez obtida a qualificação como Organização da Sociedade Civil de Interesse Público, a instituição assim credenciada poderá firmar *termo de parceria* com o Poder Público para o estabelecimento de cooperação na execução de atividades de interesse público previstas no art. 3º da Lei n. 9.790/99, o que possibilita o recebimento de recursos públicos para a consecução finalística dessas atividades, submetido, seu emprego, à fiscalização dos respectivos órgãos da Administração Pública, dos Tribunais de Contas e do Ministério Público.

Estabelecida a parceria com o Poder Público, nos termos do art. 14 da lei de regência das OSCIP, a organização fará publicar regulamento próprio, contendo os procedimentos que adotará na realização de compras e de contratação de obras e serviços com utilização de recursos públicos, observados os princípios da legalidade, impessoalidade, moralidade, publicidade, economicidade e da eficiência, que regem a Administração Pública, e, na hipótese de a organização parceira vir a adquirir bem imóvel com recursos provenientes do termo de parceria, este será gravado com cláusula de inalienabilidade.

A perda de condição de OSCIP pode-se verificar tanto a pedido da organização assim credenciada como mediante decisão proferida em processo administrativo ou judicial de iniciativa popular – vedado o anonimato – ou do Ministério Público, no qual serão assegurados ampla defesa e o princípio do contraditório (arts. 7º e 8º da Lei n. 9.790/99).

5.4.6.2 Serviços sociais autônomos

Na lição de Hely Lopes Meirelles, os *serviços sociais autônomos* são aqueles instituídos por lei, com personalidade jurídica de direito privado, sem fins lucrativos, destinados a ministrar assistência ou ensino a certas categorias sociais ou grupos profissionais, sendo mantidos por dotações orçamentárias ou contribuições parafiscais.[39]

Sua natureza é *paraestatal*, atuando em cooperação com o Poder Público, constituindo uma criação jurídica genuinamente brasileira. São organizações dotadas de patrimônio e administração próprios, com estrutura e organização peculiares e, ainda que oficializadas pelo Estado, não integram a Administração Pública, regendo-se por normas de direito privado, com as adaptações especificadas nas leis que as instituem e organizam.

Não prestam serviço público delegado pelo Estado, mas desenvolvem atividades privadas de interesse público, as quais estão concentradas nas áreas de assistência social, formação profissional e educação para o trabalho, além de promoverem ações de fomento nos setores econômicos aos quais estão vinculadas.

Integram essa categoria organizacional os diversos serviços sociais da indústria, do comércio e de outros setores econômicos, já tradicionalmente denominado "Sistema S" (SESI, SESC, SENAI, SENAC, SEST, SENAT, SEBRAE, SENAR, SESCOOP).

A criação de tais entidades depende de lei que expressamente autorize as respectivas Confederações Nacionais a fazê-lo; como é o caso do SESI, cuja criação foi autorizada à Confederação Nacional da Indústria pelo Decreto-lei n. 9.403/46, e do SESC, cuja criação foi autorizada à Confederação Nacional do Comércio pelo Decreto-lei n. 9.853/46.

Acerca de seus aspectos organizacionais, administrativos e registrais peculiares, somente para ilustrar com o exemplo de uma das mais antigas dessas instituições, po-

---

39. MEIRELLES, Hely Lopes. *Direito administrativo brasileiro*, p. 335.

demos apresentar o que dispõe o Decreto n. 57.375/65 – Regulamento do Serviço Social da Indústria (SESI):

> Art. 9º O Serviço Social da Indústria é uma instituição de direito privado, com sede e foro jurídico na Capital da República, cabendo à Confederação Nacional da Indústria inscrever-lhe os atos constitutivos e suas eventuais alterações no registro público competente. *(Redação alterada pelo Decreto n. 58.512/66.)*
>
> Art. 10. Os dirigentes e prepostos do SESI, embora responsáveis, administrativa, civil e criminalmente, pelas malversações que cometerem, não respondem individualmente pelas obrigações da entidade.
>
> Art. 11. As despesas do SESI serão custeadas por uma contribuição mensal das empresas das categorias econômicas da indústria, dos transportes, das comunicações e da pesca, nos termos da lei.
>
> Art. 12. No que concerne a orçamento e prestação de contas da gestão financeira, a entidade, além das exigências da sua regulamentação específica, está adstrita ao disposto nos arts. 11 e 13 da Lei n. 2.613, de 28 de setembro de 1955.
>
> Parágrafo único. Os bens e serviços do SESI gozam da mais ampla isenção fiscal, na conformidade do que rezam os arts. 12 e 13 da lei citada.
>
> Art. 13. O SESI, sob regime de unidade normativa e de descentralização executiva, atuará em íntima colaboração e articulação com os estabelecimentos contribuintes, através dos respectivos órgãos de classe, visando à propositura de um sistema nacional de serviço social com uniformidade de objetivos e de planos gerais, adaptável aos meios peculiares às várias regiões do país.
>
> Art. 14. O Serviço Social da Indústria manterá relações permanentes com a Confederação Nacional da Indústria, no âmbito nacional, e com as federações de indústrias, no âmbito regional, colimando um melhor rendimento dos objetivos comuns e da solidariedade entre empregadores e empregados, em benefício da ordem e da paz social, o mesmo ocorrendo com as demais entidades sindicais representadas no Conselho Nacional de nos conselhos regionais.
>
> Parágrafo único. Conduta igual manterá o SESI com o Serviço Nacional de Aprendizagem Industrial (SENAI) e instituições afins, no atendimento de idênticas finalidades.

Em razão da peculiaridade paraestatal que lhes confere natureza jurídica singular, surgem, naturalmente, em relação aos serviços sociais autônomos, algumas divergências em torno do regime jurídico ao qual se devem submeter. Esse regime, afinal, termina por constituir um híbrido entre privado e público, requerendo grande especialização para seu estudo.

Discute-se amplamente, por exemplo, a aplicabilidade, em relação a eles, do regime de licitações públicas, instituído pela Lei n. 8.666/93. Não menos discrepante é a opinião acerca da natureza das subvenções auferidas, em razão de lei, por esses órgãos, para a realização de suas finalidades e também quanto à aplicabilidade de regras assimiladas ao concurso público para a contratação de seu pessoal.

Assim, os denominados *serviços sociais autônomos* são organizações constituídas como pessoas jurídicas *de direito privado* mediante *registro* no RCPJ, após legalmente autorizada sua criação.

5.4.6.3 Entidades de previdência complementar

A *previdência privada complementar* é prevista no art. 202 da Constituição:

> Art. 202. O regime de previdência privada, de caráter complementar e organizado de forma autônoma em relação ao regime geral de previdência social, será facultativo, baseado na constituição de reservas que garantam o benefício contratado, e regulado por lei complementar.

A previdência privada complementar não tem qualquer vinculação com o regime geral de previdência social, baseando-se na formação de reservas financeiras, de maneira voluntária, por meio dos respectivos planos de previdência. Esse regime baseia-se no recolhimento continuado de valores a uma conta vinculada ao participante do plano, visando à capitalização ao longo do tempo.

A previdência complementar tem caráter eminentemente contratual, no qual os patrocinadores e instituidores voluntariamente oferecem planos de previdência a seus empregados ou associados, para ingresso e permanência facultativa pelos participantes. As cláusulas desses contratos estão expressas nos regulamentos dos planos de benefícios aos quais os participantes aderem, não podendo discuti-las livremente com a entidade de previdência complementar que administra os planos, caracterizando-se, pois, como *contrato de adesão*.

Esse regime previdenciário instituído pelo *caput* do art. 202 da Constituição foi regulamentado pela Lei Complementar n. 109, de 29 de maio de 2001, na forma como prevê a Constituição.

O regime de previdência complementar é desenvolvido por meio de dois segmentos distintos: o das entidades abertas e o das entidades fechadas de previdência privada (também chamadas de "*fundos de pensão*").

A previdência complementar *aberta* pode ser contratada por qualquer pessoa e é operada por empresas, cujo tipo societário deverá ser, necessariamente, o de *sociedade anônima*, em razão de sua finalidade econômica que visa ao lucro. Sua constituição e funcionamento dependem de prévia e expressa aprovação do órgão fiscalizador, bem como as disposições de seus estatutos e as respectivas alterações (Lei Complementar n. 109/2001, art. 38, I). A fiscalização sobre as entidades abertas é incumbida ao Conselho Nacional de Seguros Privados (CNSP), e a fiscalização do setor é incumbida à Superintendência de Seguros Privados (SUSEP).

A previdência complementar *fechada* é destinada a grupos específicos, que precisam ter uma relação de trabalho, de classe ou associativa.

Se o vínculo for de trabalho, haverá a figura do *patrocinador*, que pode custear sozinho o plano previdenciário ou com o concurso dos participantes. Os patrocinadores são pessoas jurídicas de direito privado ou de direito público que decidem oferecer um plano de previdência complementar a seus empregados ou servidores. A condição de *patrocinador* de um plano de benefícios é formalizada mediante um vínculo contratual com a entidade de previdência, denominado "*convênio de adesão*". Os *patrocinadores* podem ser empresas ou grupos de empresas (Lei Complementar n. 109/2001, art. 31, I) e, também, entes públicos como a União, Estados, Distrito Federal e Municípios, inclusive suas autarquias, fundações, sociedades de economia mista e empresas controladas direta ou indiretamente pelo poder público (Constituição, art. 202, § 4º, e Lei Complementar n. 108, de 29 de maio de 2001, que regulamenta especificamente esse dispositivo constitucional).

As entidades *fechadas* de previdência privada complementar devem ser constituídas sob a forma de *fundação* ou *sociedade civil* sem fins lucrativos (esta última denominação

– sociedade civil sem fins lucrativos – corresponde, na terminologia do Código Civil de 2002, a "*associação*"), nos termos do que dispõe o § 1º do art. 31 da Lei Complementar nº 109/2001. A constituição dessas entidades *fechadas* de previdência complementar depende de *prévia autorização* do órgão regulador e fiscalizador (art. 33 da Lei Complementar nº 109/2001). O órgão fiscalizador das atividades das entidades fechadas de previdência complementar é a Superintendência Nacional de Previdência Complementar – PREVIC, criada pela Lei nº 12.154/2009, que teve seu regimento interno aprovado pela Portaria nº 183/2010 do Ministério da Previdência Social (DOU de 27.4.2010). O órgão *normativo* do regime de previdência complementar operado pelas entidades fechadas passou a ser o Conselho Nacional de Previdência Complementar – CNPC.

Dessa forma, como já referido anteriormente, quando tais entidades *fechadas* de previdência privada complementar forem constituídas como *fundações*, elas não estão submetidas à ação fiscalizadora do Ministério Público, mas ao órgão fiscalizador do setor da previdência complementar (PREVIC), conforme excepciona o art. 72 da Lei Complementar nº 109/2001.

Se o vínculo dos participantes for *associativo* com a pessoa jurídica que instituir o plano previdenciário, fala-se em *instituidor*, e não em patrocinador. Os *instituidores* são pessoas jurídicas de caráter profissional, classista ou setorial (Lei Complementar n. 109/2001, art. 31, II), assim especificados nos termos da Resolução CGPC n. 12, de 17 de setembro de 2002 (*DOU* de 18 de setembro de 2002):

- os conselhos profissionais e entidades de classe nos quais seja necessário o registro para o exercício da profissão;
- os sindicatos, as centrais sindicais e as respectivas federações e confederações;
- as cooperativas que congreguem membros de categorias ou classes de profissões regulamentadas;
- as associações profissionais, legalmente constituídas;
- outras pessoas jurídicas de caráter profissional, classista ou setorial, autorizadas pelo órgão fiscalizador.

Especificamente em relação às entidades fechadas de previdência privada complementar, houve a edição, pela Secretaria de Previdência Complementar, da Portaria SPC n. 2, de 8 de janeiro de 2004 (*DOU* de 9 de janeiro de 2004), dispondo sobre a não obrigatoriedade de que essas entidades promovessem as adaptações de seus estatutos na forma que determinara o art. 2.031 da Lei n. 10.406/2002 (Código Civil), o que provocou alguns questionamentos, entre registradores de pessoas jurídicas, no sentido de que essa excepcionalidade, para que tivesse validade, deveria ser *autorizada por lei*, e não por simples norma administrativa. Entretanto, há que se reconhecer que o próprio Código Civil, de acordo com as disposições de seu art. 2.033, já excepcionara a aplicação das novas normas codificadas quanto ao que estivesse regulado por meio de *lei especial*, no tocante a modificações dos atos constitutivos das pessoas jurídicas a que se refere seu art. 44 – como é o caso da Lei Complementar n. 109/2001 –, que regula o regime jurídico da previdência complementar, antes mesmo da edição do Código Civil, em substituição à Lei n. 6.435/77, por força do estabelecido pelo art. 202 da Constituição.

5.4.6.4 Entidades esportivas

O desporto, no país, tem sua regulação instituída nos termos da Lei n. 9.615, de 24 de março de 1998, também denominada "Lei Pelé" em razão de ter sido proposta quando o Sr. Edson Arantes do Nascimento exercia o cargo de Ministro do Esporte. Essa lei significou um grande avanço na disciplina das relações entre atletas e as instituições esportivas e na organização do sistema nacional do desporto.

Desde sua proposição, entretanto, houve aspectos muito polêmicos que se destacaram na regulação do entrechoque de interesses existentes no setor, especialmente pelo que decorre das relações entre atletas profissionais e as organizações esportivas em que atuam, em especial naquelas que investem na sua formação. Alguns consensos foram possíveis, e outros somente foram atingidos ao longo do tempo, com o aperfeiçoamento do texto legal original.

De acordo com o art. 13 da Lei n. 9.615/98, o Sistema Nacional do Desporto congrega as pessoas físicas e jurídicas de direito privado, com ou sem fins lucrativos, encarregadas da coordenação, administração, normatização, apoio e prática do desporto, bem como as incumbidas da Justiça Desportiva, tendo por finalidade promover e aprimorar as práticas desportivas de rendimento.

As entidades de prática desportiva e as entidades de administração do desporto, bem como as ligas, são pessoas jurídicas de direito privado, com organização e funcionamento autônomo, e têm as competências definidas em seus estatutos (art. 16), podendo filiar-se, em cada modalidade, à entidade de administração do desporto integrante do Sistema Nacional, bem como à correspondente entidade de administração do desporto de um dos sistemas regionais (art. 21).

De acordo com o art. 23 da Lei n. 9.615/98, os *estatutos* das entidades de administração do desporto, elaborados de conformidade com a referida lei, deverão obrigatoriamente regulamentar, no mínimo:

I – instituição do Tribunal de Justiça Desportiva, nos termos da Lei n. 9.615/1998;

II – inelegibilidade, por dez anos, de seus dirigentes para desempenho de cargos e funções eletivas ou de livre nomeação de: *(Redação alterada pela Lei nº 13.155, de 4.8.2015)*

a) condenados por crime doloso em sentença definitiva;

b) inadimplentes na prestação de contas de recursos públicos em decisão administrativa definitiva;

c) inadimplentes na prestação de contas da própria entidade;

d) afastados de cargos eletivos ou de confiança de entidade desportiva ou em virtude de gestão patrimonial ou financeira irregular ou temerária da entidade;

e) inadimplentes das contribuições previdenciárias e trabalhistas;

f) falidos;

III – a garantia de representação, com direito a voto, da categoria de atletas e entidades de prática esportiva das respectivas modalidades, no âmbito dos órgãos e conselhos técnicos incumbidos da aprovação de regulamentos das competições. *(Inciso acrescentado pela Lei nº 13.155, de 4.8.2015)*,

Independentemente de previsão estatutária, é obrigatório o afastamento preventivo e imediato dos dirigentes, eleitos ou nomeados, caso incorram em qualquer das hipóteses do inciso II do caput deste artigo, assegurados o processo regular e a ampla defesa para a destituição, (de acordo com o que dispõe o § 1º do art. 23, com a redação dada pela Lei nº 13.155, de 4.8.2015). De acordo com o § 2º do art. 23 da Lei n. 9.615/98, acrescido pela Lei nº 13.155, de 4.8.2015, os representantes dos atletas de que trata o inciso III do caput do mesmo artigo, deverão ser escolhidos pelo voto destes, em eleição direta, organizada pela entidade de administração do desporto, em conjunto com as entidades que os representem, observando-se, quanto ao processo eleitoral, o disposto no art. 22 da Lei n. 9.615.

Dentre os movimentos de ideias que influenciaram o aperfeiçoamento da legislação do desporto, contou-se com a edição de algumas medidas provisórias, sendo que a última editada a esse respeito (Medida Provisória n. 79/2002) foi convertida na Lei n. 10.672/2003, procurando disciplinar, principalmente, a questão do *esporte profissional*, proclamando que "a organização desportiva do país, fundada na *liberdade de associação*, integra o patrimônio cultural brasileiro e é considerada de elevado interesse social" (§ 2º do art. 4º) e que "a exploração e a gestão do *desporto profissional* constituem exercício de atividade econômica", sujeitando-se à observância dos seguintes princípios:

a) da transparência financeira e administrativa;

b) da moralidade na gestão desportiva;

c) da responsabilidade social de seus dirigentes;

d) do tratamento diferenciado em relação ao desporto não profissional; e

e) da participação na organização desportiva do país.

Relativamente à exploração e gestão do desporto profissional, dentre as principais finalidades da reforma legal promovida, está o estabelecimento de que as entidades de prática desportiva participantes de competições profissionais e as entidades de administração de desporto ou ligas em que se organizem, independentemente da forma jurídica adotada, sujeitam os bens particulares de seus dirigentes ao disposto no art. 50 da Lei n. 10.406, de 10 de janeiro de 2002, o que autoriza a aplicação da teoria da desconsideração da personalidade jurídica nos casos de abuso, fazendo com que a responsabilidade patrimonial seja estendida aos bens particulares dos dirigentes. Além disso, autorizou a aplicação das sanções e responsabilidades previstas no *caput* do art. 1.017 do Código Civil, o que estabelece que o administrador que atuar, sem consentimento escrito dos sócios, na aplicação de créditos ou bens sociais em proveito próprio ou de terceiros, terá de restituí-los à sociedade, ou pagar o equivalente, com todos os lucros resultantes da operação (e, havendo prejuízos, por eles também responderá), na hipótese de que venham a aplicar créditos ou bens sociais da entidade desportiva em proveito próprio ou de terceiros (art. 27 da Lei n. 9.615/98 com a redação dada pela Lei n. 10.672/2003).

São consideradas *entidades desportivas profissionais*, para os fins legais, as entidades de prática desportiva envolvidas em competições de atletas profissionais, as ligas em que se organizarem e as entidades de administração de desporto profissional, sendo-lhes facultado, nos termos do § 9º do art. 27 da Lei n. 9.615/98, que se possam constituir regularmente como *sociedades empresárias*, segundo um dos tipos regulados nos arts. 1.039 a 1.092 do Código Civil.

Nos termos do § 11 do mesmo art. 27, os administradores de entidades desportivas profissionais respondem solidária e ilimitadamente pelos atos ilícitos praticados, de gestão temerária ou contrários ao previsto no contrato social ou estatuto, nos termos da Lei nº 10.406, de 10 de janeiro de 2002 – Código Civil.

Pelo que se observa das disposições legais examinadas, as entidades desportivas profissionais ou não profissionais admitem constituição por meio dos mais variados formatos jurídicos de direito privado.

Quanto àquelas que exploram o desporto profissional, que vão desde as pessoas jurídicas de direito privado desprovidas de finalidade econômico-lucrativa até aquelas de finalidade especificamente econômica – estas últimas sob a forma de sociedades simples ou de sociedades empresárias –, apesar de estabelecer a lei que "a exploração e a gestão do *desporto profissional* constituem exercício de atividade econômica" (parágrafo único do art. 2º da Lei n. 9.615/98, com a redação dada pela Lei n. 10.672/2003), evidencia-se que essa *atividade econômica* pode ser desempenhada irrestritamente por quaisquer das espécies de pessoas jurídicas autorizadas à referida exploração, tenham ou não, especificamente, *fins econômicos*.

Assim, nas primeiras, há o exercício de *atividade econômica por organização cuja finalidade é não econômica*, o que significa que os resultados econômicos auferidos no exercício dessa atividade devem reverter inteiramente à realização da destinação finalística da própria agremiação, ao passo que nas demais há a possibilidade de que tais resultados sejam repartidos entre os sócios enquanto lucros privados resultantes da atividade.

5.4.6.5 Ordens e conselhos profissionais

As ordens ou conselhos de fiscalização do exercício de atividades profissionais regulamentadas sempre tiveram sua natureza jurídica controvertida no direito brasileiro, classificando-se, tradicionalmente, como *autarquias corporativas*, autarquias de regime especial ou quase autarquias, dada a sua finalidade institucional marcadamente de interesse público, na fiscalização normativa, ética e disciplinar em relação ao exercício das profissões regulamentadas, em defesa dos interesses maiores da sociedade, constituindo aquilo que Odete Medauar denominou "polícia das profissões",[40] em alusão a seu exercício de poder administrativo de polícia, característico aos órgãos do Poder Público.

A Lei n. 9.649/98, que disciplinou a organização do Poder Executivo, resultante da conversão de uma série de Medidas Provisórias reeditadas, procurou estabelecer uma nova caracterização a essas entidades de fiscalização profissional, por meio das disposições de seu art. 58, que lhes procurou retirar a característica autárquica, submetendo-as a um novo regime jurídico, ao afirmar serem dotadas de personalidade jurídica de direito privado e que exerceriam suas atividades em regime privado, mediante delegação do poder público, ficando fora dessa situação legal somente a Ordem dos Advogados do Brasil.

---

40. MEDAUAR, Odete. Nova configuração dos conselhos de profissionais. *Revista dos Tribunais* n. 751, São Paulo: RT, 1999, p. 28.

Entretanto, em razão de decisão proferida pelo Supremo Tribunal Federal na Ação Direta de Inconstitucionalidade n. 1.717, publicada em 22 de abril de 2003, os Conselhos e Ordens de fiscalização do exercício profissional retomaram sua condição de pessoas jurídicas de direito público, como autarquias integrantes da Administração Pública, mas prestadoras de serviços descentralizados, em razão da declaração de inconstitucionalidade do *caput* do art. 58 da Lei n. 9.649/98 e seus parágrafos, exceto o § 3º, que atribuía o regime da legislação trabalhista aos empregados dos Conselhos e Ordens. Assim, não só em razão dessa peculiaridade, mas de outras tantas derivadas de suas leis instituidoras, volta-se à velha lição do insigne mestre Hely Lopes Meirelles de que são *autarquias de regime especial*.[41]

Esse regime especial, conforme refere Anadyr de Mendonça Rodrigues, além de conferir a essas entidades "personalidade jurídica, patrimônio e receita próprios para executar as atividades de fiscalização do exercício profissional, não se acham sob o controle político do Estado, pois não possuem os nomes de seus administradores aprovados pelo Poder competente, nem se submetem ao controle financeiro, uma vez que são custeadas com recursos obtidos das contribuições de seus filiados, não auferindo qualquer subvenção ou dotação orçamentária dos cofres de qualquer das pessoas jurídicas de capacidade política do Estado".[42]

Após o advento do Código Civil de 2002, restaram qualificadas, de acordo com o abalizado entendimento do CEJ/CJF, como "pessoas jurídicas de direito público às quais foi dada estrutura de direito privado", nos termos do parágrafo único do art. 41, de acordo com o Enunciado n. 141, aprovado na III Jornada de Direito Civil, que as nominou como "*entes de fiscalização do exercício profissional*". Veja-se que a *classificação* realizada tanto pela lei civil como pelo enunciado interpretativo mantém essas organizações numa condição mais de *gênero* do que de *espécie* jurídica, em razão da natural dificuldade de definir-lhes uma "taxonomia" adequada.

A Comissão Nacional de Classificação (Concla) da Fundação Instituto Brasileiro de Geografia e Estatística (IBGE) classifica as entidades de fiscalização do exercício profissional (conselhos federais e regionais), inclusive a Ordem dos Advogados do Brasil (OAB), como compreendidas na *natureza jurídica* de "Autarquia Federal" (código 110-4), relativamente às quais há entendimento de que seriam de *registro facultativo* em RCPJ, para que possam ter como averbar todos os atos de seu interesse, inclusive livros, para apresentação aos Tribunais de Contas.[43]

5.4.6.6 *Microempresa (ME) e Empresa de Pequeno Porte (EPP)*

A condição de Microempresa (ME) ou de Empresa de Pequeno Porte (EPP) não constitui determinada espécie de pessoa jurídica de direito privado. Essa condição pode

---
41. MEIRELLES, Hely Lopes. *Direito administrativo brasileiro*, p. 309.
42. RODRIGUES, Anadyr de M. O regime jurídico dos servidores das entidades de fiscalização do exercício profissional. *Revista de Direito do Trabalho* n. 90, São Paulo: RT, 1999, p. 5.
43. Critério adotado pela *Central RCPJ* do Estado do Rio de Janeiro (https://centralrcpj.com.br/pessoas-juridicas), acesso em 27.10.2020.

ser atribuída ao empresário individual, às sociedades simples, sociedades empresárias e empresas individuais de responsabilidade limitada, devidamente registrados – constituindo espécies de pessoas jurídicas de direito privado somente estas três últimas – unicamente para efeito de sua submissão a um regime tributário específico, denominado "Regime Especial Unificado de Arrecadação de Tributos e Contribuições devidos pelas Microempresas e Empresas de Pequeno Porte", ou, simplesmente, SIMPLES NACIONAL, nos termos do art. 12 e seguintes da Lei Complementar n. 123/2006 (Estatuto da Microempresa e da Empresa de Pequeno Porte).

Assim, o critério definidor estabelecido em lei para classificação ou enquadramento nas categorias de Microempresa ou Empresa de Pequeno Porte está baseado no faturamento anual verificado (art. 3º, I e II, da Lei Complementar n. 123/2006, com redação dada pela Lei Complementar n. 139/2011), de acordo com os seguintes limites:

a) **Microempresa (ME)** – deve auferir, em cada ano-calendário, receita bruta igual ou inferior a R$ 360.000,00 (trezentos e sessenta mil reais), nos termos do inciso I do art. 3º da LC nº 123/2006; e

b) **Empresa de Pequeno Porte (EPP)** – deve auferir, em cada ano-calendário, receita bruta superior a R$ 360.000,00 (trezentos e sessenta mil reais) e igual ou inferior a R$ 4.800.000,00 (quatro milhões e oitocentos mil reais), nos termos do inciso II do art. 3º da LC nº 123/2006, com a alteração promovida pela Lei Complementar n. 155/2016.

Entretanto, de acordo com o que dispõe o § 4º do referido artigo (incisos I a XI), não se pode beneficiar do tratamento jurídico diferenciado previsto para as Microempresas e Empresas de Pequeno Porte, para nenhum efeito legal, a pessoa jurídica:

a) de cujo capital participe outra pessoa jurídica;

b) que seja filial, sucursal, agência ou representação, no país, de pessoa jurídica com sede no exterior;

c) de cujo capital participe pessoa física que seja inscrita como empresário ou seja sócia de outra empresa que receba tratamento jurídico diferenciado nos termos da Lei Complementar n. 123/2006, desde que a receita bruta global ultrapasse o limite de que trata o inciso II do *caput* do art. 3º da referida lei;

d) cujo titular ou sócio participe com mais de 10% (dez por cento) do capital de outra empresa não beneficiada por esta Lei Complementar n. 123/2006, desde que a receita bruta global ultrapasse o limite de que trata o inciso II do *caput* do art. 3º da referida lei;

e) cujo sócio ou titular seja administrador ou equiparado de outra pessoa jurídica com fins lucrativos, desde que a receita bruta global ultrapasse o limite de que trata o inciso II do *caput* do art. 3º da Lei Complementar n. 123/2006;

f) constituída sob a forma de cooperativas, salvo as de consumo;

g) que participe do capital de outra pessoa jurídica;

h) que exerça atividade de banco comercial, de investimentos e de desenvolvimento, de caixa econômica, de sociedade de crédito, financiamento e investimento ou de crédito imobiliário, de corretora ou de distribuidora de títulos, valores mobiliários e câmbio, de empresa de arrendamento mercantil, de seguros privados e de capitalização ou de previdência complementar;

i) resultante ou remanescente de cisão ou qualquer outra forma de desmembramento de pessoa jurídica que tenha ocorrido em um dos cinco anos-calendário anteriores;

j) constituída sob a forma de sociedade por ações;

k) cujos titulares ou sócios guardem, cumulativamente, com o contratante do serviço, relação de pessoalidade, subordinação e habitualidade, (acrescentada pela Lei Complementar nº 147/2014).

Ocorrida quaisquer dessas hipóteses, a microempresa ou empresa de pequeno porte será excluída do tratamento jurídico diferenciado previsto na Lei Complementar n. 123/2006, bem como do regime tributário a que se refere o seu art. 12, com efeito a partir do mês seguinte ao que ocorra a situação impeditiva (§ 6º do art. 3º da Lei Complementar n. 123/2006, com redação dada pela Lei Complementar n. 139/2011).

O controle tributário sobre as microempresas e empresas de pequeno porte, relativamente a sua opção pelo SIMPLES NACIONAL e demais condições de sua manutenção ou exclusão no regime diferenciado proporcionado pela Lei Complementar n. 123/2006 está incumbido ao Conselho Gestor do Simples Nacional (CGSN), órgão do Ministério da Fazenda.

Relativamente aos aspectos do *regime registral diferenciado* estabelecido pelo diploma regulador do regime jurídico das micro e pequenas empresas, Lei Complementar n. 123/2006, aplicáveis às pessoas jurídicas de direito privado que se caracterizem como sociedades simples ou sociedades empresárias, temos o seguinte:

a) Tornou-se inexigível que os contratos e atos constitutivos de pessoas jurídicas necessitem ser visados por advogado regularmente inscrito na Ordem dos Advogados do Brasil, por força do disposto no § 2º do art. 9º da Lei Complementar n. 123/2006, que excepcionou a aplicação do § 2º do art. 1º da Lei n. 8.906/94 (Estatuto da Advocacia), quando se tratar do registro de pessoa jurídica passível de enquadramento como Microempresa (ME) ou Empresa de Pequeno Porte (EPP).

b) Tornou-se inexigível, para a realização do registro dos atos constitutivos, assim como de suas alterações e extinções (ou baixas), relativas a empresários e pessoas jurídicas, em qualquer órgão dos três âmbitos governamentais (federais, estaduais e municipais) a comprovação da regularidade das obrigações tributárias, previdenciárias ou trabalhistas, principais ou acessórias, do empresário, da sociedade, dos sócios, dos administradores ou de empresas de que participem, sem prejuízo das responsabilidades do empresário, dos titulares, dos sócios ou dos administradores por tais obrigações, apuradas antes ou após o ato de extinção, por força do que dispôs o *caput* do art. 9º da Lei Complementar n. 123/2006., com a redação dada pela Lei Complementar nº 147/2014).

c) Ficou dispensada a apresentação, perante os órgãos de registro, de certidão de inexistência de condenação criminal (a qual será substituída por declaração do titular ou administrador, firmada sob as penas da lei, de não estar impedido de exercer atividade mercantil ou a administração de sociedade, em virtude de condenação criminal), bem como a apresentação de prova de quitação, regularidade ou inexistência de débito referente a tributo ou contribuição de qualquer natureza, para fins de arquivamento dos atos constitutivos e de suas alterações, relativos a empresários, sociedades empresárias e sociedades simples, enquadráveis como microempresas ou empresas de pequeno porte, por força do § 1º, I e II, do art. 9º da Lei Complementar n. 123/2006.

d) Tornou-se inexigível a apresentação de qualquer documento adicional àqueles ordinariamente exigidos pelo Registro Público das Empresas Mercantis ou pelo Registro Civil das Pessoas Jurídicas, exceto autorização prévia, quando o desenvolvimento da atividade pretendida assim o exigir, nos termos do inciso I do art. 10 da Lei Complementar n. 123/2006.

e) Tornou-se inexigível a apresentação de documento de propriedade ou contrato de locação do imóvel onde será instalada a sede, filial ou estabelecimento, salvo para a comprovação de endereço, nos termos do inciso II do art. 10 da Lei Complementar n. 123/2006.

f) Tornou-se inexigível a comprovação de regularidade de prepostos dos empresários ou pessoas jurídicas com seus órgãos de classe, sob qualquer forma, como requisito para deferimento de ato de inscrição, alteração ou baixa de empresa, bem como para autenticação de instrumento de escrituração, nos termos do inciso III do art. 10 da Lei Complementar n. 123/2006.

g) Ficou vedada a instituição de qualquer tipo de exigência de natureza documental ou formal, restritiva ou condicionante, pelos órgãos envolvidos na abertura e fechamento de empresas, que exceda o estrito limite dos requisitos pertinentes à essência do ato de registro, alteração ou baixa, nos termos do art. 11 da Lei Complementar n. 123/2006.

h) Ficou desobrigada a realização de reuniões de assembleias das sociedades simples ou empresárias, em quaisquer situações previstas na legislação civil, as quais podem ser substituídas por deliberações representativas do primeiro número inteiro superior à metade do capital social, salvo nos casos de o contrato dispor em contrário, se houver justa causa para exclusão de sócio ou sócio pondo em risco a continuidade da sociedade, por força do disposto no art. 70 da Lei Complementar n. 123/2006.

i) As sociedades simples ou empresárias ficaram dispensadas da publicação de qualquer ato societário, exigido pela legislação civil, em decorrência do estabelecido pelo art. 71 da Lei Complementar n. 123/2006.

Dessa forma, o Registro Civil de Pessoas Jurídicas (RCPJ) opera com a categoria societária classificada, no âmbito do direito privado brasileiro, como *sociedade simples*, a qual, a seu turno, pode vir a receber outra forma de classificação, após sua regular constituição, que, tomando por base o faturamento (ou receita bruta) anual, nos termos da Lei Complementar n. 123/2006, pode vir a enquadrá-las como Microempresas ou

Empresas de Pequeno Porte, às quais é reservado tratamento diferenciado, pela referida lei, quanto às suas relações perante o referido órgão registral.

Interessa, pois, a quem opera no Registro Civil de Pessoas Jurídicas, órgão que possui competência registral relativamente à constituição das *sociedades simples*, ter um domínio mínimo acerca dos critérios legais que definem a sua caracterização como Microempresas (ME) ou Empresas de Pequeno Porte (EPP), de modo a conferir-lhes as prerrogativas legais, em matéria registral, estabelecidas pela Lei Complementar n. 123/2006.

5.4.6.7 Condomínios

Os *condomínios edilícios* não possuem personalidade jurídica de direito privado na forma instituída pela lei civil. Sua natureza é diversa. Os condomínios edilícios decorrem da necessidade de possibilitar o exercício da *propriedade imobiliária* instituída sob uma forma especialíssima que viabiliza, a um só tempo, nas edificações, a disposição, o uso, a fruição e a administração sobre as partes que constituem propriedade exclusiva e as partes que constituem propriedade comum dos condôminos (art. 1.331 do Código Civil).

Assim, o substrato jurídico fundamental da instituição das *pessoas jurídicas* de direito privado é o de viabilizar um meio para a realização de inúmeras atividades em relação às quais individualmente não se lograria sucesso, utilizando-se da união de pessoas (naturais e/ou jurídicas) que se proponham à realização de objetivos ou finalidades, supraindividuais e comuns, que podem ser de índole econômica ou não econômica. Já o fundamento jurídico da instituição de *condomínio edilício* é o de proporcionar o exercício de uma forma de propriedade imobiliária ao mesmo tempo comum e exclusiva entre pessoas.

Sobre esse fundamento jurídico se apoia aquela visão de que o *condomínio edilício* não pode ser *titular de propriedade imobiliária*, já que ele decorre, necessariamente, do exercício de determinada propriedade imobiliária, dotada de características especiais, cuja *substância* não pode ser alterada, sob pena de ter sua própria existência comprometida. Assim, aquele condomínio que, em sede de cumprimento (execução) de sentença (de cobrança de dívida condominial, por exemplo, como ocorre com muita frequência), receba, em dação em pagamento, uma das unidades (apartamento) que constituem propriedade exclusiva na própria edificação, só poderá exercer esse direito de propriedade imobiliária a título precário, até que seja realizada a *alienação* dessa unidade recebida em pagamento para que haja sua incorporação ao patrimônio condominial sob a forma econômica de outro bem (dinheiro) que não tenha natureza imóvel e, assim, não altere a substância que individualiza o condomínio na sua unicidade imobiliária.

Apesar disso, os *condomínios edilícios* têm-se apresentado como uma daquelas realidades que, objetivamente, parecem uma coisa e, juridicamente, são outra. Ou seja, parecem ser *pessoas jurídicas*, mas são reconhecidas pelo Direito como *universalidades despersonalizadas*.

Muitos têm a impressão de que a *convenção* de condomínio equipara-se a um *estatuto* de uma pessoa jurídica, mas, apesar de estruturalmente semelhantes (adoção de uma denominação específica, assembleia geral como órgão máximo, existência de um órgão administrador, existência de um conselho fiscal, previsão de direitos e deveres dos condôminos etc.), a convenção existe unicamente em razão de possibilitar a disciplina do modo de *convivência* entre aqueles que compartilham certa forma de propriedade imobiliária e tão somente a partir do momento em que entre eles se estabelece essa co-propriedade. No *condomínio*, o vínculo entre as pessoas que o integram se estabelece, necessariamente, em razão da propriedade imobiliária comum. Já na *pessoa jurídica*, o vínculo entre as pessoas que a integram independe desse requisito.

De tal forma, até mesmo o *registro da convenção de condomínio* é realizado em órgão registral diverso, o Registro de Imóveis da circunscrição territorial em que situado o prédio (art. 167, I, n. 17, da LRP), no Livro n. 3 de Registro Auxiliar (art. 178, III, da LRP).

A questão de o condomínio ser inscrito no Cadastro Nacional de Pessoas Jurídicas (CNPJ) também não é qualificação que lhe atribua a condição de pessoa jurídica, servindo apenas para efeito de controle fiscal e para conferir-lhe um tratamento tributário compatível.

Aos olhos das pessoas em geral, a alta sofisticação que atualmente vem sendo atribuída aos condomínios edilícios, agregando-lhes grandes estruturas comuns de lazer, conforto, diversão e segurança que proporcionam, aos condôminos, variadas opções de serviços e de usos tecnológicos, tem feito com que eles tomem, cada vez mais, a feição de organismos "empresariais", dotados de grande número de empregados e de aparatos administrativos altamente especializados. Isso ajuda a confundir e tornar incompreensível, ao leigo, que uma organização desse porte não seja dotada de personalidade jurídica autônoma.

5.4.6.8 *Serviços Notariais e Registrais*

Os serviços de notas e de registros públicos de que trata o art. 236 da Constituição da República de 1988, não possuem personalidade jurídica de direito público ou de direito privado. O serviço prestado é *público* e seu exercício se dá em caráter *privado*, mediante *delegação* de serviço público, conferida pelos Estados e pelo Distrito Federal a pessoas naturais (os delegatários), depois de aprovados em concurso público de provas e títulos.

Sua disciplina legal foi fixada através da Lei nº 8.935, de 18.11.1994 (Lei dos Notários e Registradores), que regulamentou o art. 236 da Constituição.

Popularmente, esses serviços são conhecidos como *cartórios extrajudiciais*, *cartórios notariais e registrais* ou, ainda, *tabelionatos* e *ofícios de registros*.

Existe muita confusão no tocante à natureza jurídica do prestador dos serviços notariais e registrais, inclusive em manifestações da jurisprudência dos Tribunais, porque muitos veem o "*cartório*" como se fosse uma *pessoa jurídica* ou uma *empresa* prestadora dos serviços, quando, na realidade, ele é apenas o *local* onde esses serviços são prestados pelo delegatário de notas ou de registros (pessoa natural). O "cartório" é, assim, uma figura jurídica assemelhada ao *estabelecimento*[44] que, como se sabe, não se confunde com a pessoa jurídica ou com a sociedade de direito privado.

Os delegatários (pessoas naturais) desenvolvem as seguintes atividades específicas: tabeliães de notas; tabeliães e oficiais de registro de contratos marítimos; tabeliães de protesto de títulos; oficiais de registro de imóveis; oficiais de registro de títulos e documentos e civis das pessoas jurídicas; oficiais de registro civil das pessoas naturais e de interdições e tutelas; oficiais de registro de distribuição (art. 5º da Lei nº 8.935/1994).

Para complicar ainda mais, a Instrução Normativa RFB nº 1.863/2018, no inciso IX de seu art. 4º, estabelece a obrigatoriedade de que os serviços notariais e de registro (cartórios extrajudiciais) sejam inscritos no Cadastro Nacional de Pessoa Jurídica (CNPJ), ainda que, como dito, sejam entes despersonalizados. Essa obrigação estabelecida em norma administrativa da Receita Federal destina-se, basicamente, à formação de *cadastro* de informações necessárias ao exercício de qualquer atividade no país (*caput* do art. 3º da IN-RFB nº 1.863/2018), servindo, também, para o controle da emissão de Declaração de Operação Imobiliária (DOI) pelos registradores de imóveis, tabeliães de notas e registradores de títulos e documentos, nos termos da Instrução Normativa RFB nº 1.112/2010, além de outros controles de natureza fiscal. De acordo com a legislação do imposto de renda, os *notários e registradores* caracterizam-se como *pessoas físicas* para fins de tributação (mensal e obrigatória) do imposto de renda incidente sobre os *emolumentos* que recebem em razão de sua atividade (inciso I do artigo 118 do Decreto n. 9.580/2018, editado pelo Poder Executivo Federal).

Assim, ainda que o *estabelecimento* em que atuam deva estar inscrito no CNPJ, toda a atividade é desenvolvida pelo *delegatário*, com o concurso de seus auxiliares, sendo que todas as responsabilidades trabalhistas, previdenciárias, tributárias, contratuais e de qualquer outra natureza, decorrentes do exercício da atividade notarial ou registral estão vinculadas à *pessoa natural* do prestador desses serviços e à sua inscrição no Cadastro de Pessoas Físicas (CPF).

5.4.6.9 *Pessoas jurídicas eclesiásticas*

Pessoas jurídicas eclesiásticas são todas as instituições eclesiásticas da Igreja Católica que possuem personalidade jurídica em conformidade com o direito canônico, desde que não contrariem o sistema constitucional e as leis brasileiras, sendo reconhecidas no país, por força do acordo celebrado entre a República Federativa do Brasil e a Santa Sé, denominado "Estatuto Jurídico da Igreja Católica no Brasil", aprovado pelo Decreto n. 7.107, de 11 de fevereiro de 2010.

Integram a categoria de *instituições eclesiásticas* que podem adquirir personalidade jurídica de acordo com a lei brasileira, sendo de livre criação, modificação ou extinção pela Igreja Católica, dentre outras:

---

44. A Instrução Normativa RFB nº 1.863/2018, que disciplina o cadastro nacional de pessoa jurídica (CNPJ), no § 2º de seu art. 3º, por exemplo, define *estabelecimento* como sendo "o local privado ou público, edificado ou não, móvel ou imóvel, próprio ou de terceiro, onde a entidade exerce suas atividades em caráter temporário ou permanente...".

- Conferência Episcopal.

- Províncias Eclesiásticas.

- Arquidioceses.

- Dioceses.

- Prelazias Territoriais ou Pessoais.

- Vicariatos e Prefeituras Apostólicas.

- Administrações Apostólicas.

- Administrações Apostólicas Pessoais.

- Missões *Sui Iuris*.

- Ordinariado Militar e Ordinariados para os Fiéis de Outros Ritos.

- Paróquias.

- Institutos de Vida Consagrada e

- Sociedades de Vida Apostólica.

Dispõe o § 2º do art. 3º do Estatuto Jurídico da Igreja Católica no Brasil, aprovado pelo Decreto n. 7.107/2010, que a *personalidade jurídica* das instituições eclesiásticas será reconhecida pela República Federativa do Brasil mediante a inscrição no respectivo registro do ato de criação, nos termos da legislação brasileira, vedado ao poder público negar-lhes reconhecimento ou registro do ato de criação, devendo também ser averbadas todas as alterações por que passar o ato.

Assim, as instituições eclesiásticas já referidas adquirem sua personalidade jurídica, passando a constituir *pessoas jurídicas eclesiásticas*, por meio do registro de seus atos constitutivos no Registro Civil de Pessoas Jurídicas, observadas as disposições do Código Civil e da Lei de Registros Públicos.

Dispõe o art. 5º do referido Estatuto, ainda, que as pessoas jurídicas eclesiásticas, reconhecidas nos termos do art. 3º, que, além de fins religiosos, persigam fins de assistência e solidariedade social, desenvolverão a própria atividade e gozarão de todos os direitos, imunidades, isenções e benefícios atribuídos às entidades com fins de natureza semelhante previstos no ordenamento jurídico brasileiro, desde que observados os requisitos e obrigações exigidos pela legislação brasileira.

5.4.6.10 *Organizações estrangeiras*

5.4.6.10.1 *Organizações sem fins econômicos*

A Lei de Introdução às Normas do Direito Brasileiro (Decreto-lei n. 4.657, de 4-9-1942) estabelece os seguintes preceitos:

> Art. 11. As organizações destinadas a fins de interesse coletivo, como as sociedades e as fundações, obedecem à lei do Estado em que se constituírem.
>
> § 1º Não poderão, entretanto, ter no Brasil filiais, agências ou estabelecimentos antes de serem os atos constitutivos aprovados pelo Governo brasileiro, ficando sujeitas à lei brasileira.

§ 2º Os Governos estrangeiros, bem como as organizações de qualquer natureza, que eles tenham constituído, dirijam ou hajam investido de funções públicas, não poderão adquirir no Brasil bens imóveis ou suscetíveis de desapropriação.

§ 3º Os Governos estrangeiros podem adquirir a propriedade dos prédios necessários à sede dos representantes diplomáticos ou dos agentes consulares.

Essas disposições referentes às "organizações destinadas a fins de interesse coletivo" dizem respeito, de acordo com a terminologia utilizada pelo Código Civil de 2002, às pessoas jurídicas de direito privado de fins não econômicos, ou seja, àquelas organizações que se não destinem à obtenção de lucro privado para sua acumulação individualizada pelas pessoas que as integram – como ocorre com as sociedades empresárias. São caracteristicamente aquelas que têm a natureza de *associações* e *fundações* no âmbito do direito brasileiro, conforme referidas nos arts. 53 e 62 do Código Civil.

O dispositivo, primordialmente, destina-se a definir-lhes a lei de regência, dispondo que obedeçam à lei do país em que forem constituídas. Entretanto, preocupa-se em regular, ao mesmo tempo, que só se poderão estabelecer no Brasil por meio de filiais, agências ou outros estabelecimentos, se tiverem seus atos constitutivos previamente aprovados pelo Governo brasileiro, ficando sujeitas à lei brasileira.

A prévia aprovação de atos constitutivos e a autorização para funcionamento de organizações estrangeiras destinadas a fins de interesse coletivo no Brasil são feitas pelo Ministério da Justiça, por meio da Secretaria Nacional de Justiça/Coordenação de Entidades Sociais (<http://www.justica.gov.br>).

O pedido de autorização para funcionamento no Brasil deve ser formalizado por meio de requerimento assinado pelo presidente da organização estrangeira ou pelo seu representante legal no Brasil e dirigido ao Ministro de Estado da Justiça, no qual, após a devida qualificação, solicita-se a autorização para funcionamento no território nacional.

Os pedidos de autorização, acompanhados da documentação exigida, devem ser protocolados na Secretaria Nacional de Justiça, localizada no seguinte endereço:

- Ministério da Justiça

Secretaria Nacional de Justiça

- Departamento de Justiça, Classificação, Títulos e Qualificação
- Esplanada dos Ministérios, Bloco T, 4º Andar, Sala 429
- CEP 70064-900, Brasília-DF, Brasil.

O pedido de autorização de funcionamento de filial, agência ou sucursal, no País, de organização estrangeira (OE) será dirigido ao Ministério da Justiça, assinado pelo atual representante legal da entidade, e deverá conter cópia dos seguintes documentos:[45]

I – prova escrita de que a organização foi constituída conforme a lei de seu país;

II – inteiro teor do estatuto devidamente registrado;

III – relação dos membros da administração da organização, com nome, nacionalidade, profissão e domicílio;

---

45. Conforme dispõe o art. 5º da Portaria MJ n. 362/2016, publicada no DOU n. 42, de 3.3.2016, Seção 1, p. 16

IV – ato de deliberação da organização para funcionamento no Brasil;

V – relatório com indicação das fontes de recursos para sua manutenção e dos respectivos bens a ela destinados;

VI – procuração de nomeação do representante no Brasil, com poderes expressos para aceitar as condições exigidas para a autorização;

VII – apresentação de relatório no qual conste a finalidade da organização, o local em que atua e a descrição das atividades a serem desenvolvidas pela organização; e

VIII – documentação do representante da organização no Brasil.

Caso o representante da entidade seja estrangeiro, é necessária a apresentação da Cédula de Identidade de Estrangeiro, a fim de verificar o visto permanente, comprovando que está legalmente apto para o exercício das funções de representação (§ 1º do art. 5º da Portaria MJ n. 362/2016).

De acordo com o Art. 1.134, §2º, do Código Civil, todos os documentos redigidos originalmente em língua estrangeira deverão ser autenticados pelo serviço notarial e de registro estrangeiro, legalizados pelo consulado brasileiro no exterior (ou legalizados por apostilamento na forma da Resolução CNJ n. 228/2016, se o país de origem dos documentos for signatário da Convenção da Apostila de Haia, promulgada no Brasil pelo Decreto n. 8.660/2016) e traduzidos para o português por tradutor público registrado de acordo com a legislação nacional.

Não será concedida autorização de funcionamento à organização estrangeira quando suas atividades puderem comprometer a soberania nacional e o interesse público (art. 7º da Portaria MJ n. 362/2016).

A organização autorizada a funcionar no país ficará sujeita às leis e aos tribunais brasileiros, quanto aos atos ou operações realizados no território nacional (art. 8º da Portaria MJ n. 362/2016).

A decisão quanto ao pedido de autorização de funcionamento de filial, agência ou sucursal de OE será publicada no Diário Oficial da União (art. 6º da Portaria MJ n. 362/2016). A organização estrangeira, após receber a autorização para funcionar no Brasil, precisa registrar-se no cartório de registro de pessoas jurídicas. Por se tratar de um ato de soberania o ingresso e funcionamento de organizações estrangeiras em território nacional, ainda que não haja legislação específica para essas entidades, usam-se analogicamente os dispositivos do Código Civil (Lei n. 10.406/2002, artigos 1.134 a 1.141) que tratam da sociedade *empresária* estrangeira, pois, em ambos os casos, são pessoas jurídicas de direito privado estrangeiras que ingressam no Brasil e nele desejam atuar.[46]

Os dispositivos do Código Civil a respeito das pessoas jurídicas de direito privado (artigos 45, 985 e 1.150) devem ser aplicados, por analogia, às *organizações* estrangeiras (pessoas jurídicas de natureza privada, estrangeiras, destinadas exclusivamente à consecução de fins de interesse coletivo), o que as vai caracterizar como registráveis no Registro Civil de Pessoas Jurídicas (RCPJ).

---

46. BRASIL. MINISTÉRIO DA JUSTIÇA. *Manual de entidades sociais*. Brasília: MJ-SNJ, 2014, p. 46.

Assim, depois de autorizada pelo Ministério da Justiça, a organização estrangeira deverá comparecer ao cartório de registros de pessoas jurídicas da localidade onde se situar seu estabelecimento no país (aplicação analógica do *caput* art. 1.136 do Código Civil), devendo apresentar, para o registro, a portaria que autorizou seu funcionamento, publicada no Diário Oficial da União, e a nomeação do representante legal da entidade no Brasil (munido de documentação de identificação).

Dessa forma, aplicando-se analogicamente o Código Civil, por força do disposto no § 2º do art. 1.136, o registro das organizações ou sociedades simples estrangeiras deve ser procedido em "livro especial", de modo que os cartórios lavrem os registros relativos aos atos de organizações e sociedades simples estrangeiras no "Livro A – Especial".[47] Apesar da existência dessa previsão de "livro especial" no manual editado pelo Ministério da Justiça, por não estar, essa previsão específica, conformada ao texto da Lei de Registros Públicos (art. 116 da Lei n. 6.015/1973), o registro é feito, ordinariamente, no Livro "A" de registro *geral* das pessoas jurídicas de direito privado inscritíveis no RCPJ.

5.4.6.10.2 Organizações de fins econômico-lucrativos

Estabelece o art. 1.134 do Código Civil que qualquer sociedade estrangeira, qualquer que seja o seu objeto, não poderá funcionar no país sem autorização do Poder Executivo Federal, ainda que por estabelecimentos subordinados, podendo, todavia, ressalvados os casos expressos em lei, ser acionista de sociedade anônima brasileira.

O Decreto Federal n. 9.787, de 8 de maio de 2019, delegou competência ao Ministro de Estado da Economia para decidir e praticar os atos de autorização de funcionamento de sociedade estrangeira no Brasil, inclusive para aprovação de modificação no contrato ou no estatuto, sua nacionalização e a cassação de autorização de seu funcionamento. Autorizou, também, nos termos do § 1º do art. 1º, a subdelegação dessa atribuição ao Diretor do Departamento Nacional de Registro Empresarial e Integração (DREI).

Dessa forma, essa matéria foi regulada de acordo com a Instrução Normativa DREI n. 77, de 18.3.2020 e o Manual "Sociedade Estrangeira – Autorização para atos de filial de sociedade empresária estrangeira", editado em julho de 2020, pelo DREI.

De acordo com o § 2º do art. 1º da Instrução Normativa DREI n. 77/2020, a solicitação de autorização governamental para funcionamento de filial, sucursal, agência ou estabelecimento de sociedade empresária estrangeira no Brasil deverá ser formalizada através do "Portal Gov.br", instruída com os seguintes documentos:

I – ato de deliberação sobre o funcionamento de filial, sucursal, agência ou estabelecimento no Brasil (dele constando as atividades que a sociedade pretenda exercer e o destaque do capital, em moeda corrente nacional, destinado às operações no país, que será fixado na portaria de autorização);

II – inteiro teor do contrato ou estatuto;

III – lista de sócios ou acionistas, bem como relação dos membros de todos os órgãos da administração, com os nomes, profissões, domicílios e número de cotas ou de ações, salvo quando, em decorrência da legislação aplicável no país de origem, for impossível cumprir tal exigência;

---

47. BRASIL. MINISTÉRIO DA JUSTIÇA. *Manual de entidades sociais*, p. 47.

IV – prova de achar-se a sociedade constituída conforme a lei do seu país;

V – ato de deliberação sobre a nomeação do representante no Brasil, acompanhado da procuração que lhe dá poderes para aceitar as condições em que é dada a autorização e plenos poderes para tratar de quaisquer questões e resolvê-las definitivamente, podendo ser demandado e receber citação pela sociedade;

VI – declaração do representante no Brasil de que aceita as condições em que for dada a autorização para funcionamento pelo Governo Federal;

VII – último balanço; e

VIII – guia de recolhimento do preço do serviço.

Os documentos serão autenticados, de conformidade com a lei nacional da sociedade requerente, legalizados no consulado brasileiro da respectiva sede e acompanhados de tradução em vernáculo, por tradutor público juramentado.

A sociedade autorizada não pode iniciar sua atividade antes de inscrita no registro próprio do lugar em que se deva estabelecer (art. 1.136 do Código Civil).

Uma vez concedida a autorização de funcionamento, caberá à sociedade empresária estrangeira arquivar na Junta Comercial da unidade federativa onde se localizar a filial, agência, sucursal ou estabelecimento (a qual será considerada como sua sede no Brasil) os seguintes documentos, de acordo com o que dispõe o art. 3º da Instrução Normativa DREI n. 77/2020:

I – folha do Diário Oficial da União que publicou a portaria de autorização;

II – atos a que aludem os incisos I a VI, do § 2º, do art. 1º da presente Instrução Normativa, devidamente autenticados pelo Departamento Nacional de Registro Empresarial e Integração;

III – documento comprobatório do depósito, em dinheiro, da parte do capital destinado às operações no Brasil; e

IV – declaração do endereço do estabelecimento, quando não constar do ato que deliberou sobre a instalação de filial, sucursal, agência ou estabelecimento no Brasil.

O arquivamento dos atos concernentes a empresas mercantis estrangeiras autorizadas a funcionar no Brasil, para o competente registro, é realizado no Registro Público das Empresas Mercantis, a cargo das Juntas Comerciais, cuja base legal é a alínea "c" do inciso II do art. 32 da Lei n. 8.934/94.

Arquivados esses documentos, a inscrição será feita por termo em livro especial para as sociedades estrangeiras, com número de ordem contínuo para todas as sociedades inscritas, sendo que do respectivo termo constarão, de acordo com o que dispõe o § 2º do art. 1.136 do Código Civil:

a) nome, objeto, duração e sede da sociedade no estrangeiro;

b) lugar da sucursal, filial ou agência, no país;

c) data e número do decreto de autorização;

d) capital destinado às operações no país;

e) individuação do seu representante permanente.

A sociedade estrangeira autorizada a funcionar ficará sujeita às leis e aos tribunais brasileiros, quanto aos atos ou operações que praticar no Brasil, e funcionará no território nacional com o nome que tiver em seu país de origem, podendo acrescentar-lhe a expressão "do Brasil" ou "para o Brasil" (art. 1.137 e parágrafo único do Código Civil).

Qualquer modificação no contrato ou no estatuto dependerá de aprovação do Poder Executivo Federal, para produzir efeitos no território nacional (art. 1.139 do Código Civil).

Mediante autorização do Poder Executivo, a sociedade estrangeira admitida a funcionar no país pode *nacionalizar-se*, transferindo sua sede para o Brasil (art. 1.141 do Código Civil), devendo, para esse fim, apresentar os documentos a que se refere o art. 6º da Instrução Normativa DREI n. 77/2020:

I – ato de deliberação sobre a nacionalização;

II – estatuto social ou contrato social, conforme o caso, arquivado na Junta Comercial;

III – prova da realização do capital, na forma declarada no contrato ou estatuto;

IV – declaração do representante no Brasil de que aceita as condições em que for dada a autorização de nacionalização pelo Governo Federal; e

V – guia de recolhimento do preço do serviço.

Depois de expedida a portaria de nacionalização caberá à sociedade empresária arquivar na Junta Comercial da unidade federativa onde se localizará a sua sede, a folha do Diário Oficial da União que publicou a respectiva portaria e os atos a que aludem os incisos I a IV do art. 6º da Instrução Normativa DREI n. 77/2020, sem prejuízo da apresentação dos demais documentos que instruem, obrigatoriamente, os pedidos de arquivamento de sociedades empresárias brasileiras. Existindo filiais, sucursais, agências ou estabelecimentos em outras unidades federativas, deverá a sociedade empresária nacionalizada proceder ao arquivamento, nas respectivas Juntas Comerciais, de certidão simplificada fornecida pela Junta Comercial da sua sede, (art. 7º e parágrafo único da Instrução Normativa DREI n. 77/2020).

5.4.6.11 *Sociedade de propósito específico (SPE)*

Não se trata, a *Sociedade de Propósito Específico* (SPE), de um *tipo societário* particularmente disciplinado no Código Civil como uma das tantas figuras individualizadas de pessoas jurídicas de direito privado.

A SPE, para estruturar-se e atingir sua finalidade, deve lançar mão de algum dos tipos de sociedades personificadas definidos em lei, sendo, comumente, estruturada sob a forma de *sociedade limitada* ou de *sociedade anônima*. O *objeto social* do tipo societário eleito para a constituição da SPE é que deverá ser necessariamente específico, determinado, restrito.

Trata-se de uma modalidade de *joint venture*[48] que já está presente há mais tempo no quotidiano de grandes empesas, mas também pode ter seus fundamentos aplicados, na atualidade, aos pequenos negócios.

---

48. Expressão norte-americana que designa uma associação de pessoas, as quais se reúnem para obter uma adequada combinação de bens, dinheiro, tecnologia, esforços, habilidades e conhecimentos com o propósito de aplicá-la na execução de uma operação negocial lucrativa, única e, geralmente, de curta duração.

É um modelo de organização empresarial pelo qual se constitui uma nova empresa que apresenta um objetivo específico e um contexto restrito de atividades, podendo, em alguns casos, ter prazo determinado de existência, sendo normalmente utilizado para isolar o risco financeiro da atividade desenvolvida.

Desde o advento do Código Civil de 2002, através das disposições do parágrafo único do art. 981, a constituição dessa sociedade é expressamente autorizada.

Assim, as *Sociedades de Propósito Específico* decorrem da celebração de um contrato de sociedade, no qual essa sociedade, dotada de personalidade jurídica e autonomia patrimonial, é constituída para uma ação ou projeto específicos. Tradicionalmente são utilizadas para grandes projetos de engenharia, com ou sem a participação do Estado, como, por exemplo, na construção de usinas hidrelétricas, redes de transmissão, incorporações imobiliárias ou nos projetos de Parcerias Público Privadas (art. 9º da Lei n. 11.079, de 30.12.2004).

Em 2008, a Lei Complementar n. 128 alterou o art. 56 da Lei Geral das Micro e Pequenas Empresas (Lei Complementar n. 123/2006), eliminando a figura do *Consórcio Simples* e introduzindo a figura da *Sociedade de Propósito Específico*, constituída exclusivamente por microempresas e empresas de pequeno porte optantes pelo Simples Nacional, visando a facilitar, às ME e EPP, o melhor acesso a mercados nacionais e internacionais, reduzindo-lhes custos operacionais e incrementando sua competitividade.

A SPE pode ser constituída tanto sob a forma de *sociedade simples* como de *sociedade empresária*. Assim, o seu instrumento de constituição pode ser registrado tanto perante as Juntas Comerciais (sociedades empresárias) como perante os Registros Civis de Pessoas Jurídicas (sociedades simples), havendo alguns entendimentos no sentido de que só poderiam ser constituídas sob a forma de sociedade *simples* em razão das disposições combinadas dos artigos 966, 982 e 1.150 do Código Civil.[49]

Os Manuais de Registro aprovados pela Instrução Normativa n. 81, de 10.6.2020, do Departamento de Registro Empresarial e Integração (DREI), tanto para registro de sociedades limitadas como de sociedades anônimas, esclarecem que o fato de a sociedade a registrar caracterizar-se como *Sociedade de Propósito Específico* não alterará a análise a ser realizada pela Junta Comercial para fins de registro, que ficará adstrita aos aspectos formais aplicáveis ao tipo societário eleito para a sua constituição, *podendo* ser agregada a sigla "SPE", antes da designação do tipo jurídico adotado (Ltda. ou S.A.), observados os demais critérios de formação do nome.

5.4.6.12 *Empresa simples de crédito (ESC)*

A *Empresa Simples de Crédito* (ESC), regulada pela Lei Complementar n. 167, de 24.4.2019, foi criada como instrumento destinado a proporcionar crédito ao setor específico dos microempreendedores individuais, microempresas e empresas de pequeno

---

49. IRTDPJ-BRASIL.. *Saiba mais sobre a sociedade de propósito específico (SPE)*, publicado em 25.6.2018, disponível em http://www.irtdpjbrasil.com.br/saiba-mais-sobre-a-sociedade-de-proposito-especifico-spe/, acesso em 20.10.2020.

porte, que se ressentiam de uma política creditícia voltada especificamente a esse segmento da atividade econômica do país.

Assim, a ESC destina-se à realização de operações de empréstimos, de financiamento e de desconto de títulos de crédito, exclusivamente com recursos próprios, tendo como contrapartes microempreendedores individuais, microempresas e empresas de pequeno porte, definidos nos termos da Lei Complementar nº 123, de 14.12.2006 (Lei do Simples Nacional).

Apresenta várias características peculiares fixadas pela sua lei de regência (Lei Complementar n. 167/2019):

a) tem um âmbito restrito de *abrangência territorial*, podendo ser municipal ou distrital, com atuação exclusivamente no Município de sua sede e em municípios limítrofes a este, ou, quando sediada no Distrito Federal, pode nele atuar e nos Municípios a ele limítrofes;

b) deve adotar a forma de *empresa individual de responsabilidade limitada* (EIRELI), de *empresário individual* ou de *sociedade limitada* constituída exclusivamente por *pessoas naturais*, que devem ter por *objeto social* exclusivamente as atividades enumeradas no art. 1º da referida Lei Complementar;

c) o *nome empresarial* que adotar conterá a expressão "Empresa Simples de Crédito";

d) não poderá constar de seu *nome empresarial* a expressão "Banco" ou outra expressão identificadora de instituição autorizada a funcionar pelo Banco Central do Brasil – notadamente as demais instituições financeiras por ele autorizadas – não podendo constar tais expressões, também, de quaisquer textos de divulgação de suas atividades;

e) seu *capital inicial* e os posteriores *aumentos de capital* deverão ser integralizados em moeda corrente;

f) o *valor total de suas operações* de empréstimo, de financiamento e de desconto de títulos de crédito não poderá ser superior ao capital realizado;

g) a pessoa natural que dela participe não poderá participar de outra ESC, ainda que seja localizada em Município distinto ou sob a forma de filial;

h) sua *receita bruta* anual auferida com a cobrança de juros (inclusive quando cobertos pela venda do bem objeto de alienação fiduciária) não poderá exceder o limite de receita bruta fixado para Empresa de Pequeno Porte (EPP), conforme definido na Lei Complementar n. 123/2006;

i) sua remuneração somente pode ocorrer por meio de juros remuneratórios, vedada a cobrança de quaisquer outros encargos, mesmo sob a forma de tarifa;

j) a formalização de seus *contratos de crédito* deve ser realizada por meio de instrumento próprio, cuja cópia deverá ser entregue à contraparte da operação;

k) a movimentação dos recursos deve ser realizada exclusivamente mediante débito e crédito em contas de depósito de sua titularidade e da pessoa jurídica contraparte na operação;

l) poderá utilizar o instituto da *alienação fiduciária* em suas operações de empréstimo, de financiamento e de desconto de títulos de crédito;

m) deverá providenciar a anotação, em bancos de dados, de informações de adimplemento e de inadimplemento de seus clientes, na forma da legislação em vigor;

n) é condição de validade de suas operações o registro delas em entidade registradora autorizada pelo Banco Central do Brasil ou pela Comissão de Valores Mobiliários, nos termos do art. 28 da Lei n. 12.810, de 15 de maio de 2013;

o) a ela não se aplicam as limitações à cobrança de juros previstas no Decreto n. 22.626, de 7 de abril de 1933 (Lei da Usura), e no art. 591 da Lei n. 10.406, de 10 de janeiro de 2002 (Código Civil);

p) está sujeita aos regimes de recuperação judicial e extrajudicial e ao regime falimentar regulados pela Lei n. 11.101, de 9 de fevereiro de 2005 (Lei de Falências);

q) deverá manter escrituração com observância das leis comerciais e fiscais e transmitir a Escrituração Contábil Digital (ECD) por meio do Sistema Público de Escrituração Digital (Sped);

r) no caso de descumprimento do disposto no art. 1º, no § 3º do art. 2º, no art. 3º e no *caput* do art. 5º da Lei Complementar n. 167/2019, as referidas condutas caracterizarão *crime* apenado com reclusão, de um a quatro anos, e multa.

A ESC está submetida às seguintes *proibições*:

a) realizar qualquer captação de recursos, em nome próprio ou de terceiros, sob pena de enquadramento no crime previsto no art. 16 da Lei n. 7.492, de 16 de junho de 1986 (Lei dos Crimes contra o Sistema Financeiro Nacional);

b) realizar operações de crédito, na qualidade de credora, com entidades integrantes da administração pública direta, indireta e fundacional de qualquer dos poderes da União, dos Estados, do Distrito Federal e dos Municípios.

A *Empresa Simples de Crédito* é passível de inscrição tanto perante as *Juntas Comerciais* como perante os *Registros Civis de Pessoas Jurídicas*[50]. Nestes últimos, serão constituídas como *sociedades simples limitadas* ou como EIRELI "*Simples*", observadas as demais normas de seu regime legal específico (Lei Complementar n. 167/2019).

5.4.6.13 *"Startups" ou empresas de inovação*

A Lei Complementar n. 167/2019, promoveu alterações na Lei Complementar n. 123/2006 (Lei do Simples Nacional) com a finalidade de criar o *Inova Simples* (art. 65-A), regime especial simplificado que concede às iniciativas empresariais de caráter incremental ou disruptivo que se autodeclarem como "*startups*" ou *empresas de inovação* tratamento diferenciado com vistas a estimular sua criação, formalização, desenvolvimento e consolidação como agentes indutores de avanços tecnológicos e da geração de emprego e renda.

---

50. https://www.rtdbrasil.org.br/saopaulo/cdt/; acesso em 15.11.2020.

Para fins de inclusão nesse regime especial, considera-se "*startup*" a empresa de caráter inovador que visa a aperfeiçoar sistemas, métodos ou modelos de negócio, de produção, de serviços ou de produtos, os quais, quando já existentes, caracterizam "*startups*" *de natureza incremental*, ou, quando relacionados à criação de algo totalmente novo, caracterizam "*startups*" de *natureza disruptiva*.

As "*startups*" caracterizam-se por desenvolver suas inovações *em condições de incerteza* que requerem experimentos e validações constantes, inclusive mediante *comercialização experimental provisória*, antes de procederem à comercialização plena e à obtenção de receita.

Assim, a empresa submetida ao regime do *Inova Simples* deverá abrir, imediatamente, conta bancária de pessoa jurídica, para fins de captação e integralização de capital, proveniente de aporte próprio de seus titulares ou de investidor domiciliado no exterior, de linha de crédito público ou privado e de outras fontes previstas em lei.

Os recursos capitalizados não constituirão renda e destinar-se-ão exclusivamente ao custeio do desenvolvimento de projetos de "*startup*".

A comercialização experimental do serviço ou produto será permitida até o limite fixado para o Microempreendedor Individual (MEI) na Lei Complementar nº 123/2006.

Na eventualidade de o projeto de "*startup*" não lograr êxito no desenvolvimento do escopo pretendido, a baixa do respectivo CNPJ será automática.

5.4.6.14 *Organizações da sociedade civil*

A Lei n. 13.019, de 31.7.2014, alterada pela Lei n. 13.204, de 14.12.2015, estabeleceu o regime jurídico de *parcerias* entre a administração pública e as organizações sociais para, em regime de cooperação, promoverem a consecução de finalidades de interesse público e recíproco, mediante a execução de atividades ou de projetos previamente estabelecidos em planos de trabalho inseridos em termos de colaboração, em termos de fomento ou em acordos de cooperação.

Assim, a caracterização de uma pessoa jurídica como "*organização da sociedade civil*" possibilita que estabeleça *parcerias* com entes e órgãos da administração pública federal, estadual, distrital ou municipal, as quais são formalizadas mediante a celebração de termos de colaboração, de termos de fomento ou de acordos de cooperação, contendo cláusulas específicas estabelecidas nos termos do art. 42 da referida lei.

Caracterizam-se, portanto, como *organizações da sociedade civil*, nos termos do inciso I do art. 2º da Lei n. 13.019/2014, com redação dada pela Lei n. 13.204/2015:

    a) entidade privada sem fins lucrativos que não distribua entre os seus sócios ou associados, conselheiros, diretores, empregados, doadores ou terceiros eventuais resultados, sobras, excedentes operacionais, brutos ou líquidos, dividendos, isenções de qualquer natureza, participações ou parcelas do seu patrimônio, auferidos mediante o exercício de suas atividades, e que os aplique integralmente na consecução do respectivo objeto social, de forma imediata ou por meio da constituição de fundo patrimonial ou fundo de reserva;

b) as sociedades cooperativas previstas na Lei n. 9.867, de 10 de novembro de 1999; as integradas por pessoas em situação de risco ou vulnerabilidade pessoal ou social; as alcançadas por programas e ações de combate à pobreza e de geração de trabalho e renda; as voltadas para fomento, educação e capacitação de trabalhadores rurais ou capacitação de agentes de assistência técnica e extensão rural e as capacitadas à execução de atividades ou de projetos de interesse público e de cunho social;

c) as organizações religiosas que se dediquem a atividades ou a projetos de interesse público e de cunho social, distintas das destinadas a fins exclusivamente religiosos.

5.4.7 As pessoas jurídicas e o princípio da continuidade

Um dos princípios diretores da atividade registral de pessoas jurídicas de direito privado, como afirmado anteriormente, é o da *continuidade* dos registros.

Assim como no Registro de Imóveis, que aplica esse princípio como aquele em que é exigível um encadeamento lógico e sucessivo dos registros na disciplina da propriedade imobiliária, também no Registro Civil de Pessoas Jurídicas ele tem grande importância e semelhante fundamento.

No direito registral das pessoas jurídicas, sua aplicação dá-se no sentido de que uma pessoa jurídica, depois de constituída, deve ter uma vida regular na consecução de suas finalidades e de que os atos que demonstram essa regularidade de vida institucional necessitam ficar consignados sucessivamente a partir de seu registro fundador, sem solução de continuidade e observando o que estabelecem a lei e os ditames de seus atos constitutivos em vigor.

Assim, de regra, as pessoas jurídicas são avessas à eternização das situações que dizem respeito a sua direção e administração. Somente se estas se mostrarem produtivas e salutares à vida institucional tenderão a longos períodos de estabilidade. Se isso não ocorrer, os próprios mecanismos de autogestão estabelecidos em seus atos constitutivos farão com que as pessoas físicas que integram a pessoa jurídica (como associados, sócios, cooperativados etc.), dando-lhe ânimo, por meio das mais diversas ações e principalmente de trabalho, provoquem mudanças, aperfeiçoamentos, novos consensos, renovando seu espírito institucional ou retomando rumos que tenham sido desviados pelos administradores.

Há disponível, nas regras contempladas pelos atos constitutivos das pessoas jurídicas, espaço para todas as manifestações, inclusive por parte das minorias. Também não há perenidade dos atos constitutivos. Pode haver regras menos flexíveis nos estatutos e contratos, de modo a dar-lhes grande autoridade na condução das ações rumo às finalidades institucionais, mas, havendo participação e consenso, mesmo as regras mais rígidas são mutáveis, visando a proporcionar a condução das entidades à concretização de sua destinação institucional.

O *princípio da continuidade dos registros* está diretamente ligado a essa dinâmica de vida das organizações personificadas pelo direito privado. Essa dinâmica de vida deve estar refletida em seus registros, contando sua história e revelando a forma pela qual evoluiu, aperfeiçoando-se ao longo do tempo.

Deve, principalmente, consignar quais foram suas sucessivas direções e administrações, a regularidade dos mandatos dos dirigentes (geralmente realizada mediante eleições periódicas), o cumprimento das obrigações e disposições estatutárias que dão regularidade à vida institucional (assembleias, prestações de contas, relatórios de realizações das gestões, apuração de haveres etc.) e às sucessivas alterações dos atos constitutivos (estatutos, compromissos, contratos etc.).

Muitas vezes, ocorrem situações realmente delicadas – comumente envolvendo associações –, as quais se originam na inobservância do *princípio da continuidade*, e isso tem consequências sérias para a regularização dos registros das pessoas jurídicas. Se não for possível resgatar o encadeamento dos sucessivos registros desde onde cessou sua regularidade até o momento em que a regularização dos registros é novamente pretendida, não contamos, até mesmo, com prescrição legal que fixe orientação de como proceder para regularizar esse verdadeiro "vácuo institucional".

Como já referido, essa situação ocorre mais comumente em relação às *associações* (mas também pode aplicar-se a diversas outras situações envolvendo pessoas jurídicas, já que a associação é um tipo-base cujas normas servem de referência e complemento a outras espécies registrais). De outra banda, em relação a elas (associações) se verifica a mais ampla vigência do princípio constitucional da *liberdade associativa,* advindo daí uma não intervenção estatal nessas organizações, ficando, a iniciativa de manter a regularidade de seus registros, a cargo dos interessados na defesa da continuidade da entidade e da consecução de seus objetivos institucionais.

Nessa hipótese, a experiência, o conhecimento e o bom-senso do registrador serão fundamentais para o enfrentamento e para a proposição de soluções adequadas à situação.

Assim, para auxiliar nesse trabalho, é importante que a assembleia, como órgão dirigente máximo no exercício do poder conferido à organização, faça uma atividade "saneadora" dos registros incompletos, inexistentes ou que tenham sofrido dano, no sentido de recuperá-los, ou definir como as lacunas serão superadas. Haverá, evidentemente, necessidade de que esse órgão assuma responsabilidades no processo saneador, enfrentando as dificuldades, oferecendo soluções e conferindo-lhe legitimidade.

Se os esforços apenas internos no âmbito da organização não forem suficientes para vencer as dificuldades, não deve haver pejo de seus dirigentes em apelar às instâncias que podem oferecer ajuda à superação do problema, submetendo-o francamente à apreciação do Juiz de Direito e ao representante do Ministério Público. Se necessário, devem requerer ao oficial do Registro que suscite a dúvida registral, ocasião em que essas autoridades terão de manifestar-se formalmente em relação ao assunto.

Mas há determinadas situações em que se estará insistindo em sanear ou, de alguma forma, "salvar" uma entidade em relação à qual isso representará um grande esforço, com grande perda de tempo e resultados muito pequenos. Nesses casos, promover sua extinção e a concomitante criação de uma *nova pessoa jurídica* parece ser uma solução adequada, destinando-lhe, inclusive, o remanescente patrimonial da organização dissolvida.

A situação ora referida é, entretanto, de mais difícil ocorrência em relação às Fundações privadas, porque, quanto a estas, existe a ação fiscalizadora do Ministério Público, que tem a incumbência, inclusive, de promover sua extinção, quando passam a não lograr a plena realização de sua destinação institucional ou se tenham inviabilizado para tanto, agregando seu remanescente patrimonial a outra fundação que se proponha a fim semelhante.

Particularmente em relação a esse tema atinente à inobservância do *princípio da continuidade dos registros*, verificamos a formação, no Estado de São Paulo, de uma rigorosa corrente jurisprudencial que se consolidou no sentido de aplicar, às situações em relação às quais se verifique uma *solução de continuidade na cronologia dos atos da vida associativa*, (especialmente quando ocorre falta de eleições durante alguns anos, renúncia da direção da entidade com subsequente abandono da ação administrativa, morte do dirigente e abandono ou renúncia de seus sucessores na entidade, dentre outras similitudes), o remédio legal da necessidade de solicitar-se, pela via judicial contenciosa, a designação de um *administrador provisório*, com a incumbência de restaurar a normalidade de vida da organização.

Essa solução decorre da interpretação conferida ao disposto no art. 49 do Código Civil, que possibilita, a qualquer interessado, requerer ao juiz que designe um administrador provisório à pessoa jurídica cuja administração veio a faltar.

Observe-se que, nessa hipótese, passa a ser imprescindível a intervenção do Poder Judiciário porque a *representação* da pessoa jurídica precisa ser restabelecida, proporcionando a retomada da administração de seus diversos interesses institucionais, não se resumindo a uma simples questão registral, conforme se pode constatar dos julgamentos proferidos na 1ª Vara de Registros Públicos de São Paulo nos processos de números 1031950-11.2017.8.26.0100 1032756-46.2017.8.26.0100 e 1062030-89.2016.8.26.0100, que referem diversos precedentes jurisprudenciais da Corregedoria-Geral de Justiça do Estado de São Paulo, pacificando esse entendimento, dentre os quais:

> "REGISTRO CIVIL DE PESSOA JURÍDICA. ENTIDADE RELIGIOSA – ATA DE ASSEMBLÉIA GERAL. CONTINUIDADE. ADMINISTRADOR PROVISÓRIO – NOMEAÇÃO. VIA JUDICIAL. Averbação de ata de assembleia geral extraordinária – Ausência de apresentação de atas de assembleias anteriores, relativas aos últimos 40 anos – Falta de continuidade ou, pelo menos, compatibilidade – Necessidade da nomeação de administrador provisório (artigo 49 do Código Civil), o que só pode se dar na via jurisdicional – Existência de precedentes desta Corregedoria Geral da Justiça – Averbação que deve ser indeferida – Recurso provido para tal finalidade." (CGJ-SP, proc. 11.901/2007, São Paulo, rel. Gilberto Passos de Freitas, j. 4/12/2007, DJ 18/12/2007).

"RCPJ. ATA DE ASSEMBLÉIA – AVERBAÇÃO. ADMINISTRADOR PROVISÓRIO – NOMEAÇÃO – VIA JUDICIAL. CONTINUIDADE. TUTELA ANTECIPADA. REGISTRO CIVIL DE PESSOA JURÍDICA. Averbação de ata de assembleia de eleição de diretoria – Ausência de averbação, por vários anos, das atas das assembleias anteriores, observando-se que o registro delas em RTD não dispensa a devida inscrição no RCPJ competente – Falta, ainda, de documentos essenciais à inscrição de atas de assembleias – Aplicação do artigo 1.153 do Código Civil – Averbação inadmissível – Nomeação de administrador provisório (artigo 49 do Código Civil), na esfera administrativa do Juízo Corregedor, é inviável, conforme sólida orientação precedente (Procs. CG nºs 1.283/2003, 206/2004, 610/2004, 611/2004, entre outros) – Recurso não provido." (CGJ-SP, proc. 959/2006, Barueri, rel. Gilberto Passos de Freitas, j. 5/3/2007, DJ 19/3/2007).

6
Conceito, Organização e Atribuições do RCPJ

6.1 CONCEITO

O art. 119 da Lei dos Registros Públicos (LRP) – Lei n. 6.015/1973, estabelece que "a existência legal das pessoas jurídicas só começa com o *registro* de seus atos constitutivos". Disposição em idêntico sentido está albergada nos arts. 45 e 985 do vigente Código Civil. Esse é, portanto, um princípio absoluto, já tradicional no direito brasileiro, de vincular a existência plenamente válida da pessoa jurídica, assim como a fruição de todos os direitos inerentes a essa condição, ao prévio e necessário *registro* de seus atos constitutivos junto ao órgão registral incumbido de tais atribuições.

Ora, denominamos *Registro Civil de Pessoas Jurídicas* o órgão registral ao qual é incumbida, na forma da lei, como principal e preponderante atribuição, a realização dos registros dos atos constitutivos de *pessoas jurídicas de direito privado*, de modo a conferir-lhes personalidade de direito, para que tenham sua existência legal reconhecida no país.

A denominação desse órgão registral provém não somente da Lei n. 6.015/1973 (§ 1º do art. 1º e Título III), mas também da Lei n. 8.935/1994, que dispõe sobre as atividades dos notários e registradores públicos, no momento em que faz referência, no inciso V do art. 5º, à denominação dos profissionais do direito que exercem a *titularidade* dos referidos serviços. Nesses termos, o Registro Civil de Pessoas Jurídicas é uma das espécies de serviços de registros públicos instituídos com base no art. 236 da Constituição da República, organizados nacionalmente e exercidos em caráter privado, por delegação do Poder Judiciário, com ingresso na atividade mediante concurso público de provas e títulos, sendo, pois, uma das espécies de registro de pessoas jurídicas instituídas pelo Código Civil de 2002, que manteve a tradição provinda do revogado Código Civil de 1916.

6.2 ORGANIZAÇÃO

Apesar de a matéria relativa a registros públicos estar submetida à competência legislativa da União (art. 22, XXV, da Constituição), a *organização* dos serviços do Registro Civil de Pessoas Jurídicas, assim como dos demais serviços regulados pela LRP, está submetida, também, às leis de organização judiciária estadual e demais normas de estruturação administrativa editadas pelas Corregedorias de Justiça do Poder Judiciário das Unidades da Federação (Estados e Distrito Federal), especialmente quanto à fixação das unidades de serviços e suas circunscrições territoriais de atuação, tendo em vista que a *fiscalização* em relação ao exercício das atividades notarial e de registros é atribuída ao Poder Judiciário (§ 1º do art. 236 da Constituição). Essa *fiscalização* compreende tanto a *orientação* como o *controle* (arts. 37 e 38 da Lei n. 8.935/1994), assim como a *polícia* de natureza administrativa (arts. 34 a 36 da referida lei).

É característica da organização federativa brasileira, ainda que a legislação relativa à atividade provenha da União (nível de organização política "nacional" ou muito comumente dita "federal"), a organização dos serviços notariais e registrais (que cobre todo o território nacional) estar a cargo das Unidades da Federação (Estados e Distrito Federal), ou seja, do nível de organização política "estadual".

Assim, dependendo da unidade federada, varia a terminologia que designa as circunscrições territoriais relativamente às quais a prestação do serviço registral tem sua "competência" definida, haja vista, também, a vinculação dos serviços notariais e registrais à respectiva organização judiciária dos Estados e Distrito Federal – comarcas judiciais, seções judiciárias, circunscrições judiciárias etc.

Apesar disso, a organização territorial dos serviços de notas e registros, no país, resta definida, em termos de fixação de seus limites geográficos, tomando por base geral o território dos *Municípios* do respectivo Estado. Assim, uma *comarca* judicial ou outra qualquer forma de designação que seja dada às circunscrições territoriais utilizadas na respectiva organização judiciária corresponderá a um grupo de Municípios, a um só Município ou a uma fração do território de um Município (distritos, subdistritos, bairros etc.), os quais constituem um referencial mais facilmente compreensível pela população usuária dos serviços.

Dessa forma, as serventias extrajudiciais de um Estado podem ter suas circunscrições definidas em relação a todo o território de uma comarca, composta de vários Municípios. Poderão, também, ter suas circunscrições definidas em relação ao território de um ou mais Municípios integrantes de uma mesma comarca, assim como poderão, ainda, ter suas circunscrições correspondendo a uma fração de território de um Município (distrito ou subdistrito), pertencente a uma comarca, seja ela formada territorialmente por Município único ou por vários Municípios. Tudo dependerá, especialmente, das características fisiográficas, que possibilitam maior ou menor acesso, populacionais, de desenvolvimento local e de estrutura de serviços públicos.

Como se pode observar, a organização das circunscrições territoriais de atuação dos respectivos serviços registrais e notariais é bastante flexível para que possa corresponder às demandas da população relativamente a esses serviços, e será definida por meio dos atos normativos baixados pela respectiva Corregedoria-Geral de Justiça da Unidade da Federação.

É cediço na legislação específica e em muitos atos administrativos ver-se a utilização do termo "competências" para a designação do conjunto de atribuições cometidas aos notários e registradores, assim como a utilização do termo "jurisdição" para designar-lhes a circunscrição territorial. Entretanto, essa terminologia é adequada tão somente em relação a autoridades do Poder Judiciário que exercem atividades jurisdicionais. As autoridades de índole administrativa exercem "atribuições" dentro de determinada "circunscrição", como ocorre com os *delegatários* de serviços notariais e registrais, categoria que exerce um *ofício* público.[1]

6.3 ATRIBUIÇÕES

Quando se estuda acerca das *atribuições* do Registro Civil de Pessoas Jurídicas, está-se procurando, em verdade, esclarecer quais os atos nele registráveis.

Quanto a essas atribuições, portanto, ganha relevo no contexto da legislação específica o disposto no art. 114 da LRP, que estabelece que nesse registro serão inscritos:

a) os contratos, os atos constitutivos, o estatuto ou compromissos das sociedades civis, religiosas, pias, morais, científicas ou literárias, bem como o das fundações e das associações de utilidade pública;

b) as sociedades civis que revestirem as formas estabelecidas nas leis comerciais, salvo as anônimas;

c) os atos constitutivos e os estatutos dos partidos políticos;

d) as matrículas de oficinas impressoras, jornais, periódicos, empresas de radiodifusão e agências de notícias.

Além das atribuições apresentadas nas alíneas acima, dessume-se do disposto na parte final do art. 45 do Código Civil que também integra atribuição desse órgão registral a realização das *averbações* de todas as alterações por que passar o ato constitutivo da pessoa jurídica de direito privado já inscrita, assim como das *averbações* relativas às alterações ocorridas nas declarações ou documentos apresentados às matrículas a que se refere a alínea *d* acima indicada, em razão do estabelecido pelo § 1º do art. 123 da LRP.

Cabe fazer alguns esclarecimentos a respeito das disposições constantes do art. 114 da LRP, que reclamam, também, algumas *atualizações* no cotejo com a legislação editada posteriormente à LRP.

Inscrever e *registrar* são termos sinônimos.[2] Assim, realizar a *inscrição* e realizar o *registro* consistem no mesmo ato de extrair e transpor, para os respectivos livros (art. 116), todos os dados de interesse (art. 120) constantes dos instrumentos de constituição da pessoa jurídica de direito privado, apresentados a registro pelo interessado (art. 121).

Ato constitutivo é a manifestação de vontade feita individual ou coletivamente, sob a forma escrita, revelando a intenção de criar uma pessoa jurídica destinada à realização de objetivo específico e de obter o necessário registro, de acordo com o permissivo legal vigente.[3]

As categorias denominadas *sociedade civil* e *sociedade comercial* não subsistiram ao Código Civil de 2002, motivo pelo qual não nos vamos deter na discussão das polêmicas existentes acerca desse tema sob a vigência do revogado Código Civil de 1916.

---

1. MIRANDA, Henrique Savonitti. *Curso de direito administrativo*. 3. ed. Brasília: Senado Federal, 2005, p. 145.
2. CENEVIVA, Walter. *Lei dos registros públicos comentada*, p. 267.
3. CENEVIVA, Walter. *Lei dos registros públicos comentada*, p. 274.

O vigente Código Civil, em seu art. 44, refere apenas as *sociedades* como categoria de pessoas jurídicas de direito privado, distinguindo-as, como regra geral, entre *simples* e *empresárias* (art. 982).

A distinção entre *sociedade simples* e *sociedade empresária* balizada, na atualidade, pelas disposições do Código Civil é de fundamental importância no estudo atinente às pessoas jurídicas, porque registráveis em órgãos diversos, constituindo, a primeira espécie, atribuição do Registro Civil de Pessoas Jurídicas (afeto aos oficiais de registro civil de pessoas jurídicas com base na Lei n. 6.015/1973) e, a segunda espécie, atribuição do Registro Público de Empresas Mercantis (afeto às Juntas Comerciais com base na Lei n. 8.934/1994).

A *sociedade empresária* é aquela que tem por objeto o exercício de atividade própria de empresário, tal seja, a de exercer profissionalmente atividade econômica organizada para produção ou circulação de bens ou serviços (art. 982, combinado com o art. 966). Também se caracterizam como empresárias, independentemente do objeto, as sociedades por ações (sociedades anônimas e sociedades em comandita por ações), reguladas pelos arts. 1.088 a 1.092 do Código Civil e pela Lei n. 6.404/1976.

Essa *sociedade empresária*, nos termos do art. 983 do Código Civil, deve-se constituir segundo um dos *tipos* regulados nos arts. 1.039 a 1.092 do Código Civil (como sociedade em nome coletivo, sociedade em comandita simples, sociedade limitada, sociedade anônima ou sociedade em comandita por ações). Para que adquira personalidade jurídica, deve ter seus atos constitutivos registrados no Registro Público de Empresas Mercantis (art. 1.150 do Código Civil), no prazo de trinta dias de sua lavratura, mediante requerimento do responsável legal, sob pena de, não observado esse prazo, o registro só passar a valer da data de sua concessão pelo órgão registral.

A *sociedade simples*, por sua vez, é aquela que não tem por objeto o exercício de atividade própria de empresário (art. 982 do Código Civil), assim também se caracterizando, independentemente do objeto, as *sociedades cooperativas*, reguladas pelos arts. 1.093 a 1.096 do Código Civil e pela Lei n. 5.764/1971. Nas *sociedades simples*, os sócios não exercem, exclusiva e profissionalmente, a direção e coordenação da atividade-fim desenvolvida pelo empreendimento no qual atuam, como ocorre nas sociedades empresárias, mas participam diretamente na realização dessa atividade, atuando em colaboração, auxiliados eventualmente por algum empregado, como é o caso típico das clínicas médicas e odontológicas, em que todos os profissionais consorciados para a atividade atuam especificamente na realização das atividades de saúde que consistem na prestação dos serviços a que se destinam.

Também são inscritíveis no Registro Civil de Pessoas Jurídicas as espécies de pessoas jurídicas de fins *não econômicos* a que se refere o art. 44 do Código Civil, tais sejam as associações (e, dentre essas, os sindicatos e partidos políticos como categorias específicas), as organizações religiosas e as fundações.

Além disso, também são realizadas no Registro Civil de Pessoas Jurídicas as *matrículas* de veículos de imprensa, de radiodifusão e de divulgação noticiosa, matriculação essa que, apesar de ser realizada à semelhança da inscrição de pessoas jurídicas (art.

126 da LRP), tem a natureza de *registro administrativo* destinado a promover o controle da regularidade dessas organizações e da responsabilidade dos profissionais que nelas atuam, o qual é desprovido do efeito constitutivo da personalidade jurídica, tal como ocorre nas demais hipóteses registrais previstas pelo art. 114 da LRP. Essa matrículação, aliás, a teor do que dispõe o art. 123 da LRP, *pressupõe* o registro constitutivo (ou inscrição) quando as atividades de imprensa periódica, de radiodifusão ou noticiosas sejam desenvolvidas por pessoa jurídica.

Por fim, há que se consignar que constitui *exceção* ao exercício da atribuição registral conferida ao Registro Civil de Pessoas Jurídicas, a designação dos Conselhos Seccionais da Ordem dos Advogados do Brasil, como órgãos destinados ao registro das *sociedades de advogados* (tanto a sociedade simples de prestação de serviços de advocacia quanto a sociedade unipessoal de advocacia). Aliás, nos termos do § 3º do art. 16 da Lei nº 8.906/1994 (Estatuto da Advocacia), é estabelecida uma *vedação* ao exercício do registro de tais sociedades pelos demais órgãos de registro de pessoas jurídicas, ficando a estes proibida a realização do registro de *quaisquer sociedades* que incluam, entre suas finalidades, qualquer atividade de advocacia.

6.4 O ADVENTO DO REGISTRO ELETRÔNICO

6.4.1 As Centrais Eletrônicas de Registros Públicos no Brasil

As Centrais Eletrônicas de Registros Públicos de todas as especialidades registrais contempladas pela Lei n. 6.015, de 31 de dezembro de 1973 (registro civil de pessoas naturais, registro civil de pessoas jurídicas, registro de títulos e documentos e registro de imóveis), representam o maior aporte tecnológico já introduzido no contexto dos serviços extrajudiciais de notas e de registros públicos brasileiros nos últimos tempos. Independentemente disso, o fenômeno atinge também a atividade notarial (a cargo dos tabelionatos de notas e de protesto de títulos) que também aceleram o dinamismo das atividades a cargo dos serviços extrajudiciais do país, previstos no art. 236 da Constituição.

A instalação dessas centrais eletrônicas constitui indispensável instrumento de prestação dos serviços de *registro eletrônico*, há muito aguardados em nosso país, especialmente pelo usuário final do sistema registral, facilitando-lhe o acesso e ampla circulação da informação, o que terminou por promover uma verdadeira revolução na forma de prestação dos serviços nesse segmento de serviços públicos do país, devido à integração nacional que essas estruturas tecnológicas de informática e telemática estão passando a proporcionar.

O tema já vinha sendo discutido há muito tempo no Brasil, mas foi a Lei n. 11.977, de 7 de julho de 2009, que, através das disposições de seus artigos 37 a 40, estabeleceu o marco regulatório para a introdução do registro eletrônico no país:

> Art. 37. Os serviços de registros públicos de que trata a Lei nº 6.015, de 31 de dezembro de 1973, observados os prazos e condições previstas em regulamento, instituirão sistema de registro eletrônico.

Art. 38. Os documentos eletrônicos apresentados aos serviços de registros públicos ou por eles expedidos deverão atender aos requisitos da Infraestrutura de Chaves Públicas Brasileira – ICP e à arquitetura e-PING (Padrões de Interoperabilidade de Governo Eletrônico), conforme regulamento.

Parágrafo único. Os serviços de registros públicos disponibilizarão serviços de recepção de títulos e de fornecimento de informações e certidões em meio eletrônico.

Art. 39. Os atos registrais praticados a partir da vigência da Lei nº 6.015, de 31 de dezembro de 1973, serão inseridos no sistema de registro eletrônico, no prazo de até 5 (cinco) anos a contar da publicação desta Lei.

Parágrafo único. Os atos praticados e os documentos arquivados anteriormente à vigência da Lei nº 6.015, de 31 de dezembro de 1973, deverão ser inseridos no sistema eletrônico.

Art. 40. Serão definidos em regulamento os requisitos quanto a cópias de segurança de documentos e de livros escriturados de forma eletrônica.

6.4.2 A Central de Registro de Títulos e Documentos e de Pessoas Jurídicas

A Central Nacional de Registro de Títulos e Documentos e de Registro Civil de Pessoas Jurídicas – **Central RTDPJ-Brasil** (http://www.rtdbrasil.org.br) é um grande sistema integrativo, de abrangência nacional, que possibilita o intercâmbio de informações entre os ofícios de Registro de Títulos e Documentos (RTD) e de Registro Civil de Pessoas Jurídicas (RCPJ), o Poder Judiciário, a Administração Pública e o público em geral, proporcionando celeridade e eficácia na prestação dos serviços de registro das referidas especialidades.

Essa Central Nacional é constituída pela maior plataforma de registro eletrônico implantada até o momento no País.

Cabe a essa Central o acompanhamento de todo o processo registral, desde a solicitação por parte do usuário, até a emissão do registro e respectivas certidões por parte dos cartórios em todo o território nacional.

A plataforma é uma solução tecnológica que proporciona, economia de tempo, sistematização de processos, agilidade, celeridade e conforto aos usuários no momento da utilização dos serviços oferecidos pelos ofícios registrais.

A Central RTDPJ-Brasil é administrada pelo Instituto de Registro de Títulos e Documentos e Pessoas Jurídicas do Brasil (IRTDPJ-Brasil) e tem suas atividades reguladas pelo Conselho Nacional de Justiça (CNJ), órgão de cúpula da organização do Poder Judiciário brasileiro.

O IRTDPJ-Brasil é a principal entidade de representação institucional dos cerca de 3.400 cartórios de registro de Títulos e Documentos e de Pessoas Jurídicas em atividade em todo o país.

Os cartórios de Registro de Títulos e Documentos (RTD) têm como atribuição legal arquivar e conservar documentos, dar publicidade, produzir oponibilidade em relação a terceiros e perpetuar, através de seus registros, os negócios realizados entre pessoas físicas e/ou jurídicas.

Já os cartórios de Registro Civil de Pessoas Jurídicas (RCPJ) têm atribuição legal para constituir a personalidade jurídica e registrar todos os atos das sociedades simples (sob a forma típica ou limitada), sociedades cooperativas, empresas individuais de responsabilidade limitada, empresas simples de crédito, associações, fundações, organizações religiosas, partidos políticos e sindicatos.

Dessa forma, todos os atos que constituem as atribuições legais dos cartórios de RTD e RCPJ, em todo o território brasileiro, podem ser viabilizados eletronicamente, através da estrutura de serviços de sua Central Nacional (Central RTDPJ-Brasil), acessível pela rede mundial de computadores no endereço eletrônico http://www.rtdbrasil.org.br/.

O Provimento n. 48, de 16 de março de 2016, alterado pelo Provimento n. 59, de 3 de maio de 2017, da Corregedoria Nacional do CNJ, estabelecem diretrizes gerais para o sistema de registro eletrônico de títulos e documentos e civil de pessoas jurídicas para todo o país.

De acordo com os referidos provimentos, em cada Estado e no Distrito Federal serão criadas Centrais de Serviços Eletrônicos Compartilhados, às quais estarão integrados todos os oficiais de registro de títulos e documentos e de registro civil de pessoas jurídicas, mediante ato normativo da Corregedoria-Geral de Justiça local, compreendendo a prestação dos seguintes serviços (art. 2º):

> I – o intercâmbio de documentos eletrônicos e de informações entre os ofícios de registro de títulos e documentos e civil de pessoas jurídicas, o Poder Judiciário, a Administração Pública e o público em geral;
>
> II – a recepção e o envio de títulos em formato eletrônico;
>
> III – a expedição de certidões e a prestação de informações em formato eletrônico; e
>
> IV – a formação, nos cartórios competentes, de repositórios registrais eletrônicos para o acolhimento de dados e o armazenamento de documentos eletrônicos.
>
> V – a recepção de títulos em formato físico (papel) para fins de inserção no próprio sistema, objetivando enviá-los para o registro em cartório de outra comarca.

O advento dessas Centrais de Registro Eletrônico, entretanto, em nada alteram a *organização* e as *atribuições legais* dos Ofícios de Registro, apenas determinam alterações na rotina segundo a qual os serviços serão prestados de forma integrada por meio dessas centrais, em todo o país, introduzindo apenas uma *nova forma* pela qual os documentos podem ser apresentados, tramitados e processados os respectivos atos (a forma *eletrônica*).

Assim, toda a responsabilidade na prestação dos serviços permanece sob a exclusiva tutela dos Oficiais de Registro de Títulos e Documentos ou de Registro Civil de Pessoas Jurídicas, nos termos do que esclarece o art. 4º do já referido Provimento n. 48/2016:

> Art. 4º. Todas as solicitações feitas por meio das centrais de serviços eletrônicos compartilhados serão enviadas ao ofício de registro de títulos e documentos e civil de pessoas jurídicas competente, que será o único responsável pelo processamento e atendimento.

7
Procedimentos Registrais no RCPJ

Para uma abordagem acerca dos procedimentos práticos aplicáveis aos atos registrais incumbidos ao Registro Civil de Pessoas Jurídicas (RCPJ), há que se esclarecer que, de acordo com o Código Civil de 2002, as atribuições desse órgão registral são as seguintes:

a) a inscrição e as alterações supervenientes das sociedades simples em sua forma típica;

b) a inscrição e as alterações supervenientes das sociedades simples que adotaram uma das formas das sociedades empresárias, quais sejam: sociedade limitada (inclusive sob a forma de sociedade unipessoal), sociedade em nome coletivo e sociedade em comandita simples;

c) a inscrição e as alterações supervenientes das sociedades cooperativas;

d) a inscrição e as alterações supervenientes dos atos constitutivos de associações, fundações, sindicatos, partidos políticos e organizações religiosas;

e) a inscrição e as alterações supervenientes das empresas individuais de responsabilidade limitada – EIRELI, na forma "simples";

f) as matrículas e alterações supervenientes de jornais, periódicos, revistas, oficinas impressoras, empresas de radiodifusão e agências de notícias.

Cabe lembrar, também, que, até a entrada em vigor do Código Civil de 2002, o critério adotado para definir-se qual o órgão registral em que uma *sociedade* deveria ser registrada era a realização ou não de *atos de comércio* pela sociedade registranda.

Assim, se a atividade societária consistisse na produção e circulação de bens (industrialização e comercialização), a sociedade deveria ser registrada na Junta Comercial; se a atividade da sociedade consistisse na *prestação de serviços*, o órgão de registro seria o Registro Civil de Pessoas Jurídicas.

Esse critério anteriormente estabelecido, entretanto, foi rompido, a partir de 2002, em razão de o novo Código Civil ter adotado a *teoria da empresa*, e não mais a *teoria dos atos de comércio*, na distinção entre as *sociedades* de direito privado, sendo, pois, reformulada a maneira de classificá-las, as quais passaram a distinguir-se entre *sociedades empresárias* e *sociedades simples*, segundo a forma como exerçam sua atividade econômica. A diferenciação, portanto, não mais reside no *objeto social*. Ambas realizam atividades econômicas, e o que as diferencia é a estrutura, a escala, a funcionalidade, o modo de atuação dos sócios e o modo pelo qual a atividade econômica é organizada e exercida. Apesar de concordarmos com a opinião de Gladston Mamede de que a distinção entre a natureza simples e a natureza empresária da sociedade comporta uma vasta zona cinzenta, ao mesmo tempo em que propugna por uma *unificação* no seu tratamento[1], não podemos desconhecer que essa distinção foi criada pelo direito privado brasileiro e, ao que parece, será mantida como critério diferencial e classificatório.

Essa distinção, ainda que referida aqui de forma introdutória, é, entretanto, de fundamental importância na definição do órgão registral competente para o registro das *sociedades* de direito privado, pois as *sociedades simples* são registráveis no Registro Civil de Pessoas Jurídicas – o qual é operado como um dos vários Serviços de Registros Públicos disponíveis em cada Comarca Judicial do país – e as *sociedades empresárias* são registráveis no Registro Público das Empresas Mercantis – o qual é operado pela Junta Comercial de cada Estado.

Outro aspecto importante a lembrar, quanto à regularidade do registro, é que o art. 2.031 do Código Civil de 2002 estabeleceu inicialmente um prazo de um ano, a partir da sua vigência, para que as associações, sociedades e fundações se *adaptassem* às disposições do novo Código. Posteriormente, esse prazo foi dilatado, tendo finalizado em 11 de janeiro de 2007, nos termos da Lei n. 11.127, de 28 de junho de 2005.

Surgiram questionamentos, portanto, em relação às *consequências* jurídicas dessa disposição legal. Apesar de alguma polêmica em relação ao tema, estamos de acordo com a posição de que, ainda que a lei não tenha estabelecido penalidade expressa, às pessoas jurídicas não adaptadas às disposições da Lei n. 10.406/2002 (Código Civil) até o prazo concedido, ficam equiparadas às *sociedades em comum* ou *irregulares*, como se não regularmente inscritas ou registradas perante o órgão competente. A principal consequência dessa situação é a de que essas organizações restarão carentes de personalidade jurídica própria, distinta da de seus integrantes, passando estes a responder direta e ilimitadamente pelas obrigações sociais.

Neste capítulo, designamos por "*procedimentos registrais*" àquele conjunto de providências e de documentos cuja apresentação, perante o Registro Civil de Pessoas Jurídicas, é necessária para que o interessado possa obter a realização do *ato registral* pretendido e aufira os efeitos jurídicos dele decorrentes.

Com o advento do *registro eletrônico*, operado no país pelas *centrais de serviços eletrônicos compartilhados* de registro de títulos e documentos e de pessoas jurídicas (ver itens 6.4.1 e 6.4.2), passaram a ser exigidas algumas adaptações de procedimentos para a prestação dos serviços extrajudiciais de notas e de registros públicos.

Assim, conforme já referido anteriormente, a introdução dessas *centrais* em nada alterou a *organização e as atribuições* incumbidas aos serviços extrajudiciais do país, os quais permaneceram sob a exclusiva tutela e responsabilidade dos Ofícios de Registro de Títulos e Documentos e de Pessoas Jurídicas, que continuarão recebendo e processando todas as solicitações feitas por meio das centrais.

Da mesma forma, as eventuais adaptações procedimentais ocorridas em razão da prestação dos serviços por meio das *centrais*, não alteraram os roteiros apresentados

---

1. MAMEDE, Gladston. *Direito empresarial brasileiro; direito societário: sociedades simples e empresárias*. 8ª ed. São Paulo: Atlas, 2016, v.2, p. 189-90.

a seguir visando à realização dos atos registrais já que implicam apenas a mudança no *formato* dos documentos a apresentar: do *físico* (formato impresso em papel), para o *eletrônico* (formato digital).

O atendimento tradicional, prestado pelas serventias, continuou sendo realizado presencialmente em suas sedes, ainda que através de regimes de trabalho e horários adaptados para o enfrentamento das dificuldades surgidas em razão da *pandemia de Covid-19* provocada pelo contágio com o *novo corona vírus* ao longo dos anos de 2019-2020. Entretanto as limitações e riscos impostos por essa situação de *crise sanitária* aceleraram o processo de instalação e operação das *centrais eletrônicas de registro* que passaram a proporcionar a prestação dos serviços de forma remota aos usuários.

Assim, se o usuário dos serviços se utilizar do *processo tradicional* de registro, fazendo a entrega de documentos originais fisicamente (em papel) na sede das serventias, depois de realizado o ato registral solicitado, os documentos respectivos serão entregues ao apresentante, da forma tradicional, contendo a certificação do registro realizado através de *certidões e documentos físicos* (impressos em papel, assinados fisicamente e com todos os requisitos tradicionais de segurança e autenticidade – tais como formulários, carimbos e selos). A única mudança que poderá ser verificada em relação aos documentos é quanto ao seu *arquivamento* no órgão registral, que poderá ser realizado pela forma tradicional (impresso em papel) ou pela forma eletrônica (através de *digitalização* dos originais).

Tratando-se de *documento eletrônico*[2] apresentado a registro por meio das *centrais* (ou mesmo presencialmente nas serventias), o *sistema eletrônico de registro* importará uma cópia do arquivo, processará o registro solicitado e devolverá o documento, *digitalizado* e com a *assinatura eletrônica* do registrador, seu substituto ou escrevente autorizado.

As centrais proporcionam a emissão e entrega de *certidão eletrônica*, por suas plataformas, podendo o interessado solicitar que a certidão lhe seja enviada por via postal ou que seja *materializada* (*impressa em papel e assinada fisicamente*), por *registrador* de títulos e documentos e de pessoas jurídicas situado em outra localidade, mediante o pagamento dos respectivos emolumentos.

Através das centrais é proporcionada, também, a *pesquisa por atos de registro*, cujo resultado indicará a *serventia* na qual foi lavrado o registro e pelo menos um elemento de individualização para afastar a possibilidade de ocorrência de homonímia.

---

2. Um *documento eletrônico* é um *documento digital* que se caracteriza pela codificação em dígitos binários e acesso por sistema computacional. Um *documento digital* pode ser um *documento nato-digital* ou um *documento digitalizado*. *Documento nato-digital* é o documento que *"nasceu"* em formato digital (como é o caso de um documento produzido por um editor de texto ou por uma câmera digital). Os *documentos nato-digitais* possuem validade legal equiparada a dos documentos físicos, garantida por *certificação digital* ou *assinatura digital*. O *certificado digital* permite a identificação do autor de uma mensagem ou transação feita em meios eletrônicos sendo autenticado por uma Autoridade Certificadora (AC). A *assinatura digital* consiste em um mecanismo que identifica o autor da assinatura, vinculando-a ao documento eletrônico assinado e impedindo sua alteração por meio da criação de uma "imutabilidade lógica" em relação ao conteúdo desse documento. *Documento digitalizado* é a representação digital de um documento produzido em outro formato (físico) e que, por meio da *digitalização*, foi *convertido* para o formato digital. No Brasil, a Lei da Digitalização (Lei n. 12.682, de 9.7.2012) e sua regulamentação procuraram garantir segurança jurídica aos documentos digitalizados.

Aqui foi apresentada uma ideia geral acerca do funcionamento das *centrais de registro eletrônico* e sua rotina de operação, sendo recomendável, entretanto, verificar as normas específicas baixadas pelas Corregedorias de Justiça das Unidades da Federação a esse respeito.

7.1 PROCEDIMENTOS RELATIVOS À SOCIEDADE SIMPLES TÍPICA

7.1.1 Registro ou inscrição

A Sociedade Simples, regulada pelo art. 997 e seguintes do Código Civil, adquire personalidade jurídica com a *inscrição* ou *registro* de seus atos constitutivos perante o Registro Civil de Pessoas Jurídicas, podendo adotar a forma *típica* da Sociedade Simples, ou um dos tipos de sociedade empresária autorizados em lei (art. 983 do Código Civil) e com ela compatíveis, quais sejam, a *sociedade em nome coletivo*, a *sociedade em comandita simples* ou a *sociedade limitada*, passando a subordinar-se, desde então, ao regramento estabelecido para o tipo societário eleito pelos sócios.

Adotada a forma *típica* da Sociedade Simples, a *inscrição* deve ser solicitada, nos 30 (trinta) dias subsequentes à sua constituição (art. 998 do Código Civil), com a apresentação dos seguintes documentos (art. 1.151, § 1º, do Código Civil):

a) **Requerimento** dirigido ao oficial do Registro Civil de Pessoas Jurídicas, assinado pelo representante da sociedade, com firma reconhecida por autenticidade (art. 1.153 do Código Civil), com indicação da residência do requerente, constando o nome completo e endereço da sociedade, solicitando o registro ou a inscrição, especificando o tipo jurídico adotado – SOCIEDADE SIMPLES – de acordo com o que dispõe o art. 121 da Lei n. 6.015/73.

b) **Contrato Social** em duas vias, devidamente rubricadas e assinadas pelos sócios e por duas testemunhas, com firma reconhecida por autenticidade (art. 1.153 do Código Civil) e contendo visto do advogado com seu respectivo número de inscrição na OAB, conforme art. 1º, § 2º, da Lei n. 8.906/94[3], com os requisitos mínimos de lei, conforme art. 997 e art. 46 e incisos do Código Civil e art. 120 da Lei n. 6.015/73:

- nome, nacionalidade, estado civil (os membros solteiros devem declarar sua maioridade), números do RG e CPF, profissão e residência dos sócios, se pessoas naturais; a firma ou denominação, dados de registro no órgão competente, indicação do representante legal, nacionalidade e sede dos sócios, se pessoas jurídicas;

- denominação, objeto, endereço da sede e prazo de duração da sociedade;

- capital da sociedade, expresso em moeda corrente, podendo compreender qualquer espécie de bens suscetíveis de avaliação pecuniária;

- a quota de cada sócio no capital social, e o modo de realizá-la;

---

3. O § 2º do art. 9º da Lei Complementar n. 123/2006 dispensa essa formalidade quando se tratar de pessoa jurídica classificável como ME ou EPP, que pretenda optar pelo tratamento tributário simplificado do "Simples Nacional".

- as prestações a que se obriga o sócio, cuja contribuição consista em serviços;
- as pessoas naturais incumbidas da administração da sociedade, com sua qualificação e declaração de que não estão incursas nas exclusões mencionadas no art. 1.011, § 1º, do Código Civil, seus poderes e atribuições;
- a participação de cada sócio nos lucros e nas perdas;
- se os sócios respondem, ou não, subsidiariamente, pelas obrigações sociais;
- se o contrato é reformável no tocante à administração e de que modo;
- as condições de extinção da pessoa jurídica e o destino de seu patrimônio no caso de extinção.

c) **Aprovação da autoridade competente**, quando o funcionamento da sociedade depender desta, conforme art. 119 da Lei n. 6.015/73.

d) **Prova de permanência legal no país** para os estrangeiros que participem da sociedade, conforme exigência do art. 12 da Constituição e art. 19 da Lei n. 13.445/2017 (Lei de Migração).

É sempre importante verificar acerca da existência de normas administrativas específicas, baixadas pelas Corregedorias-Gerais de Justiça dos Estados.

7.1.2 Alterações contratuais

De conformidade com a legislação que regula a matéria, o registro de alterações contratuais exige a apresentação dos seguintes documentos:

a) **Requerimento** dirigido ao oficial do Registro Civil de Pessoas Jurídicas assinado pelo representante legal da sociedade, com firma reconhecida – art. 1.153 do Código Civil –, com indicação da residência do requerente, constando o nome completo e endereço da sociedade, solicitando a alteração contratual, conforme art. 121 da Lei n. 6.015/73.

b) **Documentos originais comprobatórios das alterações**, em duas vias, devidamente assinados e rubricados pelos sócios e por duas testemunhas, com firma reconhecida – art. 1.153 do Código Civil – e contendo o visto de advogado com número de inscrição na OAB, conforme art. 1º, § 2º, da Lei n. 8.906/94.

c) **Comprovação da condição de inscrita no CNPJ**, expedida pela Receita Federal do Brasil, obtida por meio dos seguintes endereços eletrônicos na *internet*: <https://www.receita.economia.gov.br> (modelo I do Anexo III da IN RFB 1.863) e <https://www.redesim.gov.br> (modelo II do Anexo III da IN RFB 1.863, no Portal Nacional da Redesim, mediante identificação do usuário), conforme art. 3º combinado com o art. 12 da Instrução Normativa RFB n. 1.863/2018.

d) **Prova de permanência legal no país** para os estrangeiros que participem da associação, conforme exigência do art. 12 da Constituição e art. 19 da Lei n. 13.445/2017 (Lei de Migração).

É importante observar que as modificações do contrato social que tenham por objeto quaisquer matérias indicadas no art. 997 do Código Civil dependem do *consen-*

timento de todos os sócios. As demais podem ser decididas por *maioria absoluta de votos*, se o contrato não determinar a necessidade de deliberação unânime, nos termos do art. 999 do Código Civil.

Igualmente importante é verificar acerca da existência de normas administrativas específicas, baixadas pelas Corregedorias-Gerais de Justiça dos Estados.

7.1.3   Inscrição de filial

Para a inscrição de filial de Sociedade Simples, é necessário apresentar:

a) **Requerimento** dirigido ao oficial do Serviço de Registro Civil de Pessoas Jurídicas assinado pelo representante legal da sociedade, residente na cidade para a qual a inscrição de filial é solicitada, com firma reconhecida – art. 1.153 do Código Civil – e indicação de seu endereço residencial, solicitando a *inscrição da filial*, conforme art. 121 da Lei n. 6.015/73, fazendo constar o nome completo e endereço da sociedade.

b) **Certidão de inteiro teor do Contrato Social consolidado em vigor**, atualizada, expedida pelo Serviço do Registro Civil de Pessoas Jurídicas da sede, de acordo com o que dispõe o art. 1.000 e seu parágrafo único do Código Civil.

c) **Alteração contratual**, em duas vias, relativa à criação da filial, já averbada no Registro Civil de Pessoas Jurídicas da respectiva sede, conforme dispõe o art. 1.000 e seu parágrafo único do Código Civil;

d) **Comprovação da condição de inscrita no CNPJ**, expedida pela Receita Federal do Brasil, obtida por meio dos seguintes endereços eletrônicos na *internet*: <https://www.receita.economia.gov.br> (modelo I do Anexo III da IN RFB 1.863) e <https://www.redesim.gov.br> (modelo II do Anexo III da IN RFB 1.863, no Portal Nacional da Redesim, mediante identificação do usuário), conforme art. 3º combinado com o art. 12 da Instrução Normativa RFB n. 1.863/2018.

e) **Comprovação de inexistência de sociedade com denominação idêntica** ou semelhante, na mesma circunscrição, quando houver outros serviços de Registro Civil de Pessoas Jurídicas nela sediados, por meio da juntada de certidão negativa nesse sentido, expedida pelos demais órgãos registrais circunscricionados, visando à proteção da denominação das sociedades simples, conforme dispõem os artigos 1.155 e 1.163 do Código Civil.

Sempre é importante verificar acerca da existência de normas administrativas específicas, baixadas pelas Corregedorias-Gerais de Justiça dos Estados.

7.1.4   Transferência de sede

Há muitas rotinas instituídas nos serviços do RCPJ que resultaram da *praxe registral*, tendo sido reguladas, em muitos casos, por meio de normas regulamentares locais, baixadas pelas Corregedorias-Gerais de Justiça estaduais, como é o caso clássico da *transferência de sede* de pessoas jurídicas, que não encontra disciplina nos textos legais.

No Estado do Rio Grande do Sul, quando se trata de *transferência de sede de sociedade* para Município de outra comarca, promove-se a *averbação* da transferência na comarca de origem com expedição de certidão de inteiro teor e a inscrição dos atos na nova sede, de acordo com a orientação fixada pelo § 4º do art. 329, combinado com o art. 331 da CNNR-CGJ-RS (aprovada pelo Provimento n. 001/2020-CGJ-RS).

Para a transferência de sede de uma *sociedade simples*, sugere-se tomar como referência o procedimento a seguir apresentado, alertando-se desde já que as *normas locais* geralmente fixam procedimento específico para a sucessão dos atos:

A. Providências junto ao RCPJ da nova sede:

a) **Requerimento** dirigido ao Serviço de Registro Civil de Pessoas Jurídicas **do Município para onde a transferência é pretendida**, assinado pelo representante legal, com firma reconhecida (art. 1.153 do Código Civil), com indicação da residência do requerente, solicitando *inscrição* em virtude da resolução de transferir a sede da sociedade da cidade (comarca) de origem para a cidade (comarca) de destino. b) **Certidão de inteiro teor, atualizada, dos atos arquivados no Registro Civil das Pessoas Jurídicas da sede** (contrato e alterações posteriores) expedida pelo Registro Civil de Pessoas Jurídicas da Comarca da sede de origem.

c) **Instrumento de alteração** que decidiu pela transferência de sede da sociedade e consolidação do contrato social, assinado pelos sócios e por duas testemunhas, com firma reconhecida conforme art. 1.153 do Código Civil, em duas vias e contendo a assinatura de advogado com o respectivo número de inscrição na OAB, conforme exige o art. 1º, § 2º, da Lei n. 8.906/94.

d) **Comprovação da condição de inscrita no CNPJ**, expedida pela Receita Federal do Brasil, obtida por meio dos seguintes endereços eletrônicos na *internet*: <https://www.receita.economia.gov.br> (modelo I do Anexo III da IN RFB 1.863) e <https://www.redesim.gov.br> (modelo II do Anexo III da IN RFB 1.863, no Portal Nacional da Redesim, mediante identificação do usuário), conforme art. 3º combinado com o art. 12 da Instrução Normativa RFB n. 1.863/2018.

e) **Comprovação de inexistência de sociedade com denominação idêntica** ou semelhante, na mesma circunscrição, quando houver outros serviços de Registro Civil de Pessoas Jurídicas nela sediados, por meio da juntada de certidão negativa nesse sentido, expedida pelos demais órgãos registrais circunscricionados, visando à proteção da denominação das sociedades simples, conforme dispõem os artigos 1.155 e 1.163 do Código Civil.

B. Providências junto ao RCPJ da antiga sede:

a) **Requerimento dirigido ao Serviço de Registro Civil de Pessoas Jurídicas do Município onde estava sediada anteriormente a sociedade**, assinado pelo representante legal, com firma reconhecida (art. 1.153 do Código Civil), com indicação da residência do requerente, assim como da denominação e endereço da sociedade, solicitando a *averbação* do ato que decidiu pela *transferência da sede* do município de origem da pessoa jurídica para o município de destino da pessoa jurídica.

b) **Apresentação do instrumento da alteração contratual** assinado pelos sócios e por duas testemunhas, com firma reconhecida (art. 1.153 do Código Civil), rubricadas todas as folhas, e contendo o visto de um advogado com número de inscrição na OAB, conforme exigência do art. 1º, § 2º, da Lei n. 8.906/94.

c) **Comprovação da condição de inscrita no CNPJ**, expedida pela Receita Federal do Brasil, obtida por meio dos seguintes endereços eletrônicos na *internet*: <https://www.receita.economia.gov.br> (modelo I do Anexo III da IN RFB 1.863) e <https://www.redesim.gov.br> (modelo II do Anexo III da IN RFB 1.863, no Portal Nacional da Redesim, mediante identificação do usuário), conforme art. 3º combinado com o art. 12 da Instrução Normativa RFB n. 1.863/2018.

Sempre é importante verificar acerca da existência de normas administrativas específicas, baixadas pelas Corregedorias-Gerais de Justiça dos Estados.

7.1.5 Transformação, incorporação, fusão ou cisão

O registro de alterações contratuais, nas hipóteses de incorporação, fusão ou cisão de sociedades simples, deve observar o seguinte procedimento:

a) **Requerimento** dirigido ao Serviço de Registro Civil de Pessoas Jurídicas, assinado pelo representante legal da sociedade, com firma reconhecida (art. 1.153 do Código Civil), com indicação da residência do requerente, denominação e endereço da sociedade, solicitando o registro da transformação, incorporação, fusão ou cisão da sociedade, de acordo com o que dispõe o art. 121 da LRP;

b) **Instrumento de alteração**, que decidiu pela transformação, incorporação, fusão ou cisão da sociedade, em duas vias, devidamente assinado e rubricado pelos sócios e duas testemunhas, com firma reconhecida (art. 1.153 do Código Civil), contendo o visto de advogado com número de inscrição na OAB, conforme exigido pelo art. 1º, § 2º da Lei nº 8.906/94 (salvo se for ME ou EPP) e demais documentos originais comprobatórios da alteração (laudos, protocolos, atas, justificativas), conforme disposições do art. 1.113 ao art. 1.122 do Código Civil.

c) **Comprovação da condição de inscrita no CNPJ**, expedida pela Receita Federal do Brasil, obtida por meio dos seguintes endereços eletrônicos na *internet*: <https://www.receita.economia.gov.br> (modelo I do Anexo III da IN RFB 1.863) e <https://www.redesim.gov.br> (modelo II do Anexo III da IN RFB 1.863, no Portal Nacional da Redesim, mediante identificação do usuário), conforme art. 3º combinado com o art. 12 da Instrução Normativa RFB n. 1.863/2018. d) **Publicação no Diário Oficial e em jornal de grande circulação**, dos atos relativos à incorporação, fusão ou cisão, conforme art. 1.122, combinado com o art. 1.152, § 1º, do Código Civil;

e) **Prova de permanência legal no país** para os estrangeiros que participem da sociedade, conforme exigência do art. 12 da Constituição e art. 19 da Lei n. 13.445/2017 (Lei de Migração).

As modificações do contrato social que tenham por objeto matérias indicadas no art. 997 do Código Civil, dependem do *consentimento de todos os sócios*, as demais podem ser decididas por *maioria absoluta* de votos, se o contrato não determinar a necessidade de deliberação unânime.

Quando ocorrer, cumulativamente, *redução de capital* (art. 1.084, § 1º do Código Civil), deve ser comprovada a correspondente *publicação* no Diário Oficial e em jornal de grande circulação, conforme dispõe o art. 1.152, § 1º, do Código Civil;

Quando resultar da incorporação, fusão ou cisão a adoção de *nova denominação* e houver, na mesma circunscrição, outros serviços de Registro Civil de Pessoas Jurídicas nela sediados, será necessária a *comprovação de inexistência de sociedade com denominação idêntica* ou semelhante, por meio de juntada de certidão negativa nesse sentido, expedida pelos demais órgãos registrais circunscricionados, visando à proteção da denominação das sociedades simples, conforme dispõem os artigos 1.155 e 1.163 do Código Civil.

Sempre é importante verificar acerca da existência de normas administrativas específicas, baixadas pelas Corregedorias-Gerais de Justiça dos Estados.

7.1.6 Cancelamento de registro

O cancelamento de registro ou de inscrição de sociedades simples no RCPJ observa o seguinte procedimento:

a) **Requerimento** dirigido ao Serviço de Registro Civil de Pessoas Jurídicas assinado pelo representante legal da sociedade, com firma reconhecida (art. 1.153 do Código Civil), com indicação da residência do requerente e do nome completo e endereço da sociedade, solicitando o *cancelamento de registro*, conforme prevê o art. 121 da LRP.

b) **Distrato Social**, assinado e rubricado pelos sócios e por duas testemunhas, com firma reconhecida (art. 1.153 do Código Civil), contendo a assinatura de um advogado, com o correspondente número de inscrição na OAB, conforme exige o art. 1º, § 2º, da Lei n. 8.906/94 (salvo se for ME ou EPP).

c) **Comprovação da publicação do distrato social no** *Diário Oficial* e em jornal de grande circulação (art. 1.152, § 1º do Código Civil), se a sociedade foi constituída depois da entrada em vigor do Código Civil de 2002 (a partir de 11 de janeiro de 2003), conforme art. 1.033, combinado com o art. 1.036, art. 1.038, § 2º, e art. 1.102 e seguintes do Código Civil.

d) **Comprovação da condição de inscrita no CNPJ**, expedida pela Receita Federal do Brasil, obtida por meio dos seguintes endereços eletrônicos na *internet*: <https://www.receita.economia.gov.br> (modelo I do Anexo III da IN RFB 1.863) e <https://www.redesim.gov.br> (modelo II do Anexo III da IN RFB 1.863, no Portal Nacional da Redesim, mediante identificação do usuário), conforme art. 3º combinado com o art. 12 da Instrução Normativa RFB n. 1.863/2018.

Sempre é importante verificar acerca da existência de normas administrativas específicas, baixadas pelas Corregedorias-Gerais de Justiça dos Estados.

7.1.7 Transformação de formas societárias (simples e empresárias)

A transformação da forma societária pode ocorrer das seguintes maneiras mais recorrentes no RCPJ:

7.1.7.1 Transformação de sociedade empresária em sociedade simples

a) **Requerimento** dirigido ao Serviço de Registro Civil de Pessoas Jurídicas assinado pelo representante legal, com firma reconhecida por autenticidade (art. 1.153 do Código Civil), com indicação da residência do requerente, com denominação completa da sociedade, solicitando *inscrição* da sociedade, em razão da transformação de sociedade empresária em sociedade simples.

b) **Certidão atualizada de inteiro teor** (último contrato social consolidado e posteriores alterações, inclusive a alteração que transforma de sociedade empresária para sociedade simples) fornecida pelo Registro de Empresas Mercantis (Junta Comercial), conforme art. 1.113 do Código Civil.

c) **Alteração e consolidação contratual** adaptada ao Código Civil assinada e rubricada pelos sócios e por duas testemunhas, com firma reconhecida (art. 1.153 do Código Civil) e visto de advogado com respectivo número de inscrição na OAB, conforme exige o art. 1º, § 2º, da Lei n. 8.906/94 (salvo se for ME ou EPP).

d) **Comprovação da condição de inscrita no CNPJ**, expedida pela Receita Federal do Brasil, obtida por meio dos seguintes endereços eletrônicos na *internet*: <https://www.receita.economia.gov.br> (modelo I do Anexo III da IN RFB 1.863) e <https://www.redesim.gov.br> (modelo II do Anexo III da IN RFB 1.863, no Portal Nacional da Redesim, mediante identificação do usuário), conforme art. 3º combinado com o art. 12 da Instrução Normativa RFB n. 1.863/2018.

e) **Comprovação de inexistência de sociedade com denominação idêntica** ou semelhante, na mesma circunscrição, quando houver outros serviços de Registro Civil de Pessoas Jurídicas nela sediados, por meio da juntada de certidão negativa nesse sentido, expedida pelos demais órgãos registrais circunscricionados, visando à proteção da denominação das sociedades simples, conforme dispõem os artigos 1.155 e 1.163 do Código Civil.

f) Se houver *redução de capital*, nos termos do art. 1.084 e seu § 1º do Código Civil, deverá ser apresentada a **publicação** no Diário Oficial e em jornal de grande circulação, de acordo com o que dispõe o *caput* do art. 1.152 e § 1º do Código Civil.

Depois de registrada a *sociedade* no Registro Civil de Pessoas Jurídicas, os sócios deverão pedir a *baixa* (cancelamento de inscrição) da sociedade no Registro Público das Empresas Mercantis (Junta Comercial).

Sempre é importante verificar acerca da existência de normas administrativas específicas, baixadas pelas Corregedorias-Gerais de Justiça dos Estados.

7.1.7.2 Transformação de sociedade simples em sociedade empresária

a) **Requerimento** dirigido ao Serviço de Registro Civil de Pessoas Jurídicas assinado pelo representante legal, com firma reconhecida (art. 1.153 do Código Civil), com indicação da residência do requerente, denominação e endereço da sociedade, solicitando o registro do *cancelamento da inscrição (baixa)*, em virtude da transformação de sociedade simples em sociedade empresária, depois de registrada a sociedade no Registro Público das Empresas Mercantis (Junta Comercial), de acordo com o art. 121 da LRP.

b) **Instrumento de alteração e consolidação do contrato social**, assinado pelos sócios e duas testemunhas, rubricadas todas as páginas, com firmas reconhecidas (art. 1.153 do Código Civil) e assinado por advogado com seu número de inscrição na OAB, conforme exige o art. 1º, § 2º, da Lei n. 8.906/94 (salvo se for ME ou EPP).

c) **Comprovação da condição de inscrita no CNPJ**, expedida pela Receita Federal do Brasil, obtida por meio dos seguintes endereços eletrônicos na *internet*: <https://www.receita.economia.gov.br> (modelo I do Anexo III da IN RFB 1.863) e <https://www.redesim.gov.br> (modelo II do Anexo III da IN RFB 1.863, no Portal Nacional da Redesim, mediante identificação do usuário), conforme art. 3º combinado com o art. 12 da Instrução Normativa RFB n. 1.863/2018. Sempre é importante verificar acerca da existência de normas administrativas específicas, baixadas pelas Corregedorias-Gerais de Justiça dos Estados.

7.2 PROCEDIMENTOS RELATIVOS ÀS SOCIEDADES SIMPLES QUE ADOTAM O TIPO DA SOCIEDADE LIMITADA

7.2.1 Registro ou inscrição[4]

Além de sua forma típica, a *Sociedade Simples* pode adotar um dos tipos de sociedade empresária previstos pelo Código Civil, dentre os quais o da **Sociedade Limitada**, quando deverá observar as disposições específicas desse tipo societário, em especial aquela que informa sua característica básica, nos termos do art. 1.052 do Código Civil, qual seja, a de que a responsabilidade de cada sócio restringe-se ao valor da respectiva quota, mas que respondem todos, solidariamente, pela integralização do capital social.

---

4. Com o advento da *sociedade simples unipessoal limitada* pela Lei n. 13.874/2019, o Instituto de Registro de Títulos e Documentos e Pessoas Jurídicas do Brasil fixou a seguinte orientação para a realização de seu registro:

a) Requerimento solicitando o registro do instrumento de constituição (com qualquer título: contrato, ato constitutivo ou qualquer outra designação) da sociedade simples unipessoal limitada, firmado pelo sócio único;

b) Instrumento de constituição de sociedade simples unipessoal limitada.

c) Ficam consignadas as seguintes observações: (i) O nome da sociedade pode ser razão social ou denominação, seguida da sigla Ltda.; (ii) O titular da sociedade unipessoal limitada pode ser pessoa natural ou jurídica, sem limitação do número de sociedades de que pode participar; (iii) Para o capital não há também limites para o seu valor, prevalecendo as normas da sociedade limitada para o caso; (iv) As demais cláusulas são as comuns do contrato social da sociedade limitada.

Essa é uma formulação bastante recorrente no RCPJ, tendo em vista que a Sociedade Limitada constitui o tipo societário empresarial de utilização mais ampla em todo o país.

A "*Sociedade Simples Limitada*", assim, deve ter sua *inscrição* ou *registro* solicitado, nos 30 (trinta) dias subsequentes à sua constituição, com os seguintes documentos:

a) **Requerimento** dirigido ao Serviço de Registro Civil de Pessoas Jurídicas assinado pelo representante da sociedade, com firma reconhecida por autenticidade – art. 1.153 do Código Civil, com indicação da residência do requerente, constando o nome completo e endereço da sociedade, solicitando a inscrição, no qual conste o tipo jurídico adotado – SOCIEDADE SIMPLES LIMITADA, conforme art. 121 da Lei n. 6.015/73 e arts. 983 e 1.052 e seguintes do Código Civil.

b) **Contrato Social**, em duas vias, devidamente rubricadas e assinadas pelos sócios, com firma reconhecida por autenticidade, consoante art. 1.153 do Código Civil, e por duas testemunhas também com firma reconhecida e contendo visto de advogado com seu respectivo número de inscrição na OAB, conforme art. 1º, § 2º, da Lei n. 8.906/94 (salvo se caracterizar-se como ME ou EPP), com os requisitos mínimos de lei, quais sejam, o art. 997, o art. 968, o art. 46 e incisos e o art. 1.052 e seguintes do Código Civil, bem como o art. 120 da Lei n. 6.015/73:

- nome, nacionalidade, estado civil (os sócios solteiros devem declarar a maioridade e, participando sócio casado, informar regime de bens – art. 968, I c/c art. 1.150 do Código Civil), profissão, números do RG e CPF dos sócios, e residência dos sócios, se pessoas naturais; e a firma ou a denominação, dados de registro no órgão competente, nacionalidade e sede dos sócios, se pessoas jurídicas;
- denominação (pode adotar firma ou denominação – art. 1.158 e parágrafos do Código Civil) acrescida da expressão LIMITADA, objeto, endereço da sede e prazo de duração da sociedade;
- capital da sociedade, expresso em moeda corrente, podendo compreender qualquer espécie de bens, suscetíveis de avaliação pecuniária (na sociedade limitada, é vedada contribuição que consista em prestação de serviços); a quota de cada sócio no capital social, e o modo de realizá-la; responsabilidade dos sócios (é restrita ao valor de suas quotas, mas todos respondem solidariamente pela integralização do capital social);
- as pessoas naturais incumbidas da administração da sociedade, com sua qualificação, e declaração de que não estão incursas nas exclusões mencionadas no art. 1.011, § 1º, do Código Civil;
- a participação de cada sócio nos lucros e nas perdas;
- se o contrato é reformável no tocante à administração e de que modo;
- as condições de extinção da pessoa jurídica e o destino do patrimônio no caso de extinção.

c) **Ato de aprovação da autoridade competente**, quando o funcionamento da sociedade depender desta, conforme art. 119 da Lei n. 6.015/73.

d) **Prova de permanência legal no país** para os estrangeiros que participem da sociedade, conforme exigência do art. 12 da Constituição e art. 19 da Lei n. 13.445/2017 (Lei de Migração).

Sempre é importante verificar acerca da existência de normas administrativas específicas, baixadas pelas Corregedorias-Gerais de Justiça dos Estados.

7.2.2 Alterações contratuais

Observadas as disposições do Código Civil aplicáveis às Sociedades Limitadas, o registro de alterações contratuais da *Sociedade Simples Limitada* observa o mesmo padrão procedimental previsto no item 7.1.2 para a realização das alterações contratuais da *Sociedade Simples "típica"*.

Sempre é importante verificar acerca da existência de normas administrativas específicas, baixadas pelas Corregedorias-Gerais de Justiça dos Estados.

7.2.3 Inscrição de filial

Observadas as disposições do Código Civil aplicáveis às Sociedades Limitadas, a inscrição de filiais da *Sociedade Simples Limitada* observa o mesmo padrão procedimental previsto no item 7.1.3 para a inscrição de filiais da *Sociedade Simples "típica"*.

Sempre é importante verificar acerca da existência de normas administrativas específicas, baixadas pelas Corregedorias-Gerais de Justiça dos Estados.

7.2.4 Transferência de sede

Observadas as disposições do Código Civil aplicáveis às *Sociedades Limitadas*, a transferência de sede da *Sociedade Simples Limitada* observa o mesmo padrão procedimental previsto no item 7.1.4 para a transferência de sede da *Sociedade Simples "típica"*.

Sempre é importante verificar acerca da existência de normas administrativas específicas, baixadas pelas Corregedorias-Gerais de Justiça dos Estados.

7.2.5 Transformação, incorporação, fusão ou cisão

Observadas as disposições do Código Civil aplicáveis às *Sociedades Limitadas*, a transformação, incorporação, fusão ou cisão da *Sociedade Simples Limitada* observa o mesmo padrão procedimental previsto no item 7.1.5 para a transformação[5], incorporação, fusão ou cisão da *Sociedade Simples "típica"*.

---

5. Com o advento da *sociedade simples unipessoal limitada* pela Lei n. 13.874/2019, o Instituto de Registro de Títulos e Documentos e Pessoas Jurídicas do Brasil fixou o seguinte procedimento, por meio da Orientação Técnica n. 02/2019, para sua criação por transformação:

   Para transformação de EIRELI em sociedade simples unipessoal limitada: a) Modificar a denominação ou firma retirando a sigla EIRELI e adicionando a sigla Ltda. (art. 980-A, §1º e art. 1.158 do CC); b) Se houver pretensão de reduzir capital, aplicar as regras do art. 1084 do CC, exceto se for ME ou EPP (art. 71 da Lei Complementar n. 123/2006), sendo que nesse último caso não precisa de publicação; c) O instrumento de formalização da transformação de EIRELI em limitada unipessoal é a declaração do titular, seja pessoa natural ou jurídica.

Sempre é importante verificar acerca da existência de normas administrativas específicas, baixadas pelas Corregedorias-Gerais de Justiça dos Estados.

7.2.6 Cancelamento de registro

Observadas as disposições do Código Civil aplicáveis às *Sociedades Limitadas*, o cancelamento de registro da *Sociedade Simples Limitada* observa o mesmo padrão procedimental previsto no item 7.1.6 para o cancelamento de registro da *Sociedade Simples "típica"*.

Sempre é importante verificar acerca da existência de normas administrativas específicas, baixadas pelas Corregedorias-Gerais de Justiça dos Estados.

7.2.7 Transformação de formas societárias (simples e empresárias)

Observadas as disposições do Código Civil aplicáveis às *Sociedades Limitadas*, a transformação de formas societárias (de sociedade simples em sociedade empresária ou de sociedade empresária em sociedade simples) da *Sociedade Simples Limitada* observa os mesmos padrões procedimentais previstos nos itens 7.1.7.1 e 7.1.7.2 para a transformação de formas societárias da *Sociedade Simples "típica"*.

Sempre é importante verificar acerca da existência de normas administrativas específicas, baixadas pelas Corregedorias-Gerais de Justiça dos Estados.

7.3 PROCEDIMENTOS RELATIVOS ÀS SOCIEDADES COOPERATIVAS

7.3.1 Registro ou inscrição

O registro ou inscrição de uma Sociedade Cooperativa no RCPJ deve-se realizar de modo a assegurar a preservação das características que a individualizam enquanto sociedade, na forma da lei (art. 1.094 do Código Civil).

Assim, fazem-se necessários:

a) **Requerimento** dirigido ao Serviço de Registro Civil de Pessoas Jurídicas, assinado pelo representante legal da Cooperativa, com indicação da residência do requerente, solicitando a INSCRIÇÃO ou REGISTRO da Sociedade Cooperativa, conforme preveem o art. 121 da Lei de Registros Públicos (Lei n. 6.015/73) e art. 1.151 do Código Civil.

b) **Estatuto Social** da Sociedade Cooperativa, em duas vias, devidamente assinadas pelo presidente da entidade, numerando-se as folhas e contendo visto do

---

Para transformação de sociedade simples limitada, que ficou com apenas um sócio, em sociedade simples unipessoal limitada, deve-se modificar o contrato para declaração do sócio remanescente como sociedade simples unipessoal limitada.

Observe-se ainda que: a) De acordo com o art. 980-A do CC a EIRELI permanece em vigor; b) Permanece igualmente em vigor o prazo de 180 dias exigido para a recomposição da pluralidade de sócios nas sociedades limitadas, de acordo com o que dispõe o inciso IV do art. 1.033 do CC.

advogado com respectivo número de inscrição na OAB, conforme art. 1º, § 2º, da Lei n. 8.906/94. Deverão conter os seguintes elementos básicos, conforme exigência dos arts. 46 e 1.094 do Código Civil e art. 21 da Lei das Cooperativas (Lei n. 5.764/71):

- denominação da entidade, sede, objeto social, prazo de duração, área de ação, fixação do exercício social e data do levantamento do balanço-geral;
- os direitos e deveres dos associados, natureza de suas responsabilidades, as condições de admissão, demissão, eliminação e exclusão, e as normas para sua representação nas assembleias-gerais;
- o capital mínimo, o valor da quota-parte, o mínimo de quotas-partes a ser subscrito pelo associado, o modo de integralização das quotas-partes, bem como as condições de sua retirada nos casos de demissão, de eliminação ou de exclusão do associado;
- a forma de devolução das sobras registradas aos associados, ou do rateio das perdas apuradas por insuficiência de contribuição para cobertura das despesas da sociedade;
- o modo de administração e fiscalização, estabelecendo os respectivos órgãos, com definição de suas atribuições, poderes e funcionamento, a representação ativa e passiva da sociedade em juízo ou fora dele, o prazo do mandato, bem como o processo de substituição dos administradores e conselheiros fiscais;
- as formalidades de convocação das assembleias gerais e a maioria requerida para a sua instalação e validade de suas deliberações, vedado o direito de voto aos que nelas tiverem interesse particular, sem privá-los da participação nos debates;
- os casos de dissolução voluntária da sociedade;
- o modo e o processo de alienação ou oneração de bens imóveis pertencentes ao patrimônio da sociedade;
- o modo de reformar o estatuto social no todo e no tocante à administração;
- o número mínimo de associados.

c) **Ata de fundação** da cooperativa, constando a aprovação do estatuto da sociedade, em duas vias, devidamente assinadas pelo presidente da entidade, numerando-se as folhas e contendo visto do advogado com respectivo número de inscrição na OAB (art. 1º, § 2º, da Lei n. 8.906/94) e conforme art. 14, III, da Lei das Cooperativas (Lei n. 5.764/71).

d) **Relação dos membros fundadores**, constando o nome, nacionalidade, idade, estado civil, profissão e residência dos fundadores, números de CPF e RG, bem como o valor e número da quota-parte de cada um, em consonância com o art. 15, II, da Lei das Cooperativas (Lei n. 5.764/71).

e) **Relação dos associados eleitos** para os órgãos de administração, fiscalização e outros, constando o nome, nacionalidade, estado civil, números de CPF e RG, profissão e residência de cada um deles, com fundamento no art. 15, IV, da Lei das Cooperativas (Lei n. 5.764/71).

Sempre é importante verificar acerca da existência de normas administrativas específicas, baixadas pelas Corregedorias-Gerais de Justiça dos Estados.

7.4 PROCEDIMENTOS RELATIVOS ÀS ASSOCIAÇÕES

7.4.1 Registro ou inscrição

O registro das Associações exige a apresentação dos seguintes documentos:

a) **Requerimento** dirigido ao Serviço de Registro Civil de Pessoas Jurídicas assinado pelo representante legal da entidade, com indicação da residência do requerente, constando o nome completo e endereço da Associação, solicitando o registro ou inscrição (art. 121 da Lei n. 6.015/73).

b) **Estatuto Social**, em duas vias, devidamente assinado pelo presidente da associação, numerando-se as folhas e contendo visto de advogado com respectivo número de inscrição na OAB (Lei n. 8.906/94, art. 1º, § 2º).

Do estatuto das associações deverão constar os seguintes elementos básicos: denominação; fins; sede da associação; o tempo de duração; fundo social (quando houver); o modo como se administra e representa a Associação ativa e passivamente, judicial e extrajudicialmente; se o estatuto é reformável, no tocante à administração, e de que modo; se os associados respondem ou não subsidiariamente pelas obrigações sociais; as condições de extinção da Associação; o destino de seu patrimônio no caso de extinção; os requisitos para admissão, demissão e exclusão dos associados; os direitos e deveres dos associados; as fontes de recursos para manutenção da Associação; o modo de constituição e funcionamento dos órgãos deliberativos; condições para a alteração das disposições estatutárias; a forma de gestão administrativa e de aprovação das respectivas contas, tudo em conformidade com os arts. 46 e 54 do Código Civil e art. 120 da Lei n. 6.015/73.

c) **Ata de Fundação**, na qual constem a aprovação do estatuto e a eleição da Diretoria, em duas vias, datilografada ou digitada e assinada pelo presidente e pelo secretário, contendo visto de advogado com respectivo número de inscrição na OAB (Lei n. 8.906/94, art. 1º, § 2º).

d) **Relação dos componentes da Diretoria Atual** (Diretoria e Conselhos), em duas vias, assinada pelo presidente, com indicação de nacionalidade, estado civil (os solteiros devem declarar a maioridade), profissão e números de RG e CPF de cada um dos membros.

e) **Relação dos associados fundadores**, em duas vias, assinada pelo presidente, com indicação de nacionalidade, estado civil, profissão e números do RG e CPF de cada um dos membros.

f) **Prova de permanência legal no país** para os estrangeiros que participem da associação, conforme exigência do art. 12 da Constituição e art. 19 da Lei n. 13.445/2017 (Lei de Migração).

Todos os documentos apresentados pela Associação (requerimentos, atas, listas de presença, listas de qualificação dos eleitos etc.) devem trazer a *denominação* da Associação exatamente como esteja grafada no primeiro artigo de seu estatuto e em todas as oportunidades nas quais se fizer uso dessa denominação.

Todas as folhas do conjunto de documentos apresentado a registro devem ser *rubricadas* pelo representante legal da Associação.

Os documentos são apresentados a registro em duas vias, sendo que uma delas permanecerá arquivada no Serviço de Registro e a outra será devolvida ao apresentante, contendo a certidão do registro, lançada pelo Oficial (art. 121 da LRP).

Havendo participação de pessoa(s) jurídica(s) na Associação a ser registrada, deverão ser indicados o número de inscrição no CNPJ e os dados de seu registro junto ao órgão competente (Junta Comercial ou Registro Civil de Pessoas Jurídicas).

Sempre é importante verificar acerca da existência de normas administrativas específicas, baixadas pelas Corregedorias-Gerais de Justiça dos Estados.

7.4.2 Alterações estatutárias e registro de atas

O registro de alterações estatutárias exige a apresentação dos seguintes documentos:

a) **Requerimento** dirigido ao Serviço de Registro Civil de Pessoas Jurídicas assinado pelo representante legal, com indicação da residência do requerente, constando o nome completo e endereço da associação e declarando a observância dos artigos estatutários que fundamentam as alterações, conforme art. 121 da Lei n. 6.015/73.

b) **Comprovação da condição de inscrita no CNPJ**, expedida pela Receita Federal do Brasil, obtida por meio dos seguintes endereços eletrônicos na *internet*: <https://www.receita.economia.gov.br>, conforme art. 3º combinado com o art. 12 da Instrução Normativa RFB n. 1.863/2018.

c) **Documentos originais** comprobatórios das alterações, datilografados ou digitados (ata e/ou alteração estatutária), em duas vias, devidamente rubricados, assinados e contendo:

- indicação do nome, nacionalidade, profissão, estado civil (os solteiros devem declarar sua maioridade) e números de RG e CPF de todos os membros eleitos para cargos de administração (por exemplo: membros da Diretoria, do Conselho Fiscal, suplentes e outros);
- nas atas de eleições, assinatura e rubricas do presidente e do secretário;
- no caso de alteração estatutária, além do estatuto social, devidamente adaptado às disposições dos arts. 53 a 61 do Código Civil, juntar a ata que aprovou as alterações, assinada pelo presidente e secretário;
- visto de advogado, com número de inscrição na OAB, para todas as hipóteses de alteração estatutária, na ata e no estatuto, conforme § 2º do art. 1º, da Lei n. 8.906/94.

d) **Prova de permanência legal no país** para os estrangeiros que participem da associação, conforme exigência do art. 12 da Constituição e art. 19 da Lei n. 13.445/2017 (Lei de Migração).

Os documentos apresentados pela Associação (requerimentos, atas, listas de presença, listas de qualificação dos eleitos etc.) devem trazer a *denominação* da Associação exatamente como esteja grafada no primeiro artigo de seu estatuto e em todas as oportunidades nas quais se fizer uso dessa denominação.

Todas as folhas do conjunto de documentos apresentado a registro devem ser *rubricadas* pelo representante legal da associação.

Os documentos são apresentados a registro em duas vias, sendo que uma delas permanecerá arquivada no Serviço de Registro e a outra será devolvida ao apresentante, contendo a certidão do registro, lançada pelo Oficial (art. 121 da LRP).

Havendo participação de pessoa(s) jurídica(s) na Associação a ser registrada, deverão ser indicados o número de inscrição no CNPJ e os dados de seu registro junto ao órgão competente (Junta Comercial ou Registro Civil de Pessoas Jurídicas).

Cabe observar, finalmente, que, de acordo com o art. 2.033 do Código Civil, as modificações das associações regem-se, desde logo, pelas disposições da referida lei.

Sempre é importante verificar acerca da existência de normas administrativas específicas, baixadas pelas Corregedorias-Gerais de Justiça dos Estados.

7.4.3 Inscrição de filial

Para a inscrição de suas filiais, as Associações devem apresentar:

a) **Requerimento** dirigido ao Serviço de Registro Civil das Pessoas Jurídicas assinado pelo representante legal da associação, residente no Município, com indicação de seu endereço, solicitando a **inscrição da filial**, conforme art. 121 da Lei n. 6.015/73.

b) **Certidão ATUALIZADA, de inteiro teor**, do último estatuto consolidado em vigor, expedida pelo Serviço do Registro de Pessoas Jurídicas de onde a associação tem sua sede.

c) **Vias originais da ata da assembleia geral**, referente à criação da filial e eleição da diretoria da filial, fornecidas pelo Registro de Pessoas Jurídicas de onde a associação tem sede, na forma do art. 2º do Decreto-lei n. 2.148/40 e do art. 1.000 e seu parágrafo único do Código Civil.

d) **Comprovação da condição de inscrita no CNPJ**, expedida pela Receita Federal do Brasil, obtida por meio dos seguintes endereços eletrônicos na *internet*: <https://www.receita.economia.gov.br>, conforme art. 3º combinado com o art. 12 da Instrução Normativa RFB n. 1.863/2018.

Os documentos apresentados pela Associação (requerimentos, atas, listas de presença, listas de qualificação dos eleitos etc.) devem trazer a *denominação* da Associação exatamente como esteja grafada no primeiro artigo de seu estatuto e em todas as oportunidades nas quais se fizer uso dessa denominação.

Sempre é importante verificar acerca da existência de normas administrativas específicas, baixadas pelas Corregedorias-Gerais de Justiça dos Estados.

7.4.4 Transferência de sede

Como referido anteriormente, esse é um procedimento genuinamente criado pela praxe registral, não havendo disciplina legal que lhe seja prevista, estando regulado, em muitos Estados, por normas administrativas das Corregedorias de Justiça.

No Estado do Rio Grande do Sul, quando se trata de *transferência de sede de associação* para Município de outra comarca, promove-se a *averbação* da transferência na comarca de origem com expedição de certidão de inteiro teor e a inscrição dos atos na nova sede, de acordo com a orientação fixada pelo § 4º do art. 329, combinado com o art. 331 da CNNR-CGJ-RS (aprovada pelo Provimento n. 001/2020-CGJ-RS).

Para a transferência de sede de uma *associação*, sugere-se tomar como referência o procedimento a seguir apresentado, alertando-se, desde já, que as *normas locais* geralmente fixam procedimento específico para a sucessão dos atos: **A. Providências junto ao RCPJ da nova sede:**

a) **Requerimento** dirigido ao oficial do Serviço de Registro Civil de Pessoas Jurídicas do Município para onde a associação pretende transferir-se, assinado pelo representante legal da entidade, com indicação da residência do requerente, constando o nome completo e endereço da associação, solicitando **inscrição** em virtude da decisão de transferir sua sede do Município de .... para o Município de ...., instruído com os seguintes documentos:

b) **Certidão atualizada de inteiro teor** dos atos arquivados no Registro Civil de Pessoas Jurídicas da sede de origem (último estatuto social e alterações posteriores, inclusive a ata de alteração que decidiu a transferência de sede), expedida por aquele Serviço de Registro.

c) **Comprovação da condição de inscrita no CNPJ**, expedida pela Receita Federal do Brasil, obtida por meio do seguinte endereço eletrônico na *internet*: <https://www.receita.economia.gov.br>, conforme art. 3º combinado com o art. 12 da Instrução Normativa RFB n. 1.863/2018. **B. Providências junto ao RCPJ da antiga sede:**

- **Requerimento** dirigido ao Oficial do Serviço de Registro Civil de Pessoas Jurídicas do Município da sede de origem, assinado pelo representante legal, com indicação da residência do requerente, constando o nome completo e endereço da associação e solicitando a *averbação* do ato que decidiu pela transferência da sede da associação para outro Município (comarca) e declarando que, para a realização da assembleia que deliberou a medida, foram cumpridos todos os requisitos estatutários vigentes, instruindo o pedido com:

- **Ata da Assembleia** que deliberou a aprovação da transferência de sede, impressa em duas vias, devidamente assinada pelo presidente e secretário e contendo o visto de um advogado com seu número de inscrição na OAB, conforme art. 1º, § 2º, da Lei n. 8.906/94.

- **Certidão comprobatória da inscrição** da associação na nova sede, fornecida pelo Serviço de Registro do Município de destino.

- **Comprovação da condição de inscrita no CNPJ**, expedida pela Receita Federal do Brasil, obtida por meio do seguinte endereço eletrônico na *internet*: <https://www.receita.economia.gov.br>, conforme art. 3º combinado com o art. 12 da Instrução Normativa RFB n. 1.863/2018.

Sempre é importante verificar acerca da existência de normas administrativas específicas, baixadas pelas Corregedorias-Gerais de Justiça dos Estados.

7.4.5 Cancelamento de registro

De conformidade com a legislação reguladora a seguir indicada, o *cancelamento de registro de associações* ou "*baixa*" exige a apresentação dos seguintes documentos:

a) **Requerimento** dirigido ao oficial do Serviço de Registro Civil de Pessoas Jurídicas, assinado pelo representante legal, com indicação da residência do requerente, constando o nome completo e endereço da associação e solicitando o *cancelamento do registro* ou *inscrição*, conforme art. 121 da Lei n. 6.015/73.

b) **Ata da Assembleia** que dissolveu a associação, devidamente rubricada e assinada pelo presidente e secretário, contendo o visto de um advogado com seu número de inscrição na OAB, conforme art. 1º, § 2º, da Lei n. 8.906/94.

c) **Comprovação da publicação da ata de dissolução** no Diário Oficial e em jornal de grande circulação, se a associação foi constituída depois da entrada em vigor do Código Civil de 2002, (a partir de 11 de janeiro de 2003), conforme art. 51 e parágrafos; art. 1.033 c/c 1.036, c/c 1.038, § 2º, do Código Civil.

d) **Comprovação da condição de inscrita no CNPJ**, expedida pela Receita Federal do Brasil, obtida por meio dos seguintes endereços eletrônicos na *internet*: <https://www.receita.economia.gov.br>, conforme art. 3º combinado com o art. 12 da Instrução Normativa RFB n. 1.863/2018.

Sempre é importante verificar acerca da existência de normas administrativas específicas, baixadas pelas Corregedorias-Gerais de Justiça dos Estados.

7.4.6 Incorporação, fusão ou cisão

O registro de alterações estatutárias que impliquem incorporação, fusão ou cisão de associações observa o seguinte procedimento básico:

a) **Requerimento** dirigido ao Oficial do Serviço de Registro Civil de Pessoas Jurídicas, assinado pelo representante legal da associação, com firma reconhecida (art. 1.153 do Código Civil), com indicação da residência do requerente, constando a denominação e endereço da associação, solicitando a INCORPORAÇÃO, FUSÃO, OU CISÃO DAS ASSOCIAÇÕES, conforme art. 121 da Lei n. 6.015/73;

b) **Documentos originais** comprobatórios das alterações, em duas vias, devidamente assinados e rubricados pelo representante legal e contendo o visto de advogado com número de inscrição na OAB, conforme exige o art. 1º, § 2º, da Lei n. 8.906/94; (laudos, protocolos, atas, justificativas), conforme artigos 1.113 a 1.122 do Código Civil;

c) **Comprovação da condição de inscrita no CNPJ**, expedida pela Receita Federal do Brasil, obtida por meio dos seguintes endereços eletrônicos na *internet*: <https://www.receita.economia.gov.br>, conforme art. 3º combinado com o art. 12 da Instrução Normativa RFB n. 1.863/2018.

d) **Publicação dos atos** relativos à incorporação, fusão ou cisão, conforme art. 1.122 do Código Civil, no Diário Oficial e em jornal de grande circulação, conforme art. 1.152, § 1º, do Código Civil;

e) **Prova de permanência legal no país** para os estrangeiros que participem da associação, conforme exigência do art. 12 da Constituição e art. 19 da Lei n. 13.445/2017 (Lei de Migração);

f) **Comprovação de inexistência de denominação idêntica** ou semelhante, na mesma circunscrição se a incorporação, fusão ou cisão adotarem nova denominação, para a hipótese de haver outros serviços de Registro Civil de Pessoas Jurídicas nela sediados, por meio da juntada de certidão negativa nesse sentido, expedida pelos demais órgãos registrais circunscricionados, visando à proteção da denominação das associações, conforme dispõem o parágrafo único do art. 1.155 c/c art. 1.163 do Código Civil.

É sempre importante verificar acerca da existência de normas administrativas específicas, baixadas pelas Corregedorias-Gerais de Justiça dos Estados.

7.5 PROCEDIMENTOS RELATIVOS A FUNDAÇÕES

7.5.1 Registro ou inscrição

As fundações estão reguladas pelos arts. 62 a 69 do Código Civil.

Para a criação de uma fundação, faz-se necessário:

a) que o instituidor faça uma dotação especial de bens livres, especificando o fim a que se destina e declarando, se quiser, a maneira pela qual serão administrados, conforme estabelece o *caput* do art. 62 do Código Civil;

b) que essa dotação de bens seja feita mediante *escritura pública* (quando a instituição se dá por negócio jurídico *inter vivos*) ou *testamento* (quando a instituição se dá *mortis causa*), conforme dispõe o *caput* do art. 62 do Código Civil;

c) que a fundação seja aprovada pelo Ministério Público do Estado onde situada a instituição, conforme estabelecem os arts. 65 e 66 do Código Civil. Essa aprovação dos estatutos geralmente é feita por ato administrativo do Procurador-Geral de Justiça, que é o Chefe do Ministério Público nas Unidades da Federação.

Geralmente, nas Unidades da Federação existem previsões legais, estabelecidas em leis locais, definindo normas para orientar a atividade de curadoria do Ministério Público em relação às fundações (Leis Orgânicas dos Ministérios Públicos estaduais), havendo, também, provimentos baixados pela Instituição para regular as rotinas dos órgãos ministeriais de controle e as relações entre o Ministério Público e as fundações, especialmente quanto às rotinas de aprovação prévia de estatutos, modificações estatutárias, autorizações para alienação ou oneração de imóveis, relatórios anuais de atividades e exame de contas das fundações.

Para o *registro* ou *inscrição* da fundação, deve ser apresentado **requerimento** dirigido ao oficial do Serviço de Registro Civil de Pessoas Jurídicas, assinado pelo seu representante legal, com indicação da residência do requerente, constando o nome completo e endereço da fundação, conforme art. 121 da Lei n. 6.015/73, juntando os seguintes documentos:

   a) **Ata da primeira reunião** da administração da fundação.

   b) **Relação da diretoria** da fundação, declarando o nome, nacionalidade, estado civil (os membros solteiros devem declarar sua maioridade), profissão, números de RG e CPF dos componentes, conforme exigência do art. 46, II, do Código Civil.

   c) **Estatuto** em duas vias, assinado e rubricado pelo representante legal, aprovado pelo órgão do Ministério Público curador das Fundações no Estado onde a Fundação tem sua sede, contendo os seguintes elementos, conforme art. 120 da Lei n. 6.015/73:

Denominação.

Fundo social, quando houver.

Fins e sede da fundação.

Prazo de duração.

O modo como se administra a fundação.

O modo como se representa a fundação, ativa, passiva, judicial e extrajudicialmente.

Se o estatuto é reformável, no tocante à administração, e de que modo.

Se os membros respondem ou não subsidiariamente pelas obrigações sociais.

A forma de sua extinção e o destino do patrimônio no caso de extinção.

   d) **Um exemplar do Diário Oficial** que deu publicidade ao ato de aprovação do estatuto fundacional pelo Ministério Público ou cópia, autenticada por Tabelião de Notas, da página do Diário Oficial que publicou o ato.

   e) **Escritura pública ou cópia do testamento** em que instituída a Fundação.

Sempre é importante verificar acerca da existência de normas administrativas específicas, baixadas pelas Corregedorias-Gerais de Justiça dos Estados.

7.5.2 Alterações estatutárias

O registro de alterações estatutárias das fundações geralmente exige a apresentação dos documentos a seguir listados, podendo haver variações em razão da legislação específica existente na respectiva Unidade da Federação:

   a) **Requerimento** dirigido ao oficial do Serviço de Registro Civil de Pessoas Jurídicas assinado pelo representante legal, com indicação da residência do requerente, constando o nome completo e endereço da fundação e solicitando o *registro da* *alteração* realizada de conformidade com a legislação vigente, conforme art. 121 da Lei n. 6.015/73.

b) **Documento de aprovação da alteração** estatutária pelo órgão do Ministério Público, e sua publicação no *Diário Oficial do Estado*, conforme art. 67, III, do Código Civil.

c) **Escritura pública (original) que formaliza a alteração estatutária e a ata que delibera acerca dessa alteração, em duas vias**, assinada e rubricada pelo instituidor ou representante legal, contendo visto de advogado, com o número de inscrição na OAB, conforme art. 1º, § 2º, da Lei n. 8.906/94.

d) **Estatuto social alterado** e consolidado, em duas vias, assinado e rubricado pelo instituidor ou representante legal, contendo visto de advogado, com o número de inscrição na OAB, conforme art. 1º, § 2º, da Lei n. 8.906/94.

e) **Comprovação da condição de inscrita no CNPJ**, expedida pela Receita Federal do Brasil, obtida por meio dos seguintes endereços eletrônicos na *internet*: <https://www.receita.economia.gov.br>, conforme art. 3º combinado com o art. 12 da Instrução Normativa RFB n. 1.863/2018. f) **Prova de permanência legal no país** para os estrangeiros que participem da fundação, conforme exigência do art. 12 da Constituição e art. 19 da Lei n. 13.445/2017 (Lei de Migração).

Todos os documentos apresentados pela fundação (requerimentos, atas, listas de presença, listas de qualificação dos eleitos etc.) devem trazer a *denominação* da fundação exatamente como esteja grafada no primeiro artigo de seu estatuto e em todas as oportunidades nas quais se fizer uso dessa denominação.

Sempre é importante verificar acerca da existência de normas administrativas específicas, baixadas pelas Corregedorias-Gerais de Justiça dos Estados.

7.5.3 Registro de atas

O registro de atas das fundações geralmente exige a apresentação dos documentos a seguir listados, podendo haver variações em razão da legislação específica existente na respectiva Unidade da Federação:

a) **Requerimento** dirigido ao oficial do Serviço de Registro Civil de Pessoas Jurídicas, assinado pelo representante legal, com indicação da residência do requerente, constando o nome completo e endereço da fundação e declarando a observância dos artigos estatutários que fundamentam as alterações, conforme art. 121 da Lei n. 6.015/73.

b) **Ata** assinada pelo presidente e pelo secretário, devidamente aprovada pelo órgão do Ministério Público, em conformidade com o art. 67 e alíneas do Código Civil, seguindo a mesma orientação exigida para as alterações estatutárias. Nas atas de *eleição* deverão constar a nacionalidade, estado civil (os membros solteiros deverão declarar sua maioridade), profissão e números de RG e CPF dos eleitos.

c) **Comprovação da condição de inscrita no CNPJ**, expedida pela Receita Federal do Brasil, obtida por meio dos seguintes endereços eletrônicos na *internet*: <ht-

tps://www.receita.economia.gov.br>, conforme art. 3º combinado com o art. 12 da Instrução Normativa RFB n. 1.863/2018.

d) **Prova de permanência legal no país** para os estrangeiros que participem da fundação, conforme exigência do art. 12 da Constituição e art. 19 da Lei n. 13.445/2017 (Lei de Migração).

Todos os documentos apresentados pela fundação (requerimentos, atas, listas de presença, listas de qualificação dos eleitos etc.) devem trazer a *denominação* da fundação exatamente como esteja grafada no primeiro artigo de seu estatuto e em todas as oportunidades nas quais se fizer uso dessa denominação.

Sempre é importante verificar acerca da existência de normas administrativas específicas, baixadas pelas Corregedorias-Gerais de Justiça dos Estados.

7.5.4 Cancelamento de inscrição

O pedido de *cancelamento de inscrição* ou "*baixa*" das fundações geralmente exige a apresentação dos documentos a seguir listados, podendo haver variações em razão da legislação específica existente na respectiva Unidade da Federação:

a) **Requerimento** dirigido ao oficial do Serviço de Registro Civil de Pessoas Jurídicas, assinado pelo representante legal, com indicação da residência do requerente, constando o nome completo e endereço da fundação e solicitando o *cancelamento da inscrição*, conforme art. 121 da Lei n. 6.015/73.

b) **Ata da Assembleia** que dissolveu a fundação devidamente rubricada e assinada pelo presidente e secretário, contendo o visto de um advogado com seu número de inscrição na OAB, conforme art. 1º, § 2º, da Lei n. 8.906/94.

c) **Comprovação da publicação da Ata de dissolução no Diário Oficial** e em jornal de grande circulação, conforme art. 51 e parágrafos; art. 1.033 c/c 1.036, c/c 1.038, § 2º, do Código Civil, se a fundação foi constituída após a entrada em vigor do Código Civil de 2002, a partir de 11 de janeiro de 2003.

d) **Documento com a aprovação da dissolução e cancelamento de inscrição** da fundação, pelo órgão do Ministério Público.

e) **Comprovação da publicação no Diário Oficial** do ato de aprovação da dissolução da fundação pelo Ministério Público.

f) **Comprovação da condição de inscrita no CNPJ**, expedida pela Receita Federal do Brasil, obtida por meio dos seguintes endereços eletrônicos na *internet*: <https://www.receita.economia.gov.br>, conforme art. 3º combinado com o art. 12 da Instrução Normativa RFB n. 1.863/2018.

Todos os documentos apresentados pela fundação (requerimentos, atas, listas de presença, listas de qualificação dos eleitos etc.) devem trazer a *denominação* da fundação exatamente como esteja grafada no primeiro artigo de seu estatuto e em todas as oportunidades nas quais se fizer uso dessa denominação.

Sempre é importante verificar acerca da existência de normas administrativas específicas, baixadas pelas Corregedorias-Gerais de Justiça dos Estados.

7.6 PROCEDIMENTOS RELATIVOS A SINDICATOS

7.6.1 Registro ou inscrição

7.6.1.1 *De sindicato sem inscrição no Ministério do Trabalho e Emprego*

Para a *inscrição* do sindicato, devem ser apresentados os seguintes documentos:

a) **Requerimento** dirigido ao oficial do Serviço de Registro Civil de Pessoas Jurídicas, assinado pelo representante legal, com indicação da residência do requerente, constando o nome completo e endereço do **sindicato**, solicitando a *inscrição*, conforme art. 121 da Lei n. 6.015/73, alterado pela Lei n. 9.042/95.

b) **Estatuto social**, em duas vias, devidamente assinadas pelo presidente da entidade, numerando-se as folhas e contendo visto de um advogado com respectivo número de inscrição na OAB, conforme art. 1º, § 2º, da Lei n. 8.906/94, devendo constar, ainda, os requisitos exigidos pelo art. 121 da LRP, observado o disposto no Código Civil para as associações, tais sejam:

Denominação; fins; sede do sindicato; o tempo de duração; fundo social (quando houver); o modo como se administra e representa o sindicato ativa e passivamente, judicial e extrajudicialmente; se o estatuto é reformável, no tocante à administração, e de que modo; se os associados (sindicalizados) respondem ou não subsidiariamente pelas obrigações sociais; as condições de extinção do sindicato; o destino de seu patrimônio no caso de extinção; os requisitos para admissão, demissão e exclusão dos associados (sindicalizados); os direitos e deveres dos associados (sindicalizados); as fontes de recursos para manutenção do sindicato; o modo de constituição e funcionamento dos órgãos deliberativos; condições para a alteração das disposições estatutárias; a forma de gestão administrativa e de aprovação das respectivas contas.

c) **Ata de fundação**, datilografada ou digitada, assinada pelo presidente e pelo secretário, contendo visto de advogado com respectivo número de inscrição na OAB, conforme art. 1º, § 2º, da Lei n. 8.906/94.

d) **Relação dos componentes da diretoria** atual assinada pelo presidente, com indicação de nacionalidade, estado civil (os solteiros deverão declarar sua maioridade), profissão e números de RG e CPF de cada um dos membros, conforme art. 46, II, do Código Civil.

e) **Relação dos associados fundadores** assinada pelo presidente, com indicação de nacionalidade, estado civil (os solteiros deverão declarar sua maioridade), profissão e números de RG e CPF de cada um dos membros, conforme art. 46, II, do Código Civil.

Quando houver a participação de pessoa jurídica no sindicato a ser registrado, deverão ser indicados o número do CNPJ e os dados de registro no órgão competente: Junta Comercial ou Registro Civil de Pessoas Jurídicas.

Todos os documentos apresentados pelo sindicato (requerimentos, atas, listas de presença, listas de qualificação dos eleitos etc.) devem trazer a *denominação* do sindicato exatamente como esteja grafada no primeiro artigo de seu estatuto e em todas as oportunidades nas quais se fizer uso dessa denominação.

Sempre é importante verificar acerca da existência de normas administrativas específicas, baixadas pelas Corregedorias-Gerais de Justiça dos Estados.

7.6.1.2 De sindicato com inscrição no Ministério do Trabalho e Emprego

Para a *inscrição* do sindicato, devem ser apresentados os seguintes documentos:

a) **Requerimento** dirigido ao oficial do Serviço de Registro Civil das Pessoas Jurídicas, assinado pelo representante legal, com indicação da residência do requerente, constando o nome completo e endereço do sindicato, solicitando a inscrição, conforme art. 121 da Lei n. 6.015/73, alterado pela Lei n. 9.042/95.

b) **Exemplar do Estatuto**, registrado no Ministério do Trabalho, devidamente autenticado por aquele órgão ou o novo estatuto, em duas vias, assinadas pelo presidente da entidade, numerando-se as folhas e contendo visto de advogado com respectivo número de inscrição na OAB, conforme art. 1º, § 2º, da Lei n. 8.906/94, devendo constar os requisitos exigidos pelo art. 121 da LRP, observado ainda o disposto no Código Civil para as associações, tais sejam:

Denominação; fins; sede do sindicato; o tempo de duração; fundo social (quando houver); o modo como se administra e representa o sindicato ativa e passivamente, judicial e extrajudicialmente; se o estatuto é reformável, no tocante à administração, e de que modo; se os associados (sindicalizados) respondem ou não subsidiariamente pelas obrigações sociais; as condições de extinção do sindicato; o destino de seu patrimônio no caso de extinção; os requisitos para admissão, demissão e exclusão dos associados (sindicalizados); os direitos e deveres dos associados (sindicalizados); as fontes de recursos para manutenção do sindicato; o modo de constituição e funcionamento dos órgãos deliberativos; condições para a alteração das disposições estatutárias; a forma de gestão administrativa e de aprovação das respectivas contas.

c) **Carta Sindical** ou Certidão fornecida pelo Secretário de Relações do Trabalho, do Ministério do Trabalho e Emprego, comprovando o arquivamento naquele órgão.

d) **Ata de eleição** da atual diretoria, assinada pelo presidente e secretário, com a declaração do cumprimento dos requisitos estatutários vigentes e visada por advogado com o número de inscrição na OAB, conforme art. 1º, § 2º, da Lei n. 8.906/94.

e) **Ata da assembleia que aprovou o novo estatuto**, datilografada ou digitada, assinada pelo presidente e pelo secretário, visada por um advogado, com respectivo número de inscrição na OAB, conforme art. 1º, § 2º, da Lei n. 8.906/94. Na ata deve constar que para a realização da assembleia foram cumpridos todos os requisitos estatutários vigentes.

f) **Relação dos componentes da diretoria atual**, assinada pelo representante legal da entidade, com indicação de nacionalidade, estado civil (os solteiros deverão declarar sua maioridade), profissão e números de RG e CPF de cada componente, conforme art. 46, II, do Código Civil.

Quando houver a participação de pessoa jurídica no sindicato a ser registrado, deverão ser indicados o número do CNPJ e os dados de registro no órgão competente: Junta Comercial ou Registro Civil de Pessoas Jurídicas.

Todos os documentos apresentados pelo sindicato (requerimentos, atas, listas de presença, listas de qualificação dos eleitos etc.) devem trazer a *denominação* do sindicato exatamente como esteja grafada no primeiro artigo de seu estatuto e em todas as oportunidades nas quais se fizer uso dessa denominação.

Sempre é importante verificar acerca da existência de normas administrativas específicas, baixadas pelas Corregedorias-Gerais de Justiça dos Estados.

7.6.2 Alterações estatutárias e registro de atas

O registro de alterações estatutárias do sindicato exige a apresentação dos seguintes documentos:

a) **Requerimento** dirigido ao oficial do Serviço de Registro Civil de Pessoas Jurídicas, assinado pelo representante legal, com indicação da residência do requerente, constando o nome completo e endereço do sindicato e declarando a observância dos artigos estatutários que fundamentam as alterações, conforme art. 121 da Lei n. 6.015/73.

b) **Comprovação da condição de inscrita no CNPJ**, expedida pela Receita Federal do Brasil, obtida por meio dos seguintes endereços eletrônicos na *internet*: <https://www.receita.economia.gov.br>, conforme art. 3º combinado com o art. 12 da Instrução Normativa RFB n. 1.863/2018.

c) **Documentos originais comprobatórios das alterações**, datilografados ou digitados (ata e/ou alteração estatutária), em duas vias, devidamente assinados e contendo:

- indicação do nome, nacionalidade, profissão, estado civil (os solteiros devem declarar sua maioridade) e números de RG e CPF de todos os membros eleitos para cargos de administração (tais como membros da Diretoria, do Conselho Fiscal, suplentes e outros), conforme art. 46, II, do Código Civil;
- assinatura e rubricas do presidente e do secretário, nas atas de eleições;
- além do estatuto social, já adaptado ao Código Civil, conforme arts. 53 a 61, juntar a ata que aprovou as alterações, assinada pelo presidente e secretário, nos casos de alteração estatutária;
- visto de advogado, com número de inscrição na OAB, para todas as hipóteses de alteração estatutária, na ata e no estatuto, conforme art. 1º, § 2º, da Lei n. 8.906/94.

O art. 2.033 do Código Civil estabeleceu que as modificações estatutárias dos sindicatos regem-se, desde logo, pelas disposições do referido Código.

De acordo com o Estatuto do Estrangeiro (Lei n. 6.815/80), é vedada a participação de estrangeiros na administração de sindicatos.

Quando houver participação de pessoa jurídica no sindicato a ser registrado, deverão ser indicados o número do CNPJ e os dados de registro no órgão competente: Junta Comercial ou Registro Civil de Pessoas Jurídicas.

Todos os documentos apresentados pelo sindicato (requerimentos, atas, listas de presença, listas de qualificação dos eleitos etc.) devem trazer a *denominação* do sindicato exatamente como esteja grafada no primeiro artigo de seu estatuto e em todas as oportunidades nas quais se fizer uso dessa denominação.

Sempre é importante verificar acerca da existência de normas administrativas específicas, baixadas pelas Corregedorias-Gerais de Justiça dos Estados.

7.6.3 Cancelamento de registro

O cancelamento de *inscrição* ou *registro* de sindicato exige a apresentação dos seguintes documentos:

- a) **Requerimento** dirigido ao Serviço de Registro Civil das Pessoas Jurídicas assinado pelo representante legal, com indicação da residência do requerente, constando o nome completo e endereço do sindicato e solicitando o cancelamento da inscrição, conforme art. 121 da Lei n. 6.015/73.
- b) **Ata da Assembleia** que dissolveu o sindicato, devidamente rubricada e assinada pelo presidente e secretário, contendo o visto de um advogado com seu número de inscrição na OAB, conforme art. 1º, § 2º, da Lei n. 8.906/94.
- c) **Comprovação da publicação da ata de dissolução no Diário Oficial** e em jornal de grande circulação, conforme art. 51 e parágrafos; art. 1.033 c/c 1.036, c/c 1.038, § 2º, do Código Civil, se o sindicato foi constituído depois da entrada em vigor do Código Civil de 2002, (a partir de 11 de janeiro de 2003).
- d) **Comprovação da condição de inscrito no CNPJ**, expedida pela Receita Federal do Brasil, obtida por meio dos seguintes endereços eletrônicos na *internet*: <https://www.receita.economia.gov.br>, conforme art. 3º combinado com o art. 12 da Instrução Normativa RFB n. 1.863/2018.

Todos os documentos apresentados pelo sindicato (requerimentos, atas, listas de presença, listas de qualificação dos eleitos etc.) devem trazer a *denominação* do sindicato exatamente como esteja grafada no primeiro artigo de seu estatuto e em todas as oportunidades nas quais se fizer uso dessa denominação.

Sempre é importante verificar acerca da existência de normas administrativas específicas, baixadas pelas Corregedorias-Gerais de Justiça dos Estados.

7.7 PROCEDIMENTOS RELATIVOS A PARTIDOS POLÍTICOS

7.7.1 Registro

O *registro* de partidos políticos para o fim específico de *constituição de sua personalidade jurídica* deverá ser promovido perante o ofício de Registro Civil de Pessoas Jurídicas do lugar onde o partido estabeleceu sua sede no território nacional. Assim, desde o advento da Lei n. 13.877, de 27 de setembro de 2019, esse registro passou a poder ser realizado em todo o território nacional (em Cartório de RCPJ com circunscrição sobre o município em que o partido estabeleceu sua sede) e não mais exclusivamente na Capital Federal (Brasília-DF).

Nenhum partido político poderá ser registrado sem **requerimento** dirigido ao oficial titular do cartório, devidamente subscrito por seus fundadores, que deverão ser em número não inferior a cento e um (101), com domicílio eleitoral em, no mínimo, um terço dos Estados brasileiros. Deverá conter, também, os nomes e endereços dos dirigentes provisórios e o endereço da sede do partido no território nacional, tudo de acordo com o que estabelece o art. 8º da Lei n. 9.096, de 19 de setembro de 1995 (Lei dos Partidos Políticos), sendo instruído com os seguintes documentos:

a) **Ata de fundação**, eleição da diretoria, endereço da sede e aprovação do estatuto.

b) **Dois exemplares do** *Diário Oficial da União*, contendo a publicação do Programa e do Estatuto partidários.

c) **Relação dos fundadores** (contendo nome completo, naturalidade, número do título eleitoral com a respectiva zona, seção, cidade e Estado, profissão e endereço de residência).

d) **Estatuto** rubricado em todas as folhas e assinado ao final por um advogado inscrito na OAB e pelo presidente do partido.

O estatuto deve atender a todos os requisitos exigíveis ao registro das pessoas jurídicas de direito privado, nos termos do art. 46 do Código Civil, bem como às disposições constantes dos artigos 1º a 6º e 14, 15 e 15-A da Lei n. 9.096, de 19 de setembro de 1995, com suas alterações posteriores.

Depois de constituída a personalidade jurídica do partido político, ele deverá submeter-se às demais exigências legais para registro de seu estatuto junto ao Tribunal Superior Eleitoral, nos termos do que dispõe o art. 9º da Lei n. 9.096, de 19 de setembro de 1995 (Lei dos Partidos Políticos) e a Resolução n. 23.571, de 29 de maio de 2019 do Tribunal Superior Eleitoral.

Sempre é importante verificar acerca da existência de normas administrativas específicas, baixadas pelas Corregedorias-Gerais de Justiça dos Estados.

7.8 PROCEDIMENTOS RELATIVOS A EIRELI "SIMPLES"

Superada a polêmica inicial surgida em torno da questão relativa à possibilidade de constituição da *Empresa Individual de Responsabilidade Limitada – EIRELI*, como pessoa jurídica de direito privado, mediante *registro no RCPJ*, restando a prevalência do entendimento quanto a essa possibilidade, passaram a realizar-se tais registros, sendo popularmente designados como atos de constituição de *"EIRELI Simples"*.

Como já referido anteriormente, a figura jurídica da EIRELI surgiu com o advento da Lei n. 12.441/2011, que acrescentou o art. 980-A ao texto do Código Civil, aplicando-se-lhe, basicamente, as regras relativas ao regime jurídico das *sociedades limitadas*.

7.8.1 Inscrição ou registro

A *Empresa Individual de Responsabilidade Limitada (EIRELI)*, assim, deve ter sua *inscrição* ou *registro* solicitado, nos 30 (trinta) dias subsequentes à sua constituição, com os seguintes documentos:

a) **Requerimento** dirigido ao Serviço de Registro Civil de Pessoas Jurídicas assinado pelo titular, com firma reconhecida por autenticidade – art. 1.153 do Código Civil, com indicação da residência do requerente, constando o nome completo e endereço da empresa, solicitando a inscrição, no qual conste o tipo jurídico adotado – EMPRESA INDIVIDUAL DE RESPONSABILIDADE LIMITADA (EIRELI), conforme art. 121 da Lei n. 6.015/73 e art. 980-A do Código Civil).

b) **Ato constitutivo**, em duas vias, devidamente rubricadas e assinadas pelo titular da empresa, com firma reconhecida por autenticidade, consoante art. 1.153 do Código Civil, e por duas testemunhas também com firma reconhecida e contendo visto de advogado com seu respectivo número de inscrição na OAB, conforme art. 1º, § 2º, da Lei n. 8.906/94 (dispensado quando tratar-se de Microempresa ou Empresa de Pequeno Porte), com os requisitos mínimos de lei, quais sejam, o art. 46 e incisos, o art. 980-A e os arts. 1.052 a 1.087 do Código Civil, bem como o art. 120 da Lei n. 6.015/73:

- nome, nacionalidade, estado civil (se solteiro, declarar a maioridade e, se casado, informar o regime de bens – art. 968, I c/c art. 1.150 do Código Civil), profissão, números do RG e CPF, residência e nacionalidade;
- nome empresarial (pode adotar firma ou denominação – art. 980-A, § 2º, do Código Civil) acrescida da expressão "EIRELI", objeto, endereço da sede e prazo de duração da sociedade;
- capital social, expresso em moeda corrente (podendo compreender qualquer espécie de bens, suscetíveis de avaliação pecuniária) cujo valor não seja inferior a 100 vezes o maior salário mínimo vigente no país, totalmente integralizado no ato de constituição;
- a pessoa incumbida da administração da sociedade, na forma do art. 1.061 do Código Civil, com sua qualificação, e declaração de que não está incursa nas exclusões mencionadas no art. 1.011, § 1º, do Código Civil;
- declaração, sob as penas da lei, de que não participa de nenhuma outra empresa dessa modalidade.
- se o contrato é reformável no tocante à administração e de que modo;
- as condições de extinção da pessoa jurídica e o destino do patrimônio no caso de extinção.

c) **Ato de aprovação da autoridade competente**, quando o funcionamento da empresa depender desta, conforme art. 119 da Lei n. 6.015/73.

d) **Prova de permanência legal no país** para o estrangeiro titular da empresa, conforme exigência do art. 12 da Constituição e art. 19 da Lei n. 13.445/2017 (Lei de Migração).

Sempre é importante verificar acerca da existência de normas administrativas específicas, baixadas pelas Corregedorias-Gerais de Justiça dos Estados.

7.8.2 Demais procedimentos

Para os demais procedimentos aplicáveis à EIRELI, (alterações contratuais, inscrição de filiais, transferência de sede, transformação, incorporação, cisão, fusão, cancelamento de registro), segue-se, basicamente, a adequação das prescrições aplicáveis à *sociedade simples limitada*.

7.9 PROCEDIMENTOS RELATIVOS À MATRÍCULA DE MEIOS DE COMUNICAÇÃO

No Registro Civil de Pessoas Jurídicas são matriculados, também, os jornais e demais publicações periódicas; as oficinas impressoras de qualquer natureza pertencentes a pessoas naturais ou jurídicas; as empresas de radiodifusão que mantenham serviços de notícias, reportagens, comentários, debates e entrevistas; e as empresas que tenham por objeto agenciamento de notícias, de conformidade com o que dispõe o art. 122 da Lei n. 6.015/73.

Nos termos do art. 124 da Lei n. 6.015/73 a falta de *matrícula* ou de *averbações* das alterações ocorridas posteriormente será punida com *multa* cujo valor poderá variar entre meio e dois salários mínimos, aplicada pela autoridade judiciária, mediante representação feita pelo Oficial, quando tomar conhecimento da irregularidade. A sentença que impuser a multa, fixará prazo para a realização da matrícula ou averbação das alterações, o qual, se inobservado, autorizará a imposição de nova multa agravada.

Em relação aos *jornais* e outras *publicações periódicas*, quando não matriculados nos termos do art. 122 da LRP, ou de cuja matrícula não constem os nomes e qualificações devidamente atualizados do diretor, do redator ou do proprietário, há o efeito específico de atribuir à publicação a condição de *clandestinidade*, conforme especificado pelo art. 125 da LRP, cuja consequência seria a vedação à sua livre publicação e circulação, medida cuja eficácia é discutível em razão da revogação da Lei de Imprensa (Lei n. 5.250/1967) por decisão do STF.[6]

O procedimento adotado na realização de *matrícula* de meios de comunicação, estabelecida pelo art. 122 da LRP, a teor do que dispõe seu art. 126, é o mesmo previsto para o de *registro* estabelecido no art. 121 da mencionada lei.

7.9.1 Matrícula de jornais e outros periódicos

Para matrícula de jornais, revistas e outras publicações periódicas, é necessária a apresentação de *requerimento*, assinado e com firma reconhecida (art. 1.153 do Código

---

6. ARRUDA ALVIN NETO, José Manuel de (coord.) *et al. Lei de registros públicos comentada*. Rio de Janeiro: Forense, 2014, p. 388.

Civil), dirigido ao oficial do Registro Civil de Pessoas Jurídicas, contendo as informações e os documentos exigidos pelo art. 123, inciso I, da Lei n. 6.015/73, abaixo indicados:

   a) título do jornal ou periódico;

   b) sede da redação;

   c) sede da administração;

   d) sede das oficinas impressoras, esclarecendo se são próprias ou de terceiros e indicando, neste caso, os respectivos proprietários;

   e) nome, idade, residência e prova da nacionalidade do proprietário;

   f) nome, idade, residência e prova da nacionalidade do diretor ou redator-chefe;

   g) se propriedade de pessoa jurídica, juntar exemplar do respectivo estatuto ou contrato social, indicando o nome, idade, residência e prova de nacionalidade dos diretores, gerentes e sócios da pessoa jurídica proprietária.

As declarações deverão ser apresentadas em duas vias, ficando uma via arquivada no processo e a outra devolvida ao requerente após o *registro*, dela constando os dados a ele relativos, conforme prevê o art. 121, combinado com o art. 126, da Lei n. 6.015/73.

O § 1º do art. 123 da LRP determina que as alterações posteriores em qualquer das declarações ou documentos apresentados por ocasião da matrícula deverão ser *averbadas* na matrícula no prazo de 8 (oito) dias, sendo que a cada declaração a ser averbada deverá corresponder um requerimento (§ 2º).

Sempre é importante verificar acerca da existência de normas administrativas específicas, baixadas pelas Corregedorias-Gerais de Justiça dos Estados.

7.9.2 Matrícula de oficinas impressoras

Para matrícula de oficinas impressoras, é necessária a apresentação de *requerimento*, assinado e com firma reconhecida (art. 1.153 do Código Civil), dirigido ao oficial do Registro Civil de Pessoas Jurídicas, contendo as informações e os documentos exigidos pelo art. 123, II, da Lei n. 6.015/73, abaixo indicados:

   a) nome, nacionalidade, idade e residência do gerente e do proprietário, se pessoas naturais;

   b) sede da administração, lugar, rua e número onde funcionam as oficinas e denominação delas;

   c) exemplar do contrato social ou estatuto social, se pertencer a pessoa jurídica.

As declarações deverão ser apresentadas em duas vias, ficando uma via arquivada no processo e a outra devolvida ao requerente após o *registro*, dela constando os dados a ele relativos, conforme prevê o art. 121, combinado com o art. 126, da Lei n. 6.015/73.

O § 1º do art. 123 da LRP determina que as alterações posteriores em qualquer das declarações ou documentos apresentados por ocasião da matrícula deverão ser *averbadas* na matrícula no prazo de 8 (oito) dias, sendo que a cada declaração a ser averbada deverá corresponder um requerimento (§ 2º do art. 123 da LRP).

Sempre é importante verificar acerca da existência de normas administrativas específicas, baixadas pelas Corregedorias-Gerais de Justiça dos Estados.

7.9.3 Matrícula de empresas de radiodifusão

Para matrícula de empresas de radiodifusão, é necessária a apresentação de *requerimento*, assinado e com firma reconhecida (art. 1.153 do Código Civil), dirigido ao oficial do Registro Civil de Pessoas Jurídicas, contendo as informações e os documentos exigidos pelo art. 123, III, da Lei n. 6.015/73, abaixo indicados:

a) designação da emissora;

b) sede da administração;

c) local de instalação do estúdio;

d) nome, idade, residência e prova de nacionalidade do diretor ou redator-chefe, responsável pelos serviços de notícias, reportagens, comentários, debates e entrevistas.

As declarações deverão ser apresentadas em duas vias, ficando uma via arquivada no processo e a outra devolvida ao requerente após o *registro*, dela constando os dados a ele relativos, conforme prevê o art. 121, combinado com o art. 126, da Lei n. 6.015/73.

O § 1º do art. 123 da LRP determina que as alterações posteriores em qualquer das declarações ou documentos apresentados por ocasião da matrícula deverão ser *averbadas* na matrícula no prazo de 8 (oito) dias, sendo que a cada declaração a ser averbada deverá corresponder um requerimento (§ 2º do art. 123 da LRP).

Sempre é importante verificar acerca da existência de normas administrativas específicas, baixadas pelas Corregedorias-Gerais de Justiça dos Estados.

7.9.4 Matrícula de empresas ou agências noticiosas

Para matrícula de empresas ou agências noticiosas, é necessária a apresentação de *requerimento*, assinado e com firma reconhecida (art. 1.153 do Código Civil), dirigido ao oficial do Registro Civil de Pessoas Jurídicas, contendo as informações e os documentos exigidos pelo art. 123, inciso IV, da Lei n. 6.015/73, abaixo indicados:

a) nome, nacionalidade, idade e residência do gerente e do proprietário, se pessoas naturais;

b) sede da administração;

c) exemplar do contrato social ou estatuto social, se pessoa jurídica.

As declarações deverão ser apresentadas em duas vias, ficando uma via arquivada no processo e a outra devolvida ao requerente após o *registro*, dela constando os dados a ele relativos, conforme prevê o art. 121, combinado com o art. 126, da Lei n. 6.015/73.

O § 1º do art. 123 da LRP determina que as alterações posteriores em qualquer das declarações ou documentos apresentados por ocasião da matrícula deverão ser *averba-*

das na matrícula no prazo de 8 (oito) dias, sendo que a cada declaração a ser averbada deverá corresponder um requerimento (§ 2º do art. 123 da LRP).

Sempre é importante verificar acerca da existência de normas administrativas específicas, baixadas pelas Corregedorias-Gerais de Justiça dos Estados.

7.10 OUTROS PROCEDIMENTOS

7.10.1 Declaração para enquadramento da sociedade simples como ME ou EPP

Para a obtenção do enquadramento da *sociedade simples* como empresa de pequeno porte ou como microempresa, visando a auferir os benefícios instituídos pela Lei Complementar n. 123/2006 (Estatuto da Microempresa e da Empresa de Pequeno Porte), faz-se necessária a comprovação do volume de sua *receita bruta anual*, o que pode ser realizado mediante a apresentação de *declaração* pelos sócios da sociedade, perante o Ofício do Registro Civil de Pessoas Jurídicas, para efeito de prova perante o Conselho Gestor do Simples Nacional (CGSN) para concessão do regime simplificado de tributação denominado "Simples Nacional" (art. 12 da Lei Complementar n. 123/2006).

Em conformidade com a Lei Complementar n. 139, de 10 de novembro de 2011, cujos efeitos vigoram desde 1º de janeiro de 2012, houve a alteração do *caput* do art. 3º do Estatuto da ME e EPP (Lei Complementar n. 123/2006), passando a considerar-se *microempresa* ou *empresa de pequeno porte* a *sociedade empresária*, a *sociedade simples*, a *empresa individual de responsabilidade limitada* e o *empresário* a que se refere o art. 966 da Lei n. 10.406/2002 (Código Civil), devidamente registrados, conforme o caso, no Registro Público de Empresas Mercantis ou no Registro Civil de Pessoas Jurídicas, que aufira, em cada ano-calendário:

a) receita bruta igual ou inferior a R$ 360.000,00 (trezentos e sessenta mil Reais) para que seja considerada *microempresa* (inciso I do art. 3º da LC n. 123/2006); e

b) receita bruta superior a R$ 360.000,00 (trezentos e sessenta mil Reais) e igual ou inferior a R$ R$ 4.800.000,00 (quatro milhões e oitocentos mil Reais), nos termos do inciso II do art. 3º da Lei Complementar n. 123/2006 com a alteração promovida pela Lei Complementar n. 155/2016.

O art. 34 da Lei n. 11.488, de 15 de junho de 2007, mandou aplicar às *sociedades cooperativas* que tenham auferido, no ano-calendário anterior, receita bruta até o limite definido no inciso II do *caput* do art. 3º da Lei Complementar n. 123, de 14 de dezembro de 2006, nela incluídos os atos cooperados e não cooperados, os benefícios a que se referem os Capítulos V a X, na Seção IV do Capítulo XI, e no Capítulo XII da referida Lei Complementar.

Para solicitar o registro da declaração do volume de receita bruta anual, são necessários:

a) **Requerimento** ao Serviço de Registro Civil de Pessoas Jurídicas assinado pelo representante legal da ME ou EPP, com indicação de seu endereço, solicitando o registro da declaração.

b) **Declaração de volume de receita bruta anual**, assinada pelos sócios (não é exigido reconhecimento de firma nesse documento).

c) **Comprovação da condição de inscrita no CNPJ**, expedida pela Receita Federal do Brasil, obtida por meio dos seguintes endereços eletrônicos na *internet*: <https://www.receita.economia.gov.br> (modelo I do Anexo III da IN RFB 1.863) e <https://www.redesim.gov.br> (modelo II do Anexo III da IN RFB 1.863, no Portal Nacional da Redesim, mediante identificação do usuário), conforme art. 3º combinado com o art. 12 da Instrução Normativa RFB n. 1.863/2018. Sempre é importante verificar acerca da existência de normas administrativas específicas, baixadas pelas Corregedorias-Gerais de Justiça dos Estados.

7.10.2 Modelo de declaração de receita bruta anual

DECLARAÇÃO DE RECEITA BRUTA ANUAL

O(s) abaixo assinado(s), na condição de sócios da sociedade simples.., devidamente registrada no Registro Civil de Pessoas Jurídicas do Município de .... sob nº ...., em ..../......./.........., com sede nesta cidade na Rua ....nº......... - Bairro ...., inscrita no CNPJ sob nº .... **DECLARAM**, para os fins previstos na Lei Complementar n. 123, de 14 de dezembro de 2006, sob as penas da lei, que o volume da **Receita Bruta Anual** da referida sociedade não excedeu, no ano-calendário de ...., ao limite estabelecido no inciso (I ou II, conforme o caso) do art. 3º da mencionada lei.

Declaram ainda que a sociedade não se enquadra nas hipóteses de exclusão relacionadas no § 4º do art. 3º da referida Lei Complementar, visando a seu enquadramento como (**MICROEMPRESA** ou **EMPRESA DE PEQUENO PORTE**, conforme o caso).

Declaram mais que a Sociedade acrescentará, a partir desta, à sua denominação, a expressão ("**ME**" ou "**EPP**", conforme o caso), em cumprimento ao disposto no art. 72 da Lei Complementar n. 123/2006, passando a fazer uso da seguinte denominação: "..- ME (ou EPP)".

Firmam a presente declaração para que produza seus jurídicos e legais efeitos, cientes de que, no caso de comprovação de sua falsidade, será nulo de pleno direito o enquadramento como (MICROEMPRESA ou EMPRESA DE PEQUENO PORTE, conforme o caso), sem prejuízo das penalidades previstas na referida Lei.

Município e data ....

_____

Seguem as Assinaturas dos Sócios

8
Prática de Atos Registrais no RCPJ

8.1 OS LIVROS DO RCPJ

No Registro Civil de Pessoas Jurídicas, de acordo com o que dispõe o art. 116 da Lei n. 6.015/73, existem os seguintes livros:

a) Livro de Protocolo para documentos que ingressam no RCPJ. Geralmente, é usado o Livro "A" do Registro de Títulos e Documentos para apontamento cumulado dos documentos que ingressam no RCPJ.

b) Livro "A" para o registro ou inscrição dos atos constitutivos de pessoas jurídicas de direito privado e para averbações de suas alterações posteriores.

c) Livro "B" para matrícula das oficinas impressoras, jornais, periódicos, empresas de radiodifusão e agências de notícias, bem como para averbação de suas alterações posteriores.

8.1.1 Livro de protocolo

A regra dominante no país é a de adotarem, o RCPJ e o RTD, um só livro de protocolo para o apontamento de todos os títulos, documentos e papéis apresentados, diariamente, para registro ou averbação. É admitida a possibilidade de que o RCPJ adote livro próprio para a realização do apontamento independente dos documentos e papéis que nele ingressarem. Entretanto, esse livro, ao que se conclui das normas legais, não terá letra designativa, denominando-se, simplesmente, "Livro de Protocolo", porque não poderia ser designado como Livro "A", tal como ocorre no RTD (em que os títulos podem ser apontados cumulativamente), pois o Livro "A", no RCPJ, destina-se à inscrição e às averbações posteriores das pessoas jurídicas de direito privado.

8.1.1.1 Apontamento dos documentos

O protocolo, de acordo com o art. 135 da LRP, deverá conter colunas para as seguintes anotações:

a) número de ordem, que seguirá infinitamente;
b) dia e mês;
c) natureza do título e qualidade do lançamento;
d) nome do apresentante;
e) anotações e averbações.

Logo depois de realizado o registro ou a averbação, far-se-á, na coluna "anotações e averbações" do protocolo, remissão ao número da página do livro em que foram lançados os correspondentes atos registrais.

8.1.1.2 Encerramento diário

Ao final do expediente diário, o oficial, ou seu substituto legal, deverá *certificar* o encerramento do recebimento de títulos e a apuração do número total de documentos recebidos naquele dia, consignando o seguinte: "Certifico que, por ser hora, encerrei o serviço de hoje apontando títulos (ou não apontando nenhum título, conforme o caso)", seguindo-se sua assinatura.

8.1.1.3 Exemplo de apontamentos no livro de protocolo

REPÚBLICA FEDERATIVA DO BRASIL
ESTADO ....
SERVIÇO DE REGISTROS PÚBLICOS DE ....
REGISTRO CIVIL DE PESSOAS JURÍDICAS

PROTOCOLO

LIVRO N. 42   ANO: 2012   FOLHA N. 175

Nº de ordem	Dia/mês	Nome do apresentante	Natureza do título e qualidade do lançamento	Anotações e averbações
15.263	02/01	Banco do Brasil SA	Cédula de Crédito Bancário	R-11.947 Lv B-48
15.264	02/01	Central de Documentos	Notificação	R-11.948 Lv B-48
15.265	02/01	3º RTD São Paulo	Notificação	R-11.949 Lv B-48
15.266	02/01	2º RTD Porto Alegre	Notificação	R-11.950 Lv B-48
15.267	02/01	FINCRED CRÉDITO	Aditamento de contrato	Av-2/10.902 Lv B-44
CERTIFICO que, por ser hora, encerrei o serviço de hoje apontando 5 (cinco) títulos. Em 02/01/2012. O Registrador/Substituto: _____ (assinatura).					
15.268	03/01	Banco ABC	Contrato de financiamento	R-11.951 Lv B-48
15.269	03/01	Financeira BOM TEMPO	Contrato alien. fiduciária	R-11.952 Lv B-48
15.270	03/01	Peter Paul Senger	Cert. nascim. estrangeira	R-11.953 Lv B-48
CERTIFICO que, por ser hora, encerrei o serviço de hoje apontando 3 (três) títulos. Em 03/01/2012. O Registrador/Substituto: _____ (assinatura).					
...				

8.1.2 Livro "A"

O *Livro "A"* é destinado à realização do *registro* (ou da *inscrição*) dos atos constitutivos, compromissos ou estatutos das associações, organizações religiosas, sindicatos, partidos políticos e fundações, bem como dos contratos das sociedades simples, das sociedades cooperativas e das empresas individuais de responsabilidade limitada (EIRELI) na forma *simples*. Também dele deverão constar as *averbações* dos atos posteriores que de alguma forma alterarem o registro ou inscrição.

Nesse particular, entendemos que somente os atos que promoverem *alterações nos atos constitutivos* devem ter suas respectivas atas AVERBADAS diretamente no Livro "A" do RCPJ para perfeita atualização desses atos constitutivos alterados. Aquelas alterações que digam respeito à atualização do exercício da direção da pessoa jurídica (alterações de diretoria e conselhos), aprovação de regimento interno e outros atos – que não a alteração de atos constitutivos –, influenciando só indiretamente os destinos da entidade, devem ter as respectivas atas REGISTRADAS, por transcrição, em seu inteiro teor, no Registro de Títulos e Documentos e só posteriormente realizadas as AVERBAÇÕES pertinentes no Livro "A" do Registro de Pessoas Jurídicas. Atas que contenham matérias que digam respeito exclusivamente à administração, atos de gestão, projetos, relatórios de atividades, prestações de contas e outras medidas adotadas pela direção da pessoa jurídica devem ter seu registro integral promovido perante o Registro de Títulos e Documentos. Esse é um aspecto procedimental que não apresenta uma rigorosa uniformidade no procedimento dos registradores de pessoas jurídicas, mas, a teor do que estabelece a legislação de regência, é um critério distintivo na prática dos atos que deve ser observado.

8.1.2.1 Exemplos de registro (ou inscrição) e averbação no Livro "A"

REPÚBLICA FEDERATIVA DO BRASIL
ESTADO DO RIO GRANDE DO SUL
COMARCA DE ....

REGISTRO CIVIL DE PESSOAS JURÍDICAS

LIVRO N. A-3   ANO: 2005   FOLHA N. 002

Nº de ordem	Dia e mês	Inscrição	Anotações e averbações
R-573	2/6	Registro resumido do estatuto da Associação Esportiva RECREIO GUARANI. Requerimento apresentado pelo Sr. Fulano de Tal e apontado sob o número 19.326, em 1º de junho de 2005, no Livro Protocolo A-4 deste Serviço Registral. .... DENOMINAÇÃO: Associação Esportiva RECREIO GUARANI – AERG (art. 1º). SEDE: A associação tem sua sede no Município de ...., Estado do ...., com endereço na Rua .... n. ...., Bairro .... (art. 3º). TEMPO DE DURAÇÃO: esta associação terá tempo de duração indeterminado (art. 4º). FINS: A associação tem as seguintes finalidades sociais: a) participar de torneios, campeonatos e jogos amistosos, promovidos pela Entidade de Administração dos Desportos a que esteja filiada e outras, ou ainda pela Diretoria da associação; b) promover atividades recreativas, culturais; c) .... (art. 2º). ADMISSÃO DE SÓCIOS: para ser admitido e permanecer no quadro social o candidato a sócio deverá observar às seguintes condições: I – Respeitar integralmente as leis nacionais; II – Cumprir o estatuto social e demais normas administrativas da entidade; III – Formalizar previamente o pedido de admissão na forma regulamentar; IV – .... (art. 5º). EXCLUSÃO DOS SÓCIOS: será excluído do quadro social o sócio que .... (art. 13). DEMISSÃO DE SÓCIOS: será demitido do quadro social o sócio que .... (art. 12). DIREITOS: são direitos dos sócios: .... (art. 16). DEVERES: são deveres de todos os sócios: .... (art. 19). REFORMA DO ESTATUTO: o estatuto poderá ser modificado no todo ou em parte mediante proposta de .... submetida à Assembleia-Geral, observado um quórum mínimo de ...... do total de sócios e aprovada pelo voto de dois terços dos presentes .... (art. 25). REPRESENTAÇÃO: a associação será representada judicial e extrajudicialmente pelo seu Presidente.......... (art. 23). ADMINISTRAÇÃO: são órgãos deliberativos a Assembleia-Geral, o Conselho Fiscal, o Conselho de Administração e a Diretoria (art. 36). DESTITUIÇÃO DOS ADMINISTRADORES: a Assembleia-Geral poderá cassar os mandatos administrativos pelo voto .... (art. 27). RESPONSABILIDADE DOS SÓCIOS: os associados não respondem solidariamente ou subsidiariamente pelas obrigações assumidas pela associação .... Nada mais.	AV 1/573 – ALTERAÇÃO DE DIRETORIA. Procede-se a esta averbação nos termos do requerimento datado de ...../..../........, instruído com a Ata de Assembleia datada de ..../..../........, a qual foi protocolada sob o n. .... no Livro A-4 e registrada no Registro de Títulos e Documentos desta Comarca sob o número .... do Livro B-58, em .../.../..... apresentada pela Sra. Beltrana de Tal, na qualidade de presidente da Associação ...., para constar que foi empossada a Diretoria para a gestão 2005/2007, com a seguinte constituição: Presidente – Beltrana de Tal, vice-presidente – ....; primeiro-secretário ....; segundo-secretário ....; primeira-tesoureira ....; segunda-tesoureira ....; Conselho Fiscal: Titulares: ....; .... e ....; Suplentes: ....; .... e .... Nada mais. Dou fé, Cacimbinhas do Sul, ... de janeiro de .... Eu, ... Registrador/Substituto, conferi e assino. Emolumentos R$ 35,20 – Selo de Fiscalização n. 03140011000002001894. Registrador/Substituto _____ (assinatura).
...	...	...	...

8.1.3 Livro "B"

O Livro "B" destina-se à realização das matrículas de meios de comunicação em geral (jornais, revistas e outros periódicos; gráficas e oficinas impressoras; empresas de radiodifusão; empresas ou agências noticiosas).

8.1.3.1 Exemplos de matrícula e averbação no Livro "B"

REPÚBLICA FEDERATIVA DO BRASIL
ESTADO DO RIO GRANDE DO SUL
COMARCA DE ....
REGISTRO CIVIL DE PESSOAS JURÍDICAS

MATRÍCULAS DE JORNAIS, PERIÓDICOS, OFICINAS IMPRESSORAS, EMPRESAS
DE RADIODIFUSÃO E AGÊNCIAS DE NOTÍCIAS
LIVRO N. B-3   ANO: 2009   FOLHA N. 002

Nº de ordem	Dia e mês	Inscrição	Anotações e averbações
116	02/02	Matrícula do Jornal "A Cidade". Pedido apresentado por seu proprietário Edson Leal. Protocolado no Livro Protocolo A-13, folha 60, sob o número 11.140. EDSON LEAL, brasileiro, casado, inscrito no CPF/MF sob n. ...., residente na Rua B-41, Residencial Laranjeiras, apartamento 102, nesta cidade de Sete Cacimbas, vem à presença de V.Sa. solicitar que seja procedida à matrícula de um jornal a ser impresso no formato meio-tabloide que obedece à seguinte caracterização: título do jornal: "A Cidade"; periodicidade: semanal; sede da administração e redação: Rua São Francisco, 175 – Bairro do Mangue – cidade de Sete Cacimbas. Oficinas impressoras: IMPRESUL, Rua da Várzea n. 175 na cidade de Cerro Alto; redatora-chefe: jornalista Ana de Mello Fraga, brasileira, solteira, inscrita no CPF/MF sob n. ...., residente e domiciliada nesta cidade na Rua da Sanga n. 475, portadora da Carteira do Trabalho e Previdência Social n. 0404050 Série RR-36, com registro profissional no Ministério do Trabalho, DRT RR sob n. 050.555-6, em 17.8.1989 e registrada no Sindicato dos Jornalistas de Rio Comprido sob n. 667, em 3.9.1982. Sete Cacimbas, 4.1.2009. Segue a assinatura do requerente, que é o proprietário do jornal, devidamente reconhecida no Tabelionato desta cidade em 5.1.2009. Nada mais consta. Dou fé. Sete Cacimbas, 2 de fevereiro de 2009. Eu, _____ Registrador/Substituto, mandei digitar, conferi, subscrevo e assino. Emolumentos: R$ 37,50 – Selo de Fiscalização 0325.00.1100003.05537. Registrador/Substituto _____ (assinatura).	Av. 1/116. De acordo com requerimento datado de 7.10.2010, subscrito pelo proprietário EDSON LEAL, procedo à presente averbação para consignar a substituição da jornalista responsável, cargo que passa a ser exercido por Margarete Dias Dantas, brasileira, solteira, CPF....., jornalista, residente nesta cidade na Rua das Pombas n. 77, com registro profissional sob n. 572-2 no Ministério do Trabalho. Fica também alterado o endereço da sede da administração e redação para a Rua Manoel Athanasio, 545 e fazendo uso das Oficinas Gráficas do Jornal Folha da Tarde para a impressão do periódico. Eu, ..., Registrador/Substituto, mandei digitar, conferi e assino. Emolumentos: R$ 16,75. Selo de Fiscaliz. 1373.01.1100004.05345. Registrador/Substituto _____ (assinatura).
...	...	...	...

8.2 ARQUIVAMENTO DE DOCUMENTOS E ORGANIZAÇÃO DE ÍNDICES PARA BUSCAS

Prevê o art. 117 da LRP prevê o *arquivamento* dos exemplares de contratos, atos estatutos e publicações que tenham sido objeto de registro no RCPJ e de método que facilite as buscas e os exames a esses documentos arquivados. Nesse sentido a Lei nº 8.935, de 18.11.1994, em seus artigos 21 e 30 também dispõem genericamente sobre esse tema relevante dentro das práticas registrais já que ao Registrador incumbe a conservação e guarda segura do acervo de documentos sob sua responsabilidade, dada a natureza pública e a propriedade estatal desse acervo.

Cabe observar que esse arquivamento de documentos pode ser realizado por *microfilmagem* como método de uso tradicional no país e, mais modernamente, por *digitalização* e gravação em mídias eletrônicas, conforme autorizam algumas normas de serviços baixadas pelas Corregedorias de Justiça Estaduais.

O art. 118 prevê a organização de *índices cronológicos e alfabéticos* de todos os registros e arquivamentos realizados, para facilitar as pesquisas no acervo, podendo ser adotados sistemas de fichas, que foram amplamente adotados no país e veem-se, na atualidade, cada vez mais substituídos por processos e sistemas informatizados. O art. 42 da Lei nº 8.935, de 18.11.1994, também faz referência à importância da atividade conservadora dos arquivos dos registradores e a sua organização para viabilizar a realização de buscas.

Referências

ARRUDA ALVIN NETO, José Manuel de (coord.) et al. *Lei de registros públicos comentada*. Rio de Janeiro: Forense, 2014.

BATALHA, Wilson de Souza Campos. *Comentários à lei dos registros públicos*. 2. ed. Rio de Janeiro: Forense, 1979. v. I.

BRASIL. MINISTÉRIO DA JUSTIÇA. *Manual de entidades sociais*. Brasília: MJ-SNJ, 2014. Disponível em: <http://www.justica.gov.br>. Acesso em: 8 maio 2017.

BULGARELLI, Waldírio. *A teoria jurídica da empresa*. São Paulo: RT, 1985.

CARVALHO, Afrânio de. *Registro de imóveis*. 4. ed. Rio de Janeiro: Forense, 1997.

CARVALHO FILHO, José dos Santos. *Manual de direito administrativo*. 19. ed. Rio de Janeiro: Lumen Juris, 2008.

CARVALHOSA, Modesto. *Comentários à lei de sociedades anônimas*. 3 ed. São Paulo: Saraiva, 2009. v. 4, t. II.

CENEVIVA, Walter. *Lei dos registros públicos comentada*. 19. ed. São Paulo: Saraiva, 2009.

COELHO, Fábio Ulhoa. *Direito de empresa e as sociedades simples*. São Paulo: IRTDPJ-BRASIL, 2003. Disponível em: <http://www.irtdpjbrasil.com.br>. Acesso em: 11 jul. 2011.

DIP, Ricardo; JACOMINO, Sérgio. *Doutrinas essenciais*: direito registral. São Paulo: RT, 2011. v. I.

FRAGOSO, Christiano. *Repressão penal da greve*. São Paulo: IBCCRIM, 2009.

INSTITUTO DE REGISTRO DE TÍTULOS E DOCUMENTOS E DE PESSOAS JURÍDICAS DO BRASIL. *Manual prático do registrador de TD & PJ*. São Paulo: IRTDPJ-BRASIL, 1999.

IOB INFORMAÇÕES OBJETIVAS PUBLICAÇÕES JURÍDICAS. *Juris Síntese SAGE-IOB*, n. 90 a 139, 2011/2019, São Paulo: Síntese, periódico jurídico em DVD.

JACOMINO, Sérgio. *Cadastro, registro e algumas confusões históricas*. São Paulo: IRIB, 2006. Disponível em: <http://www.educartorio.com.br/documentos.htm>. Acesso em: 22 maio 2011.

LAMANA PAIVA, João Pedro. *Procedimento de dúvida no registro de imóveis*. 2. ed. São Paulo: Saraiva, 2010.

LAMANA PAIVA, João Pedro. *Espécies de empreendimentos imobiliários*. Porto Alegre, 2011. Disponível em: <http://www.lamanapaiva.com.br/novidades.php>. Acesso em: 30 jan. 2012.

LOUREIRO, Luiz Guilherme. *Registros Públicos; teoria e prática*. 9. ed. Salvador: Juspodivm, 2018.

MAMEDE, Gladston. *Direito empresarial brasileiro; direito societário: sociedades simples e empresárias*. 8ª ed. São Paulo: Atlas, 2016, v.2.

MAXIMILIANO, Carlos. *Hermenêutica e aplicação do direito*. 9. ed. Rio de Janeiro: Forense, 1981.

MEDAUAR, Odete. Nova configuração dos conselhos de profissionais. *Revista dos Tribunais* n. 751, São Paulo: RT, 1999.

MEIRELLES, Hely Lopes. *Direito administrativo brasileiro*. 14. ed. São Paulo: RT, 1989.

MELLO, Celso D. de Albuquerque. *Curso de direito internacional público*. 8. ed. Rio de Janeiro: Freitas Bastos, 1986. v. 1.

MENEZES, Ebenezer Takuno de; SANTOS, Thais Helena dos. "Caixa Escolar" (verbete). *Dicionário Interativo da Educação Brasileira; EducaBrasil*. São Paulo: Midiamix, 2002. Disponível em: <http://www.educabrasil.com.br>. Acesso em: 10 jan. 2012.

MIRANDA, Henrique Savonitti. *Curso de direito administrativo*. 3. ed. Brasília: Senado Federal, 2005.

MIRANDA, Maria Bernadete. *Pessoa jurídica de direito privado como sujeito de direitos e obrigações*. Disponível em: <http://www.direitobrasil.adv.br/arquivospdf/artigos/pj.pdf>. Acesso em: 6 jun. 2011.

OLIVEIRA FILHO, João de. Fundação. *Revista dos Tribunais*, v. 385, p. 56, nov. 1967. In: DIP, Ricardo; JACOMINO, Sérgio (Org.). *Doutrinas essenciais*: direito registral. São Paulo: RT, 2011, v. 1.

PEREIRA, Rodrigo da Cunha (Coord.). *Código Civil anotado*. Porto Alegre: Síntese, 2004.

REALE, Miguel. *A sociedade simples e a empresária no Código Civil*. [s.l.] 2003. Disponível em: <http://www.miguelreale.com.br>. Acesso em: 11 jul. 2011.

RESENDE, Cibele Cristina Freitas de. *As fundações e o novo Código Civil*. Curitiba, 2003. Disponível em: <http://www.fundacoes.caop.mp.pr.gov.br>. Acesso em: 8 dez. 2011.

RESENDE, Tomáz de Aquino. *Terceiro setor, ONGs e institutos*. [s.l.] MPMG. Centro de Apoio das Promotorias de Fundações, Belo Horizonte, 2008.

RIZZARDO, Arnaldo. *Direito de empresa*. Rio de Janeiro: Forense, 2007.

RIZZARDO, Arnaldo. *Parte geral do Código Civil*. 3. ed. Rio de Janeiro: Forense, 2005.

RODRIGUES, Anadyr de M. O regime jurídico dos servidores das entidades de fiscalização do exercício profissional. *Revista de Direito do Trabalho* n. 90, São Paulo: RT, 1999.

SILVA, Walter Guerra. Sociedade de advogados: conceito, características e livre exercício no Mercosul. *Juris Síntese* n. 36, jul./ago. 2002.

SIQUEIRA, Graciano Pinheiro de. *Da empresa individual como modalidade de pessoa jurídica*. São Paulo, 2011. Disponível em: <www.irtdpjbrasil.com.br>. Acesso em: 23 jul. 2011.

SIVIERO, José Maria. *Títulos e documentos e pessoa jurídica*: seus registros na prática. São Paulo, [s. ed.], 1983.

TARTUCE, Flávio. *Manual de direito civil*, 3ª ed. São Paulo: Método, 2013.

WALD, Arnoldo. *Das sociedades simples e empresárias*: questões relacionadas ao regime jurídico da sociedade simples e seu registro. São Paulo: IRTDPJ-BRASIL, 2004. Disponível em: <http://www.irtdpjbrasil.com.br>. Acesso em: 8 jul. 2011.

Anotações